近世文坛逸闻

JINSHIWENTAN YIWEN

肖伊绯 著

团结出版社

© 团结出版社，2024 年

图书在版编目（ＣＩＰ）数据

近世文坛逸闻 / 肖伊绯著 . -- 北京：团结出版社，
2024.11
ISBN 978-7-5234-0968-8

Ⅰ.①近… Ⅱ.①肖… Ⅲ.①文学家－生平事迹－中
国－近代 Ⅳ.① K825.6

中国国家版本馆 CIP 数据核字 (2024) 第 099848 号

责任编辑：郭　强
封面设计：谭　浩

出　　版：团结出版社
　　　　　（北京市东城区东皇城根南街 84 号　邮编：100006）
电　　话：（010）65228880　65244790
　　　　　（010）65238766　85113874　65133603（发行部）
　　　　　（010）65133603（邮购）
网　　址：http://www.tjpress.com
E-mail：zb65244790@vip.163.com
经　　销：全国新华书店
印　　装：三河市东方印刷有限公司

开　　本：170mm×240mm　16 开
印　　张：24　　　　　　　字　　数：284 千字
版　　次：2024 年 11 月 第 1 版　　印　　次：2024 年 11 月 第 1 次印刷

书　　号：978-7-5234-0968-8
定　　价：78.00 元

"破案"与"猜谜"
——近世人物四种汇刊总序

20世纪上半叶，跨越清朝、民国、共和国。短短五十年间，波诡云谲，气象万千。俱往矣，往事如烟，或亦并不如烟。

闻人、名师、文坛、艺林，这四个特殊场域之中，穿梭其间的各色人等，各行其道地粉墨登场，不能不说亦是那个时代的一道风景线。翻检这一时期各地的报刊，京、津、宁、沪、粤、港等各大城市的公共文化场域里，总不乏后世读者耳熟能详的名字。

为这样的历史人物有所抒写，一直是笔者的研学旨趣所在。在故纸堆中经年累月地翻检，在漫漶字迹里如琢如磨地辨识，总希望能对这些人物多一分了解与理解，更希望能对这些现象少一分误读与误解。为了多一分了解与理解，不免要对一些流传已久的奇闻疑案产生兴趣，特别希望自己能够破解那些云山雾罩的奥秘，解答那些悬而未决的谜题。

不过，文史考证有时就如同小说里的侦探，好不容易获得了一点难得的线索，或者一个确凿的证据，但终因一些关键史料的匮乏，导致已有线索与证据始终无法形成完整的证据链，最终无法"定案"与"结案"。劳而无功、得失无常，是文史考证中经常遇到的状况——"破案"率本来就不高，一些"大案"与"要案"，想要"侦破"更是难上加难。甚至在一些"小案"与"附案"上，想要做一点小小的文章，也并不容易。

　　文史研学有时又如同"猜谜"，一个看似很清楚明白的"谜面"，也有诸如要么拆解、要么关联之类的解题方向，可是当一份新近发现、确凿无误的史料搁在面前，方才发现多年来一直以为早已破解的"谜底"，突然间又被彻彻底底地推翻了。或许，历史事实常常以一种令常人意想不到的方向与结果，呈现给那些终日以"合情合理"或"顺理成章"为原则，去揣度历史与猜测史实的后世研学者。笔者对此深有感触，向来并不擅长"猜谜"，更何况有时即便"猜"对了，又发现"谜题"本身是无意义的，或者说与之对应的"谜底"也是无意义的。

　　既然"破案"常常劳而无功，"猜谜"更是往往事与愿违，于是乎，笔者要求自己在"破案"的同时，尽可能不去"猜谜"；在"猜谜"的同时，尽可能不去"破案"。也就是说，要尽可能做到：

　　不提供史观，只提供史料；不提供史学，只提供史实。

　　这样的一个基本诉求与原则，既是笔者从事文史考证、研学与写作的前提，更是目标。当然，这更大程度只能算是一种自我期许与鞭策，因为笔者所提供的史料与史实，是否经得起时间与读者的考验，是否能予以"确当"（确凿与适当）一词加冕，一切都还有待将来。

　　《近世闻人掌故》《近世名师讲谈》《近世文坛逸闻》《近世艺林遗珠》四部书稿，既不乏新近发现的原初史料，又有大量随之考证出来的相关史实，故而自然都有相当篇幅。这些曾经湮没已久、终于发掘出来的史料与史实究竟如何，一切都还有待读者诸君推敲琢磨，批评赐教。

肖伊绯

2024 年 6 月 3 日

目　录

严复：鸿迹细数无穷尽

◎从一册剧本残稿前的题诗说起

民国戊午年（1918）初春，年近四十岁的无锡商人章履平，猝死于上海寓所之中。其兄章康平在整理遗物时，发现寓所中有一册《冲冠怒传奇》剧本残稿，此为章履平的遗著。

或为纪念，或为留念，章康平随即将这一册残稿随身携带，一路北上，捎至北京，遍访名流宿儒评鉴并为之题词。稍后又将这些题词与残稿一并影印，装订成册，分赠亲朋师友，算是为其英年早逝的胞弟留下了一点人生印迹。

一个世纪之后，笔者有幸读到这一册影印本时，也为章氏残稿文本之前众多的名家题词所深感震撼。尤为出人意料的是，为这册残稿题词留句的名人中，竟然有大名鼎鼎的"天演学家"严复（1854—1921），而且还是一组严氏自撰的诗作。

据查，这一组题诗虽为《严复集》①收录，但在文字内容上却有较大差异，

---

① 《严复集》，中华书局，1986年。

存在不少"异文"。对这组题诗创作背景及相关研究，也至今未见：

《冲冠怒传奇残稿》，剧本正文首页　　　　　《冲冠怒传奇残稿》，1921 年印制

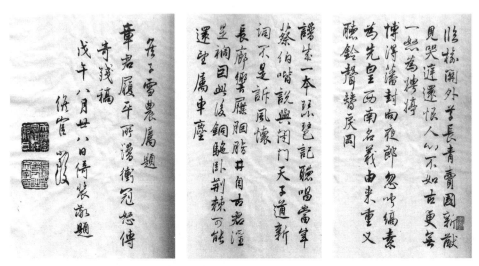

《冲冠怒传奇残稿》所录严复题诗

临榆关外草长青，卖国新猷见哭庭。

还恨人心不如古，更无一怒为娉婷。

博得藩封向夜郎，忽闻缟素为先皇。

西南名义由来重，又听铃声替庾冈。

谱成一本《琵琶记》，听唱当年蔡伯喈。

说与闭门天子道，新词不是诉风怀。

长廊响屧胭脂井，自古君淫是祸因。

此后铜驼卧荆棘，可能还望属车尘。

侯子雪农属题　章君履平所谱《冲冠怒传奇》残稿，戊午八月廿八日倚装敬题。侯官　严复

（钤印：天演学家陶江严氏、瘝野老人诗文字印）

天演学家陶江严氏　　　　　　瘝野老人诗文字印

《严复集》中所录这组题诗除了第三首末句"诉风怀"作"写风怀"之外，比较大的差异在第四首"长廊响屟胭脂井，自古君淫是祸因"之句，题诗中写作"临春结绮迹皆陈，从古君荒是祸因"。且《严复集》中也没有将严复的落款内容录入，所以仅读诗文本身，是无从知晓严复创作这一组题诗的具体时间及历史背景的。

◎ "天演学家"抱病题诗，借题发挥抒怀抱

值得注意的是，《严复集》录诗所据底本乃《瘉壄堂诗集》，在第三首第一句"本"字处加注，称《瘉壄堂诗集》原作"曲"，今据严复手迹改云云。又在第三首第三句"说与"处加注，称《瘉壄堂诗集》原作"寄语"，今据严复手迹改云云。

乍一看，此处所据严复手迹，应当即是其为《冲冠怒传奇残稿》题诗手迹，应当即是后来成书为《冲冠怒传奇残稿》书前附印的手迹影印件。但何以第四首首句如此之大的差异，却未做任何校注说明呢？恐怕《严复集》此处所据的严复手迹，还另有出处。

此外，《瘉壄堂诗集》为严复逝世五年后，其弟子侯毅（1885—1951）于1926年辑印，而《冲冠怒传奇残稿》则应当是于1921年印制的（同年10月严复病逝），且所附严复题诗手迹影印效果清晰，并无任何修改痕迹，理应将后者作为参校前者的重要版本。那么，《严复集》点校这组题诗何以不参校这份手迹影印件呢？一系列的疑问，如今无从核实。

据笔者后续查证，这一组严复题诗，在严复本人尚健在时，还曾有过一个公开发表过的版本。原来，时为1921年2月15日，这组题诗还曾辑入《铁路

协会会报》第101期之上，早已公开发表过一次了。特别有意思的是，刊物上的这组题诗不但诗句文本上与前述两个版本皆有细微差异，而且每首诗末句皆附有"诗注"，这是《冲冠怒传奇残稿》书前附印的题诗手迹所不曾见到的。

侯官严几道先生，原载《东方杂志》第3年第13期，1907年2月7日

譬如，手迹影印版中第一首末句"更无一怒为娉婷"，在公开刊发版本中为"更无一怒为倾城"，且句末有注云："谓今人必不以此激动。"又如，手迹影印版中第二首末句"又听铃声替庚冈"，在公开刊发版本中为"复有铃声替庚冈"，且句末有注云："吴藩之报仇正如今人之护法。"再如，手迹影印版中第三首末句"新词不是诉风怀"，在公开刊发版本中为"新词不是写风怀"，且句末有注云："章君此书大抵为拥兵者发愤。"再如，手迹影印版中第四首末句"可能还望属车尘"，在公开刊发版本中为"可能远望属车尘"，且句末有注云："怀宗所以云朕非亡国之君乃亡国之臣也。"

显然，公开刊发版的诗句文本对手迹影印版的诗句文本有所修订，且每首加注的做法，更见郑重之意。笔者以为，此为作者生前"定本"，或可成立。

在此，不妨暂时搁置诗句文本内容上的微小差异，返归这组题诗所依附的《冲冠怒传奇残稿》内容本身，再来作一番历史境遇上的细致察考。《冲冠怒传奇残稿》乃是将吴三桂与陈圆圆的那段"冲冠一怒为红颜"轶事谱写为昆腔剧本。所以，严复这组题诗共四首，大多是依据剧本主题来抒写感触的。众所周知，因吴三桂打开山海关迎清兵入关，一举奠定了明亡清兴的历史格局；再联系到严复题诗时的历史背景，题诗中关涉严复个人与民国初年政治格局的"微言大义"，还是显而易见的。

严复题诗末有跋曰"侯子雪农属题"云云，说明章康平是委托其同乡、严复弟子侯毅索题的。侯毅，字疑始，号雪农，江苏无锡人，曾是严复在天津时的弟子。他曾留学日本，精于西学，还擅诗文篆刻，才情颇令其师赞许，有"雕镌谁似侯疑始，刀笔中无一点尘"的诗句称赞。侯毅曾为其师撰《筹安盗名记》，详述了严复加入袁世凯筹安会乃为人所骗的经过，为其师正名辩诬。严复曾认真阅读弟子此著，"颇许其翔实"，师徒关系亲密，于此可见一斑。

原来，严复自1912年被临时大总统袁世凯任命为北京大学校长以来，后又被任命为海军部编译处总纂，负责翻译外国海军图籍。1912年底，严复辞

袁世凯就任民国首任大总统纪念明信片

去北大校长一职后，仍被聘为公府（总统府）顾问（法律外交顾问）。不久，袁氏图谋称帝，严复又接连被任命为参政院参政、中华民国宪法起草委员、筹安会发起人等；在此期间，除了专心译作、劳心费神之外，严复身体状况也开始恶化，哮喘病发——对政局根本无心过问，基本未发表任何所谓政见。然而，当袁氏于1916年在全国一片讨逆声中惊惧而死后，之前参加过筹安会者顿时就成了附逆卖国"黑名单"上的人。作为这份"黑名单"上的最著名者，严复一时难以撇清干系；此刻，弟子侯毅倾力为其师辩诬，也在情理之中。

事实上，此时老病缠身的严复早已无暇顾及公共舆论与社会声誉。1917年冬，其人因咳喘病发，入北京东交民巷法国医院诊治。1918年底，即因病势沉重，不得不归养故乡福州。就在这段病重思乡的时光中，1918年10月2日（农历八月廿八），严复因弟子侯毅转托，为客死异乡的章氏残稿题诗，其心境可想而知。

题诗中"卖国新觎见哭庭"是在感慨吴三桂开关卖国的旧事，恐怕也是在影射严氏自己无辜被诬，被认作是与袁逆同流的卖国贼之"新事"。而恰在此句"卖国"两字之下，"新"字旁钤有严氏印章"几道"（严复字几道），这还真有点"夫子自道"的意味在里边。再有"还恨人心不如古"之句，当然也是在感叹世风败坏，民国建成以后的内斗不断；此刻，严氏本人对国事、人事深感无奈的心态，再次溢于笔端。而"闭门天子""铜驼荆棘"之句，则可以概指晚清至袁世凯以来的帝制衰亡景象，中华大地上的封建帝制再不可复辟，任何人已不可逆转。

如果再联系本文前述所谓"公开刊发版"上的那句诗注"吴藩之报仇正如今人之护法"，可知除了时势不可逆转的个人预判之外，严复也并不认为打着

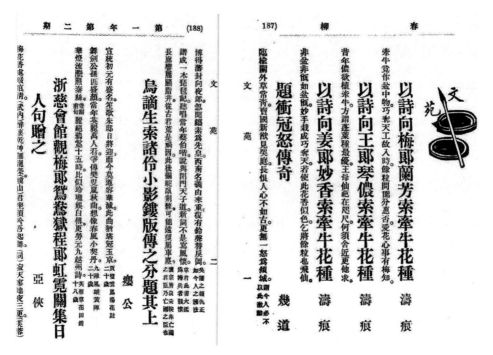

严复（几道）题《冲冠怒传奇》，辑入《春柳》第 2 期（1919 年 1 月 1 日）

"反袁"旗号的所谓"护法运动"，就一定具备了合法性与正确性。这样的情势，在严复看来，与吴三桂当年的"一怒倾城"，有着某种意气用事的共通性。当然，这是严氏历史眼光的局限性所致。

另一方面，且看题诗中"长廊响屟胭脂井，自古君淫是祸因"之句，套用了两个典故，即"响屟廊"与"胭脂井"。响屟廊，乃春秋时吴王宫中的廊名，相传西施行走廊间，廊虚而响，故名。胭脂井，是指位于南京鸡鸣寺内，南朝陈景阳殿之井，又名辱井、景阳井。史载，南朝陈祯明三年（589），隋兵南下过江，攻占台城，陈后主闻兵至，与妃张丽华、孔贵嫔投此井。至夜，为隋兵所执，后人因称此井为"辱井"。响屟之音，是自古影射君王荒淫的亡国之音。胭脂井，亦是君王荒淫，招致亡国灭族的自取其辱的象征。严复套用这两个典故，很好地反映出了《冲冠怒传奇残稿》的主旨。

当年题诗完毕，终日为鸦片瘾、失眠症、咳喘病折腾得寝食难安的严复，还是郑重其事地钤上了那一枚著名的"天演学家陶江严氏"的白文印章；那象征着步入暮年，可谓"壮心已老"的"瘿壂老人诗文字印"也钤于卷末。题下这四首七言诗之后，时年六十五岁的严复带着一身沉疴返归福州，其间又曾辗转于上海、北京求医，但终于还是在三年后（1921）病逝。

◎周作人厂甸淘"破书"，"天演宗哲学家"印章惊现

又过了十余年，至1935年旧历新年，北京早已改称北平，苦雨斋里的周作人，仍照历年惯例，去厂甸闲逛，淘买旧书。在旧书摊上，他发现了一本不太常见的"破书"，欣然购置，并把此次淘书经历写进了《厂甸之二》。文中这样写道：

新年逛厂甸，在小摊子上买到两三本破书。其一是《诗庐诗文钞》。胡诗庐君是我的同学前辈，辛丑年我进江南水师，管轮堂里有两个名人，即铅山胡朝梁与侯官翁曾固，我从翁君处初次看到《新民丛报》，胡君处则看他所做的古诗。民国六年我来北京。胡君正在教育部，做江西派的诗，桐城派的文，对于这些我没有什么兴趣，所以不大相见。十年辛酉胡君去世，十一年壬戌遗稿出版，有陈师曾小序，即是此册，今始得一读，相隔又已十二三年，而陈君的墓木也已过了拱把了罢。诗稿前面有诸名流题字，我觉得最有意思的是严几道的第二首，因为署名下有一长方印章，朱文两行行三字，曰"天演宗哲学家"，此为不佞从前所未知者也。

《诗庐诗文钞》，1923 年印制

《诗庐诗文钞》的确不是一部常见的诗文集。这部约于1923年铅印线装的诗文集，即使在1935年的北京旧书摊上也难得一见。是书开本适中，铅活字印制，著名诗人陈三立之子、陈寅恪之兄陈师曾题签，卷首印有诗集作者胡朝梁（1879—1921）的遗像，并附印严复、林纾、郑孝胥、马其昶等名流题词手迹多篇，之后还有陈师曾序、蒋维乔《胡诗庐传》各一；卷末附印严复、马相伯、林纾、樊增祥等师友题记多篇。

因书中未印有版权页，据陈师曾序称胡氏死后"其妻出所蓄金为印其诗文若干卷"云云，可知此书可能是"私印本"。因此，书只在作者生前的亲友间传阅，并不对外发售，不过是一种纪念性质的印刷品，当年印量应不多，外界流通者也就很是少见了。

因蒋维乔《胡诗庐传》作于癸亥，据此可知，此书应印于1923年或稍后。周作人所谓"十一年壬戌遗稿出板"之说，实乃仅据陈师曾序的撰写时间"壬戌（1922）仲秋"所定，而未详查此序之后的蒋维乔所写传记之时间，因而不够精准。

展阅此书，周作人称"不佞从前所未知者也"的那枚"天演宗哲学家"印章，自然仍引人注目，这枚印章与笔者曾寓目的另一"天演学家陶江严氏"印章，相映成趣，反映着严复终生推崇"天演"之学的学术旨趣。

◎严复题词两篇皆佚文

诗集正文之前所附严复题词手迹之影印件，应格外重视。因这一组两篇题词，乃《严复集》与《严复集补编》①皆未收录者，实属"集外文"。非但如此，即便新近不断增订、搜罗宏富，可称几近完备的《严复全集》②，也未曾收录，至今仍属佚文：

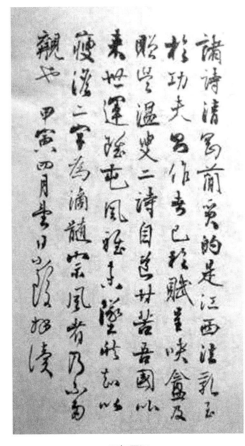

严复题词

诸诗清刚简质，的是江西法乳。至于功夫，则作者已于赋呈映庵及赠吴温叟二诗，自道甘苦，吾国比来世运虽屯，风雅未坠，然知以"瘦淡"二字为滴髓宗风者，乃不多觏也。

甲寅四月望日复拜读

---

① 《严复集补编》，福建人民出版社，2004年。
② 《严复全集》，福建教育出版社，2014年。

得足下诗稿，出门则携车中读之三四番，始尽冲淡傲兀，自是西江法嗣。而性情真挚在东野后山间，以此已出时流万万。宜崝庐节庵诸公之倾服如此也。无虑言之，似近体最胜，而五七古次之，若欲更上一层，亦只于沉郁顿挫处着手眼，又惜抱有云：诗笔之道皆从声音证入，其语看似浅近，实文家圣解，不可忽也。复于此道尚是门外。感梓方厚意，无能为益，乃径所饫闻者，悚愧悚愧。梓方诗家，复拜手（钤印：天演宗哲学家）

在第一篇题词中，严复是颇为赞赏胡氏诗风诗品的，称其"的是江西法乳"，"自是西江法嗣"云云，表彰其为近代江西诗派嫡系。

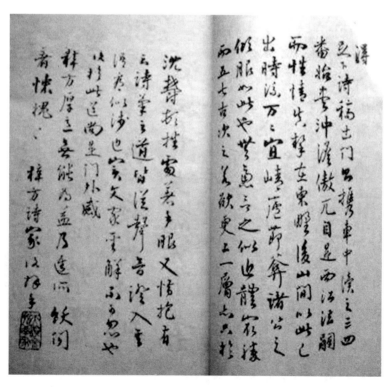

严复手札

所谓"江西诗派"，亦称"西江诗派"，是我国文学史上第一个有正式名称的诗文派别。北宋后期，江西人黄庭坚在诗坛上影响很大，追随和效法黄庭坚的诗人颇多，逐渐形成以黄庭坚为中心的诗歌流派，史称"江西诗派"。延至清末同治、光绪年间，传承江西诗派遗绪的代表人物有陈三立、陈衍、沈曾植、郑孝胥等，又借助这一诗派旨趣发展出"同光体"——其作品模仿江西诗派体裁，风格曲折隐晦，多写个人身世、山水咏物；清亡之后，大多又以表现遗老情绪为主，以感时伤怀为主要基调。胡朝梁师从陈三立，所著《诗庐诗文钞》充分显示了近代江西诗派的特点，严复对此非常明了，也颇感同情。

◎严复题词中的"逸史"

严复题词中提到，诗集中有两首"赋呈映庵及赠吴温叟"的诗，可以视作体现作者秉承江西诗派"法乳"与"功夫"的代表作。

这里提到的映庵，即夏敬观（1875—1953），字剑丞，又作鉴丞，又字盥人、緘斋，晚号映庵，别署玄修、牛邻叟，江西新建人。近代江西派诗家、词家、画家，著有《忍古楼诗集》《忍古楼诗话》《忍古楼词话》《词调溯源》等。其人与胡朝梁的交谊颇为深厚，时有诗文酬唱。在其所著《忍古楼诗话》中，专列"铅山胡梓方（朝梁）"一条，文曰：

铅山胡梓方（朝梁），伯严吏部之诗弟子也。毕业于震旦、复旦二校。于泰西文学亦颇深造，林琴南译小说，多赖其助。《扫叶楼与星悟上人闲话》云："士有百无能，能堪一世贫。偶然出临眺，高语隔轻尘。落日初归雁，西风昨忆莼。老僧话兴废，疑是六朝人。"《南康赖潇侯学于陆军饮诗庐有诗赋

胡朝梁译《孤士影》（上、下），商务印书馆，1914 年初版

答》云："短衣缚裤叹吾曾，旧稍歌诗看汝能。乡国论才真可数，酒怀作达总
难凭。提携万感成孤注，缱绻百年几中兴。闻说旧怜石遗室，故应堂陛最先
登。"《立秋日作》："平生见事当苦迟，惟有秋来我先觉。一凉向晚练衣单，明
日庭梧下犹绿。"

从夏敬观所作《忍古楼诗话》中，不但可以约略知晓胡朝梁生平，而且所
列三首诗作也被视为其代表作，的确体现出了近代江西诗派的总体特征，严复
评价的"瘦淡"与"冲淡傲兀"之诗风，确亦表露无遗。

严复题词中提到的"温叟"，即吴涑（1869—1920），号季实，字温叟，江
苏清河（今淮安市淮阴区）人。清末曾任南京国文研究会成员、淮阴崇实书院
掌院，民国初出任议员，亦是著名诗人与学者，曾协助胡朝梁翻译小说《孤士
影》。在《忍古楼诗话》中，亦专列"清河吴温叟（涑）"一条，称其"与王义

门、梁公约齐名，诗思至清"。

可见，严复对当时诗坛中盛行的江西诗派非常熟悉。他在题词中认为胡朝梁与夏敬观、吴温曵两位江西诗派宿将的酬唱之作，最能体现胡氏诗作的"功夫"与旨趣，一方面确实是从诗作本身的内容与品格来判定的，另一方面也间接地再次提点出了胡氏乃江西诗派嫡系中坚的资格。

对于胡氏诗作水平，严复还有"宜崝庐节庵诸公之倾服如此也"云云。这里提到的"崝庐"，即陈宝箴（1831—1900），江西义宁人，晚清维新派政治家。据考，陈宝箴之子陈三立、孙陈寅恪均与胡氏与诗文酬唱；若严复所云属实，则陈家三代均与胡氏有诗文之交。

至于严复还提到的"节庵"，即梁鼎芬（1859—1919），字星海，号节庵，广东番禺人。因曾弹劾李鸿章，名动朝野；后应张之洞聘，主讲广东广雅书院和江苏钟山书院。其诗词多慷慨愤世之作，与罗惇曧等人并称"岭南近代四家"。依严复之言，胡氏诗名，早已得陈、梁两位名宿大家之"倾服"，确非浪得虚名。

严复题词中的时间落款"甲寅四月望日"，即1914年；可知题词时间是在1914年5月9日左右。此时的严复已被推举为袁世凯政府约法会议议员；后被任命为参政院参政、宪法起草委员。曾经的天演学家、译介先锋，此时公务繁忙，车马劳碌；但仍为《诗庐诗文钞》这样一部诗文集欣然题词并致手札一通，足见其对这部诗文集的推崇。

严复存照（1913）

◎ "诗庐" 其人其诗其生涯

《诗庐诗文钞》作者胡朝梁，字子方，又字梓方，号诗庐，江西铅山人。1895年入江南水师学堂学习海军技术。曾到日本考察海军，为南琛、镜清等兵舰从官。1905年脱海军籍，入震旦学院随马良学法文、拉丁文。早年想游学欧洲学习文学，因资金匮乏未能成行。后为两江师范学堂、上江师范学堂教习，并在中国公学出任英文教师。

入民国后，曾入职教育司，与蒋维乔、鲁迅等为同事，文教界交际广泛。一生潜心诗文，曾游于陈三立门下，被视为民国江西诗派代表人物之一，与林纾、郑孝胥、樊增祥等宿儒名流均有诗文往来，与陈寅恪亦有交往。又精通英文，曾助林纾译介外国小说（林纾撰《诗庐记》，以记其事），自译《孤士影》小说，编译《美国内务行政》等。

胡朝梁遗像

胡朝梁不但与旧派文人多有交集，而且与新派知识分子也多有交往。诚如周作人所忆述的那样，胡朝梁不仅曾入职清代末年的江南水师，还曾入职民国初年的教育部门。鲁迅在教育部任职期间，就与时任社会教育司主事的同事胡朝梁多所往还，这些事迹，在1912年5月11日、1913年3月5日、6月2日、6月11日以及1914年1月2日的《鲁迅日记》中皆有记载。可见，胡朝梁虽然"做江西派的诗，桐城派的文"，骨子里自是崇古尚雅，但这也并不妨碍其人与时俱进。

又如初由傅钝根主持、胡适与张丹斧都曾参与编辑的《竞业旬报》，这样一份创刊于1906年的白话报纸，其发刊辞就是胡朝梁所作。事实上，胡朝梁当时正在中国公学任教，既是胡适的英文老师，又是与其多有酬唱往来的诗友，二人亦师亦友。后来，胡适在《四十自述》中还特意提及此事，记忆犹新地写道：

胡梓方先生（后来的诗人胡诗庐）作发刊辞，其中有一段说：今世号通人者，务为艰深之文，陈过高之义，以为士大夫劝，而独不为彼什佰千万倍里巷乡间之子计，则是智益智，愚益愚，智日少，愚日多也。顾可为治乎哉？

◎ "诗庐"与严复的忘年交

据《严复日记》可知，胡、严二人的交往可能始于1909年。是年3月15日，严复"信与胡梓方"。1914年5月9日，记有"与胡梓方看诗并写扇"，此即《诗庐诗文钞》前两篇题词出处。在此之后，日记中未再见二人交往记录。二人之交往应当是纯粹的诗文之交，再无其他。

正如严复《诗庐说》开篇说到的那样，"铅山胡梓方旧治西学，晚而好诗"；胡朝梁的生命历程虽不算长久（享年仅四十三岁），但人生经历丰富，既是倾心于古典的诗人，也曾领受过欧风美雨的洗礼。长胡氏二十五岁的严复，对这样笃志于学的后进，还是颇为重视与欣赏的；对这样的忘年交，还是颇有一番赤诚之心的。

《诗庐诗文钞》正文之前除影印两篇严复的题词手迹之外，在正文之后的附录中，还将严复作的这篇《诗庐说》列于首位印出。这篇文章最先刊发于1917年《小说月报》第8卷第3号；《严复集》据此收录；后来，《严复集补编》亦据此收录。这篇既表达了严复对胡氏诗文推崇之意，又表达了严复个人诗学见解的重要文献，终于得以为更多的后世读者所知。

此外，值得注意的是，严复与胡朝梁同于1921年逝世。胡死后，友人蒋维乔将《诗庐诗文钞》辑印，已是1923年间的事了。而严复的弟子侯毅则于1926年将严复诗文也辑印了出来，名为《瘉壄堂诗集》。此集中辑有一首《题胡梓方诗册并寄陈散原》，诗云：

> 此日耽吟咏，真成不世贤。
>
> 眼看文坠地，犹说力回天。
>
> 侧足五焉托，孤芳汝自怜。
>
> 寄声陈伯子，珍重为华颠。

此诗应当就是严复在通读了《诗庐诗文钞》原稿之后，所作诗咏。诗中"眼看文坠地，犹说力回天"之句，恰与严复为《诗庐诗文钞》题词中"风雅未坠"云云，互相呼应。可知，此诗也作于1914年5月前后。只是此诗原札，或因"并寄陈散原（胡朝梁之师陈三立）"，而未留在胡朝梁处。否则，蒋维乔在辑印《诗庐诗文钞》时，定然也会将这首诗的严复手迹附印于卷首。

最后，值得一提的是，严复一生以推崇"天演"之学、译介西方学说名世，于古体诗文一道并不经意，亦不以诗名；殊不知，严复与胡朝梁的这一番"诗缘"，仍在中国近代诗坛留下了微妙印迹。

汪辟疆（1887—1966）于1919年撰成的《光宣诗坛点将录》，就曾将严复列入，点为"地满星玉幡竿孟康·严复"；胡朝梁也在列，点为"地会星神算子蒋敬·胡朝梁"。遗憾的是，此录于1925年分五期连载于《甲寅》杂志（第1卷第5号至第9号）之际，严、胡二人俱已作古。

匆匆百年过后，抚读《诗庐诗文钞》，但见严、胡二人酬唱往还诗痕历历，近代文坛各色人影憧憧——"天演"时潮与"诗庐"古典，那些佚文与逸史皆在此交迭吟唱、异曲同声，真真别有一番兴味在心头。

◎新近拍卖的一组严复家书，佚信与佚文迭现

就在笔者先是在一册《冲冠怒传奇》的剧本残稿之中，复又在一本《诗庐诗文钞》的冷摊"破书"里，发现若干严复"鸿迹"之后不久，新近拍卖的一组严复家书更是诸多佚信与佚文迭现，令人眼花缭乱，目不暇接。

有一通严复于1912年9月17日致何纫兰的信札，十分关切地慰问当时卧病休养的何氏，嘘寒问暖之殷切，足见严复对这位外甥女的疼爱有加。非但此信为《严复全集》中失载的佚信，信中所提及的"晨去快信一械"，以及此信"中附井上一械"，这两通同于1912年9月17日晨发出的信件，亦同样未见载于《严复全集》之中，也同属佚信。在此，谨将这一通已现身拍场的佚信原文转录如下：

阿兰无恙，晨去快信一械，想已收到。中附井上一械，宜交与否，儿自斟酌。舅实挂心，故有此举。但不知渠之汉文浅深，能通其意与否。若不通其意，殊无益耳。今日未得津信，不识昨今两日病体如何。未见肖鹤，不知

渠已回京未，故尤忘忘。本午到泰昌买得手衣一副，价仅六角，非越线所织，然系绒里，差足护裹葱纤而已，其厚暖者，俟货到乃得购也。二奶奶言，初九晚车赴津，此间捡出物事当令带去。又泰昌有毡斗篷，系洋式，男子所用，高领大衣上有披肩，若马褂然，但甚宽大无窄小者，需价洋拾式员（圆），故未与购。儿若要之，可写信来，当买送上。袜子确有小脚者，但是棉线所织，与手套同而无绒里，不足御寒，故亦未买。君潜夫人去时当将旧有线袜带出，似无需此矣。昨今二日井上有来敷洗打针否？至念，至念。望儿今后胃口稍好，勉进饮食，使精神体力渐振，以慰汝舅无穷之心。千万千万回信，数语已足，不可勉强作长函，切嘱不尽欲言。（信壳先写好寄去，省儿费事也。）八月初七夜十二点。

严复致何纫兰信札（残件）

与这通佚信一道现身拍场者，还有一通严复信札残件，亦属全集失收者。此残件仅存一页，信札前后部内容均已缺失，但从仅存的此页考察，可知其亦为严复致何纫兰的信札：

……药膏。儿不在津而舅来医院，固断断无此事耳。小词数阕，评语精确，至所云凡做诗词一段，语语上乘，使老舅惊叹。吾儿为绝世聪明读书种子，眼光到此，虽渔洋、秋谷复生亦当惊愧其言，以为望尘不及。此乃美术家正法眼藏，无数名士才子，竭毕生精力所做不到者，不知吾儿何以一往破的如此。凡此实非舅氏谀词，但吾儿近能及此，未必……

◎异文与佚文：原件与抄件的天壤之别

值得注意的是，除却上述这两通一全一残的严复家信实属佚信之外，同时上拍的其余数通严复家书，虽皆曾著录于《严复全集》《严复书信集》①，但因全集乃至书信集的信文收录工作大多以抄件而非原件为底本来开展，故与此次上拍的数通原件相较，存在着不同程度的异文与佚文现象。集内所收书信内容要么出现一些字词上的讹误，要么出现书信格式、落款乃至信文整句整段的脱漏。

譬如，1906年12月6日，严复致何纫兰的信札，信中记录了与两江总督端方会面谈及办学事宜的情形，对于研究严复早年倡办教育的事迹，颇有研究价值。此信起首有"兰儿如见"四字，《严复全集》《严复书信集》录文脱漏。当信札书至严复在席间提及复旦公学经费与兴办上海女学两事，端方于此二事"皆乐从，且云为费有限，总可出力云云"这一行时，严复以小字补录有"坐中有藩台继昌及吴剑泉等，藩台极守旧，最怕花钱"，说明端方乐意资助办学，而在座其余官僚未必愿意的情况。可《严复全集》《严复书信集》录文却将这一行小字挪移至了信件前端第三句起首处"晨间客座"之侧，予人以十分突兀、不明就里之感，显系就抄件转录而来时，信文中小字补录位置出现了偏差。

---

① 《严复书信集》，福建教育出版社，2022年。

　　出现这样的情况，要么是因为抄件本身即存在偏差，要么就是编集者在转录的过程中发生了偏差。此外，原件落款为"十月廿一夜在金陵泐"，《严复全集》《严复书信集》录文里的落款却是"光绪三十二丙午十月廿一日作于金陵"，差异还是显而易见的。

　　又如，一通严复于1910年间写给何纫兰的短札，虽仅一页数字，原件与抄件的文字差异，仍然较大。原文转录如下：

　　雨后春阴，令人闷损，回忆汝在吾旁，论诗说赋，小儿女灯前戏笑，老人时一破颜，此境何可多得？夫已只想不相苦。汝病体近如何？何时可以出门探友？城内外有相宜西医否？许金婴似可用也。吾赴津不远，届时当告汝知之。兹不赘，唯万万珍重。舅白。

　　信文里的"夫已只想不相苦""舅白"之语，《严复全集》《严复书信集》俱未载录，集中据抄件转录的信文却还又多出了落款"宣统二年庚戌作于北京"。

　　再以1912年8月15日，严复致何纫兰的信札为例，不但仍然脱漏了信文起首，而且原件与抄件的落款也存在明显的文字差异，甚至信文末尾，还存在较多内容的脱漏。原文转录如下：

　　猗兰慧鉴：①日来急欲到津，一看吾儿开刮后体中何若，不幸因校中借款

――――――――――

　　①　此信起首"猗兰慧鉴"，《严复全集》《严复书信集》俱未载录。

未定，不能成行。明日英公使约午餐晤谈，成否在此一举。若仍不成，则止能咨呈政府，请其另筹矣。舅决计星期六（即后日）早车赴津，作一两日勾留也。昨戈升归，言儿精神尚是疲惫，未能起坐。吾心极悬悬，不知这两日可觉健朗。吾儿此番可谓冒险求医，所愿一刮之后化病体为康强，使吾稍释悬系，则南面王无此之乐也。惟是体气之事，不宜仅恃医药，恃医药者医药将有时而穷。惟此后谨于起居饮食之间期之以渐，勿谓害小而为之，害不积不足以伤生。勿谓益小而不为，益不集无由以致健。勿嗜爽口之食，必节必精，勿纵目前之欲而贻来日之病，卫生之道如是而已。吾儿颇乏纳谏之度，故舅不以口而以书，想吾儿能察其相爱之诚而稍回慧听也。嗟乎！天生女子天资容表若吾儿者甚难，但使①略存省察，去其瑕疵，②则天仙化人，真当为群伦所崇拜。夫崇

严复致何纫兰信札，1912 年 8 月 15 日

---

① "但使"，《严复全集》《严复书信集》录作"理应"。

② "日来急欲到津"至"去其瑕疵"这部分信文内容，《严复全集》《严复书信集》予以收录。

拜固不足道①，特忽焉使丛而为一身之苦痛②，糜财伤躯，当亦聪明人所急猛省耳。吾儿千万留意。舅不复言，余事俟晤罄。阳历十五夜，星期四，七月初三。③

上述以三通严复家书为例，所展露出来的原件与抄件的诸多差异，诸如信文起首之脱漏，落款之迥异，细节之参差，皆显而易见，应当据之对《严复全集》《严复书信集》再行修订。

值得一提的是，在此次上拍的严复家书中，还有一张寄给四女儿严顼的明信片。即便是这么一张寥寥数字的明信片，《严复全集》《严复书信集》在据抄件录文时，仍然将起首"谕顼知悉"四字，落款"廿七泐"三字，共计七字脱漏。且这张于1919年8月27日从上海寄至北京的明信片，收件地址栏上有严复亲笔书写的"北京东四汪芝麻○○七号，四小姐收看，上海寄"字样，这一重要历史信息理应在编集录文时予以附注，可编集者连此件乃是一张明信片都不知晓，又谈何附注呢？

◎严复致何纫兰家书，原件存有大量佚文

另外，因抄件脱漏内容实在太多，导致《严复全集》中所收录者几乎如同"摘录"。原件有相当部分的内容成了未录未见的佚文。

譬如，1907年1月30日，时任安徽高等学堂监督的严复致何纫兰的信札，本是一通因何氏收到匿名"狎亵"之信，转而研讨男女平等观念的长信，《严

---

① "则天仙化人"至"夫崇拜固不足道"这部分信文内容，《严复全集》《严复书信集》未予收录。

② "特忽焉使丛而为一身之苦痛"一句《严复全集》《严复书信集》录为"勿忽焉而致丛为一身之苦痛"。

③ "吾儿千万留意"至"七月初三"这部分信文内容，《严复全集》《严复书信集》未予收录。

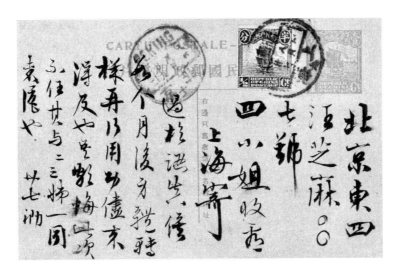

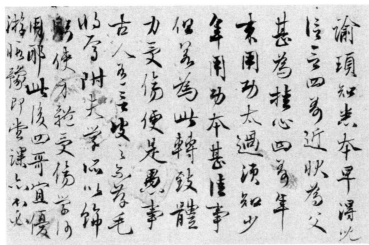

严复致严瓂明信片，1919 年 8 月 27 日

复全集》《严复书信集》的录文却仅及信末四句，作为信札主体内容的前面大部分信文均未录入，导致后世读者及研究者根本无从知悉此信原本的主体内容。如今此信原件现身拍场：

阅星期缄，备悉一切。吾闻前书本系匿名，得者原不合寻源竟委，纵使书中有行狎亵之词，而孔子有言：不曰坚乎？磨而不磷；不曰白乎？涅而不缁。团撕摧烧，付之一笑可耳，又何必据此以兴波作浪乎？夫男女相谲，古今有之。就令寄书人近在咫尺，而为谢鲲之挑，假使施所不合，亦不外得投梭折齿之罚而已，过斯以往又何罪之可科？况其为数千里外莫须有之一书，必穷所往，甚非谓也。今书中之言，姑无论其为忤也，就令阅者心悦诚服，而地位相睽，万万不可遇合，亦何益乎？知此书之不足喜，则其为不足怒，已不辨而可知。吾闻今日之世，男女如居平等之地位，然今使有一女流致一相慕悦之书，于男子则是男子者无论其为未婚为有妇为鳏处，而其性质为桑门展季之清高。是女子者亦无论其为贞为否，为丑为妍，吾意男子之得是书当亦一笑置之，不以为忤。乃今以男子致慰问相悦之词于一女子，而是男女者，又万万无可合之理，而乃惊骇悚怒，视为不可说之大诟。然则女之与男固不可等视而齐

严复致何纫兰信札，1907 年 1 月 30 日

观，而若此之女人自视固男子之奴隶之玩物，不然彼粥粥者，何重视此一书而所为与男子异耶。吾意彼作书之人过后思量，未尝不大悔其所为，所大悔者非他，以不察女子程度之卑，胸次之狭，而妄以文明女子待之也。虽然书固已发矣，为罪过，为刑罚，为损失名誉，彼将自作而自受之。汝曹哀其愚可，恨其狂亦可，固不必若宜嫂之所为，为之陪小心认不是也。闻学堂冬考綦严，吾甥仓猝补课，颇防成病，千万自爱。阿舅德薄能鲜，今者又以区区一信为仇家之所疑，而持之前者保护之说，深恐竭力为之转成左右之累，则其衔恨，岂有已时？虽然努力，前途勿为见讐者所快也。[①]喜苏膏药昨已送去，今日差否？至念。吾于途中感寒患喘咳，晨起尤剧。复旦校长南帅照会已到，初五日沈爱苍亦有电来，恳吾往江西为理学务，老惫岂能胜此？知念顺佈[②]，即问纫兰贤甥近好。舅泐，十七夕一点。

又如，1908 年 10 月 17 日，严复致何纫兰的信札，因此信主体内容为评价传奇女子吕碧城，向为学界内外所关注。但殊不知，《严复全集》《严复书信集》的录文，只是此通信札的一小部分，"摘录"了信文的前端及末尾的部分内容，还有超过信文半数以上的内容未予收录。

此信从严复的重要评语，"顾此女心虽孤高，却跳不出一情字范围"开始，随后通过抄录数首吕氏词作，来表明评价所据，此前闻所未闻，世所未见：

---

① "阅星期缄"至"前途勿为见讐者所快也"这部分信文，《严复全集》《严复书信集》俱未收录。

② "知念顺佈"句后的信文，《严复全集》《严复书信集》录文与之不同，录为"光绪三十二年丙午腊月十七日作于上海"。

严复致何纫兰信札，1908 年 10 月 17 日

　　碧城心高意傲，举所见男女，无一当其意者。极喜学问，尤爱笔墨。若以现时所就而论，自是难得。但以素乏师承，年纪尚少（二十五岁），故所学皆未成熟。然以比平常士夫，虽四五十亦多不及之者。身体亦弱，不任用功。吾常劝其不必用功，早觅佳对。渠意深不谓然，大有立志不嫁以终其身之意，甚可叹也。此人年纪虽少，见解却高，一切尘腐之论，不屑唾之。又多裂纲毁常之说，因而受谤不少。初出山时，阅历甚浅，时露头角，以此为时论所椎。然礼法之士，疾之如仇。自秋瑾闹事被害之后，亦为惊弓之鸟矣。现在极有怀谦畏讥之心，而英敛之又往往加以评骘，此其交之所以不终也。即于女界，每

初为好友，后为仇敌，此缘其得名大盛，占人面子之故。往往起先议论，听者大以为然，后来反目，则云碧城常作如此不经议论，以诟病之。其处世之苦如此，[①]顾此女心虽孤高，却跳不出一情字范围，但此时此情尚无所属耳。汝若问我，何以知之，则于其所作诗词可见。吾今钞他一二首词，与汝解闷看看何如？

满庭芳

瘦蝶飘烟，幽花卧雨，晓来无限凄凉。天涯秋晚，惆怅惜年芳。见说重阳近也，东篱畔、寂寞寻香。（此香字有病，以本是芳字，因已押，不得已，用香字代）淹留久，蜂腰蝉鬓，销减怯风霜。　　思量，空自制，么弦羽调，难诉衷肠。更一身如叶，顾影伥伥，可怜可怜。吹老西风几度，叹尘寰已换沧桑。闲凝眺，家山何处，云树暗苍苍。

法曲献仙音·题虚白女士看剑引杯图

绿蚁浮春，玉龙飞雪，谁识隐娘微旨？夜雨阴符，春风剑铗，梦绕专诸旧里。把无限忧时意，都消玉樽里。　　君认取，试披图英姿抖搜。正铁花冷射，脸霞新腻。（此数句好）漫把木兰花，错认作、等闲红紫。辽海功名，恨不到、青闺儿女。剩一腔豪兴，聊写丹青闲寄。

其词共有数十首，前二乃其最佳，可以觇其功候与其情性矣。我近无事，

---

① "碧城心高意傲"至"其处世之苦如此"这部分信文，《严复全集》《严复书信集》予以收录。

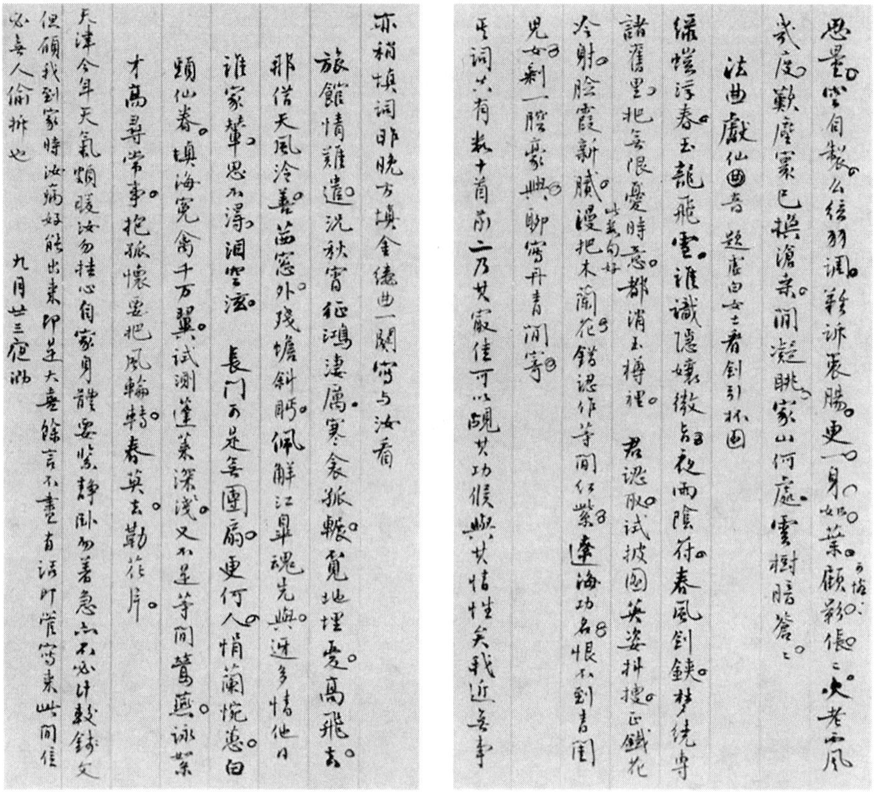

严复致何纫兰信札，1908 年 10 月 17 日

亦稍填词，昨晚方填《金缕曲》一阕，写与汝看：

旅馆情难遣。况秋宵、征鸿凄厉，寒衾孤辗。觅地埋忧，高飞去，那借天风冷善。茜窗外、残蟾斜眄。佩解江皋魂先与，迓多情、他日谁家辇。思不得，泪空法。　　长门可是无团扇，更何人。悄兰惋蕙，白头仙眷。填海冤禽千万翼，试测蓬莱深浅。又不是等闲莺燕。咏絮才高寻常事，抱孤怀，要把风轮转。春莫去，勒花片。①

――――――――――――

① "顾此女心虽孤高"至"勒花片"这部分信文，《严复全集》《严复书信集》未予收录。

天津今年天气颇暖，汝勿挂心。自家身体要紧，静卧勿着急，[①]亦不必计较钱文。但愿我到家时，汝病好能出来，即是大喜。余言不尽，有话即管写来，此间信必无人偷拆也。九月廿三夜泐。[②]

再如，1912年9月25日（农历八月十五中秋节），时任北大校长但即将于数日后辞任的严复，曾有一通长信致何纫兰，信中不乏感慨世事、操心家事的细节抒写。此信《严复全集》《严复书信集》均予收录，但集中所录信文与原件颇有差异，如今观此原文，恍如新见：

本晨发去昨夜所缮快信，想已接到。本日未得来书，不知廿四日体中何如，殊深惦系。日来抚境感遇秋不胜悲，又不欲以落寞无聊之词来溷新愈人，视听中情抑郁，殆不能堪。[③]恨不能摒弃一切即行到津[④]，而校事待理，兼部中有取易校长之说。华比借款，号中人仿照清华学校前案办理，道须将校产保险，始立合同，为此又须延阁。保险者，系天津良济，须明日始有回信也。此事一星期内不知能了结否，真是令人不耐也。本日闻吴厝有信寄与丁太，言江姨于八月初二抵闽，而[⑤]伯玉表兄全家则于初六日动身赴沪，想初八后已在上

---

① "天津今年天气颇暖"至"静卧勿着急"这部分信文，《严复全集》《严复书信集》予以收录。

② "亦不必计较钱文"至"九月廿三夜泐"这部分信文，《严复全集》《严复书信集》未予收录。

③ "本晨发去昨夜所缮快信"至"殆不能堪"这部分信文，《严复全集》《严复书信集》未予收录。

④ "恨不能摒弃一切即行到津"，《严复全集》《严复书信集》录文与之不同，录为"欲赴津视吾儿"。

⑤ "本日闻吴厝有信寄与丁太，言江姨于八月初二抵闽，而"之句，《严复全集》《严复书信集》未载。

严复致何纫兰信札，1912 年 9 月 25 日

海矣。伯玉尚无信来，不知寄寓何处。江姨同出与否，住阳崎否，吾皆不知也。汝父闻一时不能南去，将遣孙贵先归，捎取冬天衣服。不知儿处有所闻否？① 舅近日头晕，心跳日甚，往往写信半纸时，几室欲旋，须阁笔伏几，少时乃苏，细思想亦鸦片作祟也。吾儿千祈自爱，新迁室阳光较多，夜间寒暖如何？被褥留神，勿令受冻，切切。中秋夜泐。树影一庭，月华黯澹……对此幽清，不觉百端交集。②

此外，1913 年 7 月 6 日，严复还有一通长信书致何纫兰。此信《严复全集》《严复书信集》均予收录，但集中所录信文，大约仅及原件篇幅两成。此信原文，转录如下：

---

① "江姨同出与否"至"不知儿处有所闻否"这部分信文内容，《严复全集》《严复书信集》未载。

② "细思想亦鸦片作祟也"至"对此清幽，不觉百端交集"这部分信文内容，《严复全集》《严复书信集》未载。《严复全集》《严复书信集》录有落款为"民国元年壬子旧历八月十五作于北京"。

吾甥爱鉴：①本夕正想写信，忽得儿初一日快信，慰情之至。舅丢枪服药丸已一星期，无咳嗽，②寝饮皆差③，但极闷损。幸尚④能看书。本晚正读《李太白集》，极有神会。可惜儿不在此，不能共赏奇文耳。别后，诗确做有四五题，皆五古。报为《震旦》做一篇，余亦无他作也。此番儿行本欲拦阻，因欲儿受海气之益，故听儿行。起初亦谓一月之别，当没要紧。至汝行后，不意乃同丧家之狗、失乳之婴，培南哥真有先见也。酱鸭、水蜷螺于叔回京均得而食之，甚佳。但水蜷螺不能多食，难得吾儿处处想到老舅也。汝到西门后，罗大夫说汝身子怎样？最为悬念，须为细述也。夏天马裤不照西式做，虽稍宽窄，当不碍事，儿但凭意度做去可耳，有诗有证：

一别隔炎凉，君衣忘短长。

裁缝无尺度，以意细思量。

畏瘦疑伤窄，防寒更厚装（此句现用不着）。

半啼封裹了，更欲寄谁将（自带）。

右孟浩然诗也，况朱裁缝也，能助汝耶。兹寄上支条一纸，到可支用。⑤吾本年必到北戴河避暑，然俟儿归京始行，最好能同去也。余不多谈。六月初三夕泐⑥。

---

① 此信起首"吾甥爱鉴"，《严复全集》《严复书信集》俱未载录。
② "舅丢枪服药丸已一星期，无咳嗽"之句，《严复全集》《严复书信集》未载。
③ "寝饮皆差"，《严复全集》《严复书信集》录作"舅咳嗽痰饮皆差"。
④ "尚"字，《严复全集》《严复书信集》无。
⑤ "此番儿行本欲拦阻"至"到可支用"这部分信文内容，《严复全集》《严复书信集》未载。
⑥ "最好能同去也。余不多谈。六月初三夕泐"，《严复全集》《严复书信集》未载。《严复全集》《严复书信集》有落款为"民国二年癸丑旧历六月初三日作于北京"。

严复致何纫兰信札，1913 年 7 月 6 日

◎严复致长子严璩家书，原件存有大量佚文

除了严复致何纫兰的信札集中现身拍场之外，严复致其长子严璩的两通信札也随之现身，其中的一通也同样出现了原件内容大幅超过《严复全集》《严复书信集》所载录抄件的情况。譬如，严复于 1905 年 7 月间，写给身在越南、奉差公干的长子严璩的一通信札，原件与抄件的篇幅、格式、文字之差异也是显而易见的：

璩儿知悉：[①]本日同时接到尔由西贡六月廿四、廿七所发两缄，读悉一切。始初闻[②]言由粤到闽不过旬月勾留，（接洽公事后）即当北行赴京，谒外商二部，事毕然后回闽料理葬事。是以颇怪吾儿催取家眷，回闽之急，以为既须北上，何妨俟南行时再作此计，届时我当与汝同归。因权厝两棺必须今年下土故也，纵乡里之中亲故寥落，必谓旬月之中必须汝妇先为部署，而后有所安居。

---

① 此信起首"璩儿知悉"，《严复全集》《严复书信集》俱未载录。
② "初闻"二字，《严复全集》《严复书信集》俱未载录。

滋令吾惑，且吾儿男子而生于闽，尚觉为难，如此岂媳一女子遂能一切就绪裕

如，故颇谓吾儿如此举动别有用意，姑为前言冈而父耳。吾已有前数书去汝，

语皆同意，故兹无取多陈。但问吾儿到家之后，如果尚执前书之意，望汝作一

严复致严璩信札，1905 年 7 月间

电来，得"媳回"二字足矣，吾当即遣渠行不更挽也。吾年力就衰，于儿曹甚
以团聚为乐，天时人事两不可知。此境殆不可多得，吾儿年少，不甚体会此
恉。然闻吾此言，亦当为汝父恕也。[1]再者儿谓刻[2]拟在闽作三四个月延阁，任
福田北上调禀外商二部，面陈情形，而己则以料理书籍为事云云。汝父旁观者
清，窃以此为计之至左者，汝若不同恩庆赴京，在汝以为吾将一切面子让与福
田，己则宁居人后，此意诚为高尚。但京师之人必以云尔，而谓吾儿为傲慢不
恭，不将渠辈挂眼，于此等事不肯自己亲行，但教碌碌十九人之类为之。吾儿
方及壮年，家贫亲老，此后职宜与世为缘，岂宜更蹈汝父覆辙，邀其谤毁。故
愿吾儿一听父言，必变此计。吾非望汝媚世阿俗，然亦甚不愿吾儿为无谓之忤
俗。吾前者即缘率意径行，于世途之中不知种下多少荆棘，至今一举足辄形挂
碍。顷者自回国以后又三四次睹其效果，深悔前此所为之非，此事非父子见面
时不能细谈也。故今者第一嘱咐乃吾儿于役之后，必往京师一行，是为至要。
汝今声名日益藉甚，到京之日，必有人拉汝出山。吾儿当念毛义捧檄之意，凡
事稍徇俗情，借以献酬群心，念为亲而屈可耳。亦不必向人乞怜，但不可更为
高亢足矣。日者昭扆原办南洋公学，经改商部实业高等学校之后，昭扆月日
以来整顿不遗余力。然其意终不欲久居其局，早有卸肩于我之意。（渠近复于
我甚为亲密，或且见我无聊，必欲有以相助。此其意吾知了，吾尤感之）[3]适
会四大臣有出洋之命，戴[4]、端两公均有电招致之。渠即与监督杨老五（杏城）

----

① "是以颇怪吾儿催取家眷"至"亦当为汝父恕也"这部分信文，《严复全集》《严复书信集》
未予收录。

② "再者儿谓刻"，《严复全集》《严复书信集》录作"嗣复称"。

③ 此处括号中句，为严复信札"原件"中以双行小字夹注的方式写就，《严复全集》《严复书
信集》未予收录。

④ "戴"字，《严复全集》《严复书信集》录作"载"字。

定①其情愫，杨亦甚以为然。渠乃于月初赴京，勾当者约半月有奇，至昨始行回沪。刘杨即将此情达之商部，商部中用意何若则不可知，大抵玉苍甚以为然，闻振大爷则将奏留昭宸，昭宸不愿留也。此外尚有复旦公学一事，大家要我为之总教，然因主意之人太多，恐办不下，吾已辞之矣。再，天津信来，言陈玉苍、严范孙皆在项城处极力荐我，项城则姑徐徐之。至吾之意，将一切听其自然，所幸谋生之路尚复宽绰，朋友中如菊生、穗卿、季廉等皆极力相助，甚为可感。又，周玉帅亦遣人劝驾，吾欲往应，乃朋友皆沮之。吾亦同姑徐徐云尔。拉杂写寄，其中委折十不达一，须俟相见，方能罄也。海上天气不时，一切努力自爱。

海上前数日抵制美禁华工之事甚热闹，刻稍平静。七月二十三日父泐。

再者伯屏姑丈归天，三姑零丁孤苦，甚属可怜，吾儿念之可谓孝爱。所幸渠家两位姻叔尚能勉赚各月三四十金，聊助敷衍。三姑气体尚过得去，但太姻母恐不久耳。吾儿如有所助，当相时为之，因此后接济之日方长，若一时遽出大力，后难为继，所谓意外之变，当所不至，吾儿宽心。媳到申后，用度八九百元，想渠自有数。现在用度在在皆是浩繁，往往举全数则讶其多，及徵其账，又皆有著。少奶于钱财颇谨慎，尚不至浪费也。拉坂桥新屋颇宽敞，五楼五底，却非木板相隔。妇女别居亦无甚不便之处，吾儿又何必过虑如此。（人家亲戚寄居于后不少，况父子婆媳之间耶）且吾之意并非要子妇永远与我同居，不过因汝萍踪未定，借此团聚数月，嗣后吾儿或归或出，有一定所，而后惟汝所便耳。日者沈爱苍过沪，对渠亲家镜秋姑丈云，"吾闻又陵父子分爨，此意必起自又陵依闾令行

---

① "定"字，《严复全集》《严复书信集》录作"言"字。

事"云云，此语少奶之所闻也。阳崎虽坟墓之乡，然我辈居住却不甚相宜，此其故。尔曹皆所深知，不消为父细说。刻伯鋆已往永平府充当教习，四叔病废家居，五家十三伯景况皆是为难。恐汝到彼住下月余，必求出了去。

前二信到此竟需一月，可恼之至。吾想汝已到闽，故寄闽与汝。再吾刻所最急者是琥儿读书一事，思欲置之上海学塾，又恐愒时失学。前经发庵荐一高姓，（汝到家宜往看发，此老于我家不浅也，徵宇闻亦在闽）甫经数月，吾到家两日即行兴辞，细查原因，又无别故，但在此言语不通，乏人伺候，乃思归也。前之炳圭后在津颇事冶游，又与学生欠讲解，故不续请，刻汝到闽可为吾带目留神。新旧法均可，但须有坐性，肯讲解便佳。如系通人，即月三二十番亦所愿出。吾之馆事若定，此束亦出得起也，惟汝暗中留神可耳。又泐。（叶桐翁已古，萨丈继其任，陈蔼亭亦古了①。）

上述一千八百余字的信件如今见载于《严复全集》《严复书信集》的录文不过区区八百字而已，实在是令人匪夷所思。显然，这么大篇幅的脱漏绝非出于偶然疏误，而是原藏者呈献抄件时有意为之。至于缘何如此，只需稍稍浏览一下这些佚文大致内容，便不难发现，原藏者之所以如此这般，乃是有意为尊者讳，有意为先辈族亲讳。但凡关涉严复家庭内务（诸如"颇怪吾儿催取家眷"之类），但凡涉及严氏家族隐患者（诸如"此后接济之日方长，若一时遂出大力，后难为继"之类），统统删略不录。

---

① "再者伯屏姑丈归天"至"陈蔼亭亦古了"，这部分信文书写于一整张页面之上，应为前两页信文书写完毕之后，又附带写此一页，提及诸多家事细节。这一页信文，《严复全集》《严复书信集》俱未载录。

应当说，这样的情形不但在严复致长子严璩的这通信札里表现得非常突出，而且在前述严复致何纫兰的诸多信札里，同样也表现得非常明显。后者更涉及严复个人隐私（诸如"鸦片作祟""丢枪服药丸"等），更关乎对于严复个人的私德操守之毁誉，自然更是不可能抄录呈献给编者了。

行文至此，不得不说，这批严复家书的原藏者，本即严氏家族后人，无论出于什么样的主客观因素，在向编者呈献抄件时有所保留，都是可以理解的。如今，这样一批原件付诸拍卖，据此补录佚信与佚文，斟酌异文，充分修订，也应随之展开。

林纾：从茶花女到托尔斯泰

林纾像，原载《新中华》杂志第 2 卷第 7 期，1934 年 4 月 10 日

◎文学想象的一幕：不必识洋文，偏要译洋书

1913 年 4 月 9 日夜，也即这一年的农历三月初三夜，年过花甲的福州人林纾（1852—1924，字琴南，号畏庐，别署冷红生）又译完一部法国人的小说《离恨天》^①，他忽然想起十六年前翻译的另一部法国小说《巴黎茶花女遗事》，一时若有所思，复又无语凝噎，禁不住老泪纵横。

那会儿还是清朝，光绪二十三年（1897）

---

① 《离恨天》，今译名为《保尔和薇吉尼》（*Paul et Virginie*）。法国森彼得（Bernardin de Saint-Pierre，今译贝纳丹·德·圣比埃尔）著，林纾、王庆骥合译。今见有商务印书馆 1914 年 6 月初版本，但 1915 年 10 月第三版之版权页又有标示称 1913 年 6 月初版，此版本尚未寻获。

初，与林纾相伴二十八年的夫人刘琼姿病故。在家人的劝说之下，怅然若失的林纾赴马江闲游，以此散散心，解解闷。此处虽风景宜人，奈何游人心境不佳，依然郁闷难解。这时，从法国留学归来的同乡王寿昌（1864—1926），与其谈及国外的小说与文学种种，令其徜徉于新奇的"西洋景"中，渐次淡忘了现实里的悲凉与哀伤。

法国大文豪小仲马的《巴黎茶花女遗事》，就这样，在一种融入人生经验，却又淡出生活实情的语境之中，在一个看不懂、识不出一个洋文字母的晚清文士心中，渐次展开了一幅旖旎万方的瑰丽画图。

那时，在闽江的一只小船上，常常可看到这样一幅景致：王寿昌手捧满页尽是洋文的西洋文学名著，一边飞快地浏览，一边喃喃地口述，其神姿宛若穿空点水、唧啾鸣唱的水鸟；而对面坐着的林纾，则展纸挥笔，墨飞纸摇的架式，又浑如一只野鸭，或浮或浸，或游或潜，在水波中俯仰自如。忽而一刹

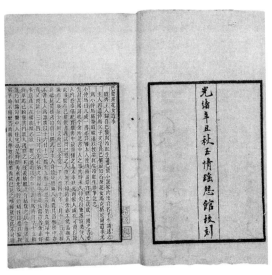

《巴黎茶花女遗事》，书名题签、牌记页与正文首页，1901 年玉情瑶怨馆刊刻

那，两人突然皆不作声，默然凝望，这或许是小说中的情景感人至深，这也许是现实中的场景触人痛处，两行清泪已潸然而下。

如此这般，在中国南方沿海一小片波光摇荡的私密之境，林纾以《巴黎茶花女遗事》一书的译著，开启了"不必识洋文，偏要译洋书"的外国文学名著在华语世界里的译介先声。根据另一位合译者的口述，林纾将这口述的内容"转译"为合乎文言规范、更为雅驯的文本，译书即告完竣。这样的"译者"林纾，还笃定地认为，这一次陶情遣愁的"转译"外夷之文纯属偶尔为之的私人消遣，不值得让堂堂大清帝国文士直署其名。为此，这部一经印行，即"不胫走万本"，可谓红极一时的译著，译者署名为笔名"冷红生"。

事实上，后来成为一代名士的林纾，虽精通古文，擅长辞赋，且诗文书画无一不通，可谓才气逼人，却在科场上屡屡失意。虽然其人始终认定，中华文言用于译述西洋外夷的奇技淫巧，实在有失体统，斯文扫地，可仕途无望，迫于生计，不得不开始大批量的所谓"转译"工作。

◎文学史迹之一幕：说尽前朝事，竟是《离恨天》

自《巴黎茶花女遗事》出版之后，二十年间，林译英法各国小说已达数十种。至1913年这本《离恨天》译出之后，有近现代文学史研究者声称，至《离恨天》之后，林纾的译著不再具有新的文学活力，由此转入低谷。《离恨天》一书似乎就此成了划分所谓"前期林纾"和"晚期林纾"的文学年表里程碑。

有意思的是，在《离恨天》译毕之际，已过花甲之年的林纾抚今追昔，似乎已经预知了百年之后，那些所谓的"划分"与"界定"，是书译者序（译余

譯餘賸語

余自辛亥九月僑寓析津長日閒見均悮悄之事西兵吹角伐鼓過余門外自疑身淪異域八月以前譯得保種英雄傳爲某報取去是途之不復譯王子九月移家入都譯得遺金記二卷授之曾雲沛又譯得情窩二卷授之畏廬日腥錄二卷授之曾雲沛又譯得義黑一卷殘蟬曳聲錄一卷羅剎雌鳳一卷均授之商務印書館兹復譯得是篇自謂較前數種勝也

著是書者爲森彼得盧騷友也其人能友盧騷則其學術可知矣及門王石孫慶驥留學法國數年人旣聰睿於法國文理復精深一字一句皆出之以伶牙利齒余卽聽而行以中國之文字頗能闡發哲理因憶二十年前與石孫李父王子仁譯茶花女遺事余心極疚矣而此書復多傷心之語而又皆出諸王氏然則法國文字之名家均有待於王氏父子而傳耶

書本爲怨女曠夫而言其不幸處如蔣藍園之香祖樓傳奇顧香祖樓之美人侔姬

林纾、王庆骥合译《离恨天》，封面，商务印书馆，1914 年 6 月初版

林纾、王庆骥合译《离恨天》，译余賸语（译者序）首页

中華民國三年六月初版

（離恨天一冊）

（每冊定價大洋叁角伍分）

原著者　法國森彼得

譯述者　閩縣侯官王慶驥纾

發行者　商務印書館

印刷所　商務印書館

總發行所　上海棋盤街中市

分售處　商務印書分館

北京　保定　奉天　龍江　吉林　天津　濟南　開封　太原　西安　成都　重慶　長沙　桂林　福州　漢口　廣州　安慶　杭州　南昌　潮州

※ 此書有著作權翻印必究 ※

四六二五

林纾、王应骧合译《离恨天》，版权页

離恨天

第一章　法國森彼得原著

閩縣林　纾嚴述

侯官王慶驥口譯

法蘭西島中魯意城之背有山陵焉有殷田焉田大麥焉二間居谷中四面皆奇石巉峭惟北面臨海左夾右繞海水阻泉而立裁約其上山之下中距入谷時萬蘇彙列而大海漫漫島嶼遙接波間又無人居中有小海其名曰海少幽而土股之日不幸土股之外大海漫漫島嶼羅列然而距都城但見萬蘇彙立而風勁海森林濃鬱接海涯止逾海有小海其名曰湾柏村間有禮拜堂如屏隨石燦燦聳立四山峰之回顧遙近茅石之尖室陣礴旋往陵曉峻峨兩雨闊雨霧樹恣生惟接近瀕海之下尖室陣礴

林纾、王应骧合译《离恨天》，正文首页

賸语）里就曾这样写道：

凡事以不推测为佳。呜呼，达哉！长生之人，犹海舶中不眩晕之人也。尽人皆僵皆呕，即一人独行独饮独食，又何生趣之有？

是的，在"历史"这艘大船上，总有人想扮演甚至以为自己就是那种不眩不晕、不偏不颇、未卜先知的高人。而林纾这个倔强的福州老翁，早已把所谓的"欧风美雨"熬成了"华语稀粥"，滋养了一代代新知之后，再也不想做什么译林先锋、西学先知了。在经历了科场落第、爱妻病逝、辛亥革命的种种不可预测之后，其人倒愿意做回那个船上又晕又眩、又僵又呕的普通乘客。在时代风浪袭来之际，不晕船的有几个？能上船就不错了。

译完《离恨天》三天之后，是年三月初六，林纾第一次拜谒崇陵（光绪陵寝）。这一次，老翁痛哭流涕，不同于译《巴黎茶花女遗事》时的潸然泪下，也不同于三天前译毕《离恨天》时的有感而泣，这一次是以帝国时代的一个普通读书人的身份，来参拜祭奠已"龙驭归天"的皇帝，他自有他的一番苦心衷肠。或许，在《离恨天》译毕之后的"译余賸语"中，最后那一段文字便是林纾以花甲之年的老病残躯，对光绪皇帝在天之灵的最后呈奏，对已不复存在的大清帝国的最后献言：

呜呼！此为中国今日言耶？抑为欧洲昔日言耶？欧洲昔日之俗，即中国今日之俗。卢骚去今略远，欧俗或且如是。今之法国，则纯以工艺致富矣；德国亦肆力于工商，工商者国本也。独我国之少年，喜逸而恶劳，喜贵而恶贱，方前清叔末之年，纯实者讲八股，佻狷者讲运动，目光专注于官场，工艺之龃，商务之靡，一不之顾，以为得官则万事皆足，百耻皆雪，而子孙亦跻于贵阀。至于革命，八股亡矣，而运动之术不亡，而代八股以趋升途者，复有法政。于是父兄望其子弟，及子弟之自期，而目光又专注于官场，而工艺之龃，商务之靡，仍弗之也。譬之赁舆者，必有舆夫，舆乃可行，今人咸思为生舆之人，又人人恒以舆夫为贱，谁则为尔抬此舆者？工商者，养国之人也，聪明有学者不之讲，俾无学者为之，欲与外人至聪极明者角力，宁能胜之耶？不胜则财疲而国困，徒言法政，能为无米之炊乎？呜呼！法政之误人，甚于八股，此意乃无一人发其覆，哀哉，哀哉！癸丑三月三日畏庐林纾记。

又曰凡物能激人甘死如飴之勇氣更爲人鼓勵卽立捐其軀嗚呼黃花岡上之英雄多吾閩之聰明子弟也雖未必爲人所激而然耳聽滿乎前清之弊政又恥爲外人所淩轢故奮不顧身於是閩風興起而少年之言革命者幾於南北皆然一經事定富貴利達之心一萌往日勇氣等諸輕煙逐風化矣嗚呼死者已矣生者尤當知國恥爲何物含國仇而論私仇泯政見而爭黨見隳公益而求私益國亡無日矣

又曰歐洲之視工人爲格滋卑謂長日勞動與機器等田夫之見輕於人爲尤甚工藝則較農夫略高嗚呼此爲中國今日之俗盧耶抑爲歐洲昔日言耶歐洲昔日之俗卽中國今日之俗盧題去今略遠歐俗或且如是今之法國則純以工藝致富矣德國亦肆力於工商工商者國本也獨我國之少年喜逸而惡勞喜貴而惡賤方前清叔末之年純實者講八股佻狷者講運動目光專注於官場工藝之龃商務之靡一不之顧以爲得官則萬事皆足百耻皆雪而子孫亦躋於貴閥至於革命八股亡矣而運動之術不亡而代八股而趨陞途者復有法政於是父兄望其子弟及子弟之自期而目光又專注於官場而工藝之龃商務之靡仍弗之顧也譬之賃輿者必有輿夫輿乃可行今人咸思爲坐輿之人又人人恒以輿夫爲賤誰則爲爾擡此輿者工商者養國之人也聰明有學者不之講俾無學者爲之欲與外人至聰極明者角力寧能勝之耶不勝則財疲而國困徒言法政能爲無米之炊乎嗚呼法政之誤人甚於八股此意乃無一人發其覆哀哉哀哉癸丑三月三日畏廬林紓記

《离恨天》，译余賸语（译者序）末段

还在讲工商，还在讲工艺，还在讲财政，还在讲法政……林纾不厌其烦，跪奏他的维新观念、治国观点。可惜，那早已化作一堆枯骨的，曾经也一心想"维新"的光绪皇帝，再也听不到了；可惜，那活着的宣统皇帝也再没有权力能够发动一场变法了。实在很难想象，这么一大段谈论治国方略的言论会出现在一本名为《离恨天》的西洋小说中译本的译者序之中。如此这般，却又不难想象，那林纾的眼泪不光为自己而流，也是为那个昔日的偌大帝国而流。

乱哄哄的1913年，到处是兵变，到处是独立；处处是谋杀，处处是条约。在《离恨天》的译者引言里，还抒写着林纾这样的感触：

余自辛亥九月侨寓析津，长日见闻，均悲愕之事。西兵吹鼓伐角过余门外，自疑身沦异域。

这是一个已经驱除鞑虏，却未见得以恢复的中华；这是一个频频西风东渐，却未见得国富民强的民国。林纾暗自警醒，不无激愤地在"译余賸语"中继续写道：

天下有太过之事，必有太过之事与之相抵。魏武之篡汉，而司马氏即蚀其子孙；司马氏之奸谋，而子元子上，奸乃尤甚，然八王之祸，兄弟屠戮，及于南渡，又为寄奴所有，国中初无宁日，所谓太过相抵者，乃加甚焉。故欲立身安命，当自不贪便宜始。

林纾以满腹经史的传统学养，与这个乱哄哄的民国世界两相鉴照，得出了此时此际"欲立身安命，当自不贪便宜始"的处世哲学。

◎生活实情之一幕：《谒陵图》绘毕，复做卖画翁

对《巴黎茶花女遗事》喜爱有加的同乡显达，有"天演学家"之誉的译界巨擘严复，也常常与林先生有约，一个是懂洋文的，一个是不懂洋文的，有一段时间，二人谈论的内容不乏种种洋书洋务与外洋风尚。

可奇怪的是，"天演学家"似乎也就在1913年前后，突然不那么"天演进化"，不那么"物竞天择"了，与林先生在一起时也要感慨那么些大清国的前朝旧事，却只字不提袁大总统的宪法和孙大总统的主义了。对此，林纾总是讷讷寡言，若有所思，欲言又止。

那一年（1913）11月16日，光绪皇帝的陵墓终于竣工，林纾立即前往祭拜。时值大雪弥天，冰冻三尺，林纾刚至宫门，遥望数十丈外的祭殿，情不自禁，匍匐陵下，哀声大呼：

崇陵石牌楼旧照，原载《文献丛编》第18辑，故宫博物院1934年3月印行

"呜呼！沧海孤臣犯雪来叩先皇陵殿！"

三叩九顿之后，伏地失声大哭。这一次失声大哭，惊动了被废黜的宣统皇帝溥仪，亲笔题写了"四季平安"春条一幅，颁赐林纾。为表感激之情，林纾昔日的绘画功底得以展现，他精心绘制一幅《谒陵图》，又作《谒陵图记》，称颂光绪与隆裕皇后的恩德，诚惶诚恐地表示：

图付吾子孙，永永宝之。俾知其祖父身虽未仕，而其恋念故主之情，有如此者。

在这次痛哭之后的绘画似乎又奠定了林纾谋生方式的转变。他不再单纯地依赖译书挣取稿酬，还开始替人画画贴补家用。这可能也就是有的研究者认为其人在1913年之后的译著，水平不高、错讹增多、缺乏活力的又一重要原因。毕竟，一个心灰意懒的花甲老人，还要兼顾绘售画作，还在艰难谋生，是不可能也没有必要，再为那个时代的文坛去增添什么"新文化"活力了。

不难发现，为了推销自己的画作，为了借重自己曾经的文坛影响力，林纾时不时会在一些文学刊物上做一系列售画的广告。譬如，由上海《时事新报》主办的，从1921年6月到10月出版的各期《文学旬刊》，第一、四版的中缝位置上，一则题为《畏庐更定润格》的广告就赫然呈现于读者诸君面前。广告里品类繁杂，说明细致：

八尺堂幅四十八元，六尺堂幅三十四元……三尺堂幅二十元，二尺堂幅十六元……斗方及纨折扇均五元，折扇大者加二元……限期不画，磨墨费另加一成。

从八尺到二尺的画幅，从斗方到折扇的规格，皆一一标明售价。观此广告，不禁令人心生揣想，此时的林纾，绘售画作的收入，恐怕已是其译著稿费之外的重要经济来源之一了。在广告文本之末，老翁还自嘲似的附上一首打油诗：

亲旧孤孀待哺多，山人无计奈他何？
不增画润分何润，坐听饥寒作甚么！

在诗中，林纾以"山人"自况，再一次重新定位了自己的社会身份，既不是落第秀才，也一定不是"沧海孤臣"；既不是译界先锋，更不是什么西学先知。以"山人"这一隐逸世外的社会形象，界定出了其人主动寻求"边缘化"的某种人生姿态。这一次，老翁想安心卖画，不卖小说与情感了。

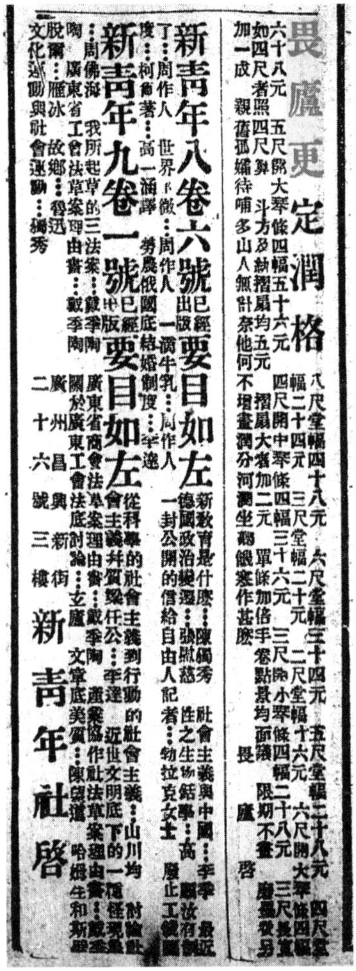

《畏庐更定润格》，原载《文学旬刊》

◎晚年生活之一幕：画尽"桃花源"，且从幻境立家园

林纾逝世约八年之后，时为1932年5月，其晚年画作中的一幅精品《桃花源》刊登在了上海《良友》杂志第65期之上。画幅右上端，有其自题题画诗

一首：

画中风物是桃源，亡国渊明特寄言。

今日游秦游何处，那从幻境立家园。

桃源一记，直荒谬之言，人间那得有此？生逢世乱，亦往往好读其文，足见吾心之悲矣。戊午冬日，纾记。

这一题写于1918年冬的题画诗及注语，足见晚年林纾心境。

事实上，偏好并擅长绘制山水画的林纾，留存于世的画作，大多皆为主题多样的山水画。其人逝世一年之后，即由商务印书馆推出的《畏庐遗迹》第一、二集中，收录遗作皆为山水画。作为率先出版与推广"林译"小说这一品牌的"老东家"，商务印书馆在林纾逝世后即刻推出的这一画集，还特意将一段类似于"盖棺定论"式的简介之语，用一代刻字名匠陶子麟研发试铸未久的"古体活字"印于单页之上：

林纾绘《桃花源》，原载上海《良友》杂志第65期，1932年5月

畏庐先生，姓林氏，字琴南，福建闽县人。性亢爽，重气节，急人之急，甚于己私。绝意仕进，尝主讲京外大学校，生徒满天下。能

文善画，有诗文集传世。著译小说
百五十余种，都一千二百万言。晚
年尤致力于山水，每有得意之作，
便弃庋篋笥，不轻示人。甲子归道
山，年七十有三。本馆尽丐所藏，
分集影印，以公诸世。[①]

《畏庐遗迹》第一、二集，商务印书馆，1925 年初版

短短百余字，道尽平生事。关
涉画事之语虽不多，可一句"晚年

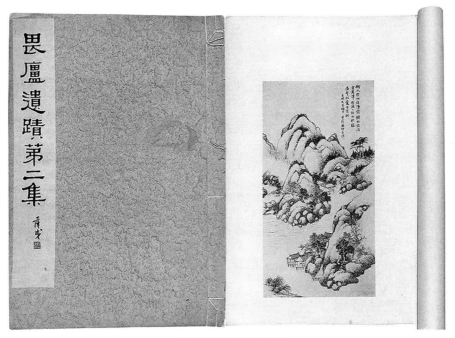

《畏庐遗迹》外封及内页

尤致力于山水"，已可仿佛想见其人晚年虽独坐书斋，老病孤居，却自可丹青遣兴，寄情山水，又做另一番神游故国，抒写怀抱之举了。

在《畏庐遗迹》第一集中，有一幅姑且可以称作"神游西湖图"的画作，画幅之上却是一般深山藏古寺，旅人自寻幽的景致，并无波光辽远、荷莲汀滩的景象。此画之所以可以称之为"神游西湖图"，完全是因为画幅右上端的林纾题画诗：

《畏庐遗迹》第二集，江村观渔图

峰回路转见浮图，隐隐林端开士庐。

追想雷峰斜照里，无穷诗思在西湖。

壬戌十月新寒不出，写此排闷。畏庐林纾识于烟云楼。

这幅同样作于1918年，比前述那幅《桃花源》稍早一点绘制的《神游西湖图》，何尝又不是另一个版本的"桃花源"呢？在诗与思，世与时的"桃花源"里，独坐书斋中的晚年林纾，或可在这丹青遣兴、寄情山水的神游之旅，得以继续其托物言志的那么一丁点兴味，暂得沉浸其中的片刻安宁。

除了神游故国，遥思旧旅之外，追忆故乡，怀念往事，也是晚年林纾画作中的极为重要的表现主题。本文开首的那一番"文学想象"也有部分场景曾出现在晚年林纾的画笔之下。

在《畏庐遗迹》第二集中，有一幅非常特别的《江村观渔图》。但见画幅之上，出现了晚年林纾画作中较为少见的所谓"江景"，远山近水之间，两只渔船停泊于江面，作支网捕捞鱼虾之状。临近江岩的高丘之上，有草庐一所，似正对江面，恰可"观渔"。画幅右上端有林纾题画诗一首：

日落藤山看捞鱼，钓龙台下卅年居。

柳州作赋名归梦，念念仍思旧草庐。

余家居时，每于斜阳垂落，沿江岸观舟人打鱼为乐。比来长客，尘土溷人，不复有江村之乐矣。甲子正月，畏庐林纾记。

这样一幅绘制于1924年春节期间的画作，可能乃是林纾绘制类似题材的最后一幅遗作。在其病逝前几个月的这幅遗作之上，寄托着老人对故乡的无限眷念，抒写着老人对前半生四十年的故乡生活之追忆——那闽中江村观渔的旧时情景，已然在画中重现，历历浮现于眼前。

言及于此，不妨再回顾一下前述那一幅《桃花源》，那不就正是这样一位多才多艺，多忧多思的老派文士的晚景写照吗？虽然数笔勾勒，一语拈提，老翁称那"画中风物是桃源"，可也明知"人间那（哪）得有此"；想要神游故国，寄托情怀，可也不得不承认"今日游秦游何处，那从幻境立家园"。终了，还是禁不住要感慨"吾心之悲"，至于悲从何来，又往何处去，老翁不可能在极其有限的画幅空白处，再像译书时那样写上一篇拉杂冗长的"译者叙"之类，只能是一笔带过，欲言又止。

◎晚年生活另一幕：十一次谒陵毕，"处士"又译《魔侠传》

另一方面，晚年林纾的译著工作仍在继续，和绘画一样，留下的遗作尚不在少数。只是译著的内容更倾向于"神怪"与"侦探"类型的小说，与当时国内读者的口味偏好与流行趋势亦步亦趋。

虽然林纾还是执意保留了译著的文言文风格，始终不愿意与白话文的"通俗"为伍；可原著内容若何则一概不论，一旦有口译者合作，统统照单全收。上百部外文小说，在这个终生不识洋文、毕生不写白话文的老翁笔下，一股脑"转译"了出来，所谓"林译"小说，一本接着一本，逐一出版。而所有这些，对于业已步入暮年的林纾来说，无非只是计件工资，养家糊口而已。这个世上，能让他郑重其事的事情，已所剩无几。

自1913年始，林纾几乎每年都会郑重其事地去办一件事情，那就是虽终生未入仕途，却仍旧怀着一颗"沧海孤臣"之心，去拜谒光绪皇帝的陵墓。

1922年清明节，已过古稀之年的林纾，拖着孱弱老病之躯，第十一次也是最后一次拜谒光绪皇帝的陵墓。

林纾、陈家麟合译《魔侠传》，商务印书馆，1933年12月初版

这一年秋，末代皇帝溥仪新婚大典，林纾再一次施展绘画才华，精心绘制四镜屏晋献。溥仪感念林纾的赤诚，特书"贞不绝俗"匾额赠予。林纾感激涕零，为之作《御书记》云：

呜呼！布衣之荣，至此云极，一日不死，一日不忘大清，死必表于道曰：清处士林纾墓，示臣之死生，固与吾清相终始也。

看来，在1924年寿终之前两年，林先生再一次找到了自己的社会角色定位——"贞不绝俗"的大清帝国"处士"。

特别耐人寻味的是，这一年，林纾与陈家麟合译了西班牙小说《魔侠传》，即那本今译为《堂吉诃德》的名著。堂吉诃德，一个永不退后的骑士；林纾，一个"贞不绝俗"的处士，是文化邂逅，还是自我解构？

◎楔子：林纾写给韦廉士红丸的感谢信

时为1918年3月4日，在上海《时事新报》的版面上，出现了印有林纾头像及其亲笔感谢信的韦廉士红丸广告。当时的上海市民平日看惯了各种夸张鼓吹治疗效果的中外药品广告，可这篇以"中国大著作家"亲笔感谢信为噱头的药品广告，相信还是令人耳目一新的：

韦廉士大药局诸先生鉴：姬人杨氏年四十三岁，生八子，此外尚经小产二次，血虚而耳鸣，背痛如刮，晨兴二手麻木，颜色青黄，坐则欲瞑。服中药未效。韦廉士红色补丸服至六罐，精神善发，颜色立转，耳鸣及麻木皆愈，如

附印有林纾感谢信的韦廉士红丸广告，原载上海《时事新报》，1918年3月4日

服仙露，真药中之神品也。弟妇高氏年五十四岁，久泻不止，颜色枯槁，饮食不佳。二姪大窘，偿亦授以红色补丸，应年幼灵合，仅下至一二次，体亦转健。因思此等圣药，若不普度众生，可云岂非而忘报。弟作此书非仅酬谢，盖欲宇内拘疾之人，急得此药，可以同步寿域。即问大安并致谢悃。林纾顿首

韦廉士红色补丸（Pink Pills for Pale People）这一神奇药品的广告持续不断地花样翻新，持续不断地传播渗透，几乎贯穿于20世纪10—30年代的中国各大都市报刊版面。仅就笔者所知所见，自辛亥革命至"七七事变"前后，这一神奇药品的广告一直追随着中国近现代社会变迁与广告事业的发展，从未停止过在中国公共传媒空间里的"表演"。

持续不断地寻找疗效"代言人"，是这一神奇药品广告的基本策略。"代言人"如果是某位知名人物往往或致感谢信，或题词赠言，还大多配有个人照片、亲笔手迹、私人印鉴等细节予以确证。

如此这般"代言"之下，日复一日，年复一年，韦廉士红色补丸逐渐成为一种已然"畅销"且"长销"，不断"神奇"且"可靠"的药品了。据考，这

一红色药丸或为从美国进口的药品，仅就其化学成分而言，只是氧化铁与盐的合成体而已，可能对补血有一定作用，但绝非包治百病的"神药"。

然而，林纾在感谢信中明言其家人在"服中药未效"的情况下，转服这一"洋药"，即刻"如服仙露"般的疗效显著，令其赞叹曰"真药中之神品也"，这样的言论显然是要将这一红色药丸推上神坛。或许，这即是韦廉士红色补丸当年广告效果最为突出的版本之一。

虽然笔者曾见到过梅兰芳于1930年代前后为韦廉士红色补丸"代言"的广告，可作为"中国大著作家"的林纾，却早在1918年即为之"代言"的这一史实，多少还是有些出乎意料。

◎考据之一："不胫走万本"的究竟是哪一个版本？

话说戊戌变法之前一年，即清光绪二十三年（1897），时年四十五岁的林纾与精通法文的王寿昌开始合译法国大作家小仲马的小说《巴黎茶花女遗事》[①]。

两年之后的正月间（1899年2月），林纾在福州将译本自行刻印，牌记页镌有"己亥正月板藏畏庐"字样；正文页译者署名为"晓斋主人口译，冷红生笔述"。因王、林二人均认为翻译外国小说实为文人自娱之"小道"，不足为外人道，故在译本付印时皆以笔名行世；王即"晓斋主人"，林即"冷红生"。是书开本小巧，为便于携带的巾箱本，适宜茶余饭后消遣。

殊不知，王、林二人不是特别在意，不愿多作声张的这部《茶花女》乃是中国全本翻译西洋小说的第一部，自然独具文学史价值与开创性的时代意义。

---

① 以下简称《茶花女》。

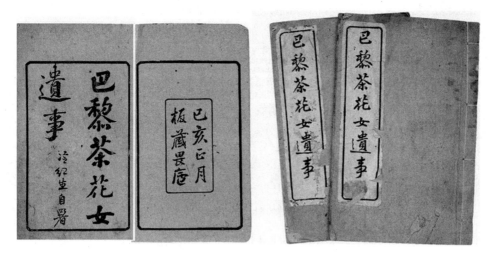

"畏庐本"《巴黎茶花女遗事》

据称,《茶花女》在当时被中国读者视作"外国的红楼梦",大为风行,一时人人争睹。在林纾同乡、诗人陈衍(1856—1937)所撰《林纾传》中,特别激赞此书称:"中国人见所未见,不胫走万本。"

然而,也应当注意到,以木刻板印制的书籍,毕竟费工费时;要想达到"不胫走万本"的风行程度,完全依赖木刻本印行,恐怕一时还很难施行。不难发现,畏庐本《茶花女》初版以来,一百二十余年过去,留存下来的这一版本是少之又少,十分罕见,已然是藏书家橱中的珍本了。据考,此书初印仅百部,并不对外发售,只分送林、王以及资助者魏瀚三家亲友传阅。如今,此书国内公藏,似仅有国家图书馆与福建省图书馆分别藏有一部。

显然,那"不胫走万本"的《茶花女》应当是公开发售而非自印传阅的版本,应当是畏庐本之后的版本了。事实上,继畏庐本之后,同年夏即出现了"素隐书屋本"的铅印本,两年之后(1901),又出现了"玉情瑶怨馆本"的木刻本与石印本。

待到严复读到此书，于1904年赋诗感叹称"可怜一卷《茶花女》，断尽支那荡子肠"之时，市面上流行的此书版本已是"文明书局本"（1903年初版）了。再往后，则是商务印书馆1907年将其辑入"说部丛书"，直到20世纪40年代一直不断重版、再版的"商务本"了。

早有研究者指出，与畏庐本同年略晚出现的素隐书屋本，乃是推动《茶花女》一书流行的"始作俑者"，是此书"不胫走万本"的第一个版本。所谓素隐书屋本，实乃汪康年（1860—1911，字穰卿，浙江钱塘人）主持之下的《昌言报》馆代印者。"素隐书屋"或为汪氏室名，或为假托之名，并无实体意义。因这一版本的牌记页镌有"己亥夏素隐书屋托昌言报馆代印"字样，故名。

这一版本，由于汪康年本人的大力宣传与推广，加之更依托《昌言报》馆的社会资源，又采用了便捷高效的铅印技术，迅即风行一时。1899年4月至6月间，《昌言报》馆多次刊发预售与正式出售新版《茶花女》的广告（皆刊于《中外日报》），在公共传播领域为此书营造声势。其预售广告有云：

"素隐书屋本"《巴黎茶花女遗事》，封面、牌记页与正文首页

《巴黎茶花女》小说，最情节变幻，意绪凄恻……不日出书，如有喜阅者，请至本馆及如各书坊购取可也。

其正式出售广告有云：

书经存案，翻刻必究。《茶花女遗事》一书，情节变幻，译笔尤佳，现已印出……每部白纸价洋三角，不折不扣。

后又有专门预告此书内容梗概的广告，题为《译印巴黎茶花女遗事》，有云：

入民国后，商务印书馆多次再版重印《巴黎茶花女遗事》，此为 1934 年 2 月"国难后第一版"

此书为西国著名小说家所撰，书中叙茶花女遗事，历历如绘，其文法之妙，情迹之奇，尤出人意表；加以译笔甚佳，阅之非独豁人心目，且于西国俗尚亦可略见一斑，询为小说中出色当行之品，非寻常小说可同日而语也。

从广告发布的时间以及广告内容与措辞综合考量，可知汪氏对印售《茶花女》的热心与信心；其

"书经存案，翻刻必究"的版权意识，与"不折不扣"的销售原则，都可见此书一经汪氏印售，即大有商业成功的气象了。此书"不胫走万本"的风行之势已然可以预见。

当然，后世读者与研究者在谈论或研讨林译《茶花女》流行史之时，往往是在未见出版物实物的情况下，通过前人评述、相关史料的诸种经验综合分析得出某一结论的。对于此书"不胫走万本"的究竟是哪一个版本，或者说这一版本是不是初版的畏庐本，后世读者与研究者往往无意深究，也无法详查。

原因很简单，根本症结只是一点，无论畏庐本还是素隐书屋本，这两个版本如今确实都不易得见。因小说译本类的早期出版物向来只被视作消遣读物，很难进入传统藏书家视野，加之年代久远（距今百余年），在各种或客观或人为的因素之下，毁佚皆巨。这两种林译《茶花女》早期版本，一为木刻本，一为铅印本，因流传稀少，已皆为珍本。

笔者曾有幸寓目这两个版本，畏庐本的珍稀自不待言，素隐书屋本虽为铅印本，当年印量颇巨（或有数千册之多），如今却也难寻，这一版本的诸多细节，至今尚少为人知。为此，笔者以为，素隐书屋本实乃"不胫走万本"的第一版本，这一基本认识理应受到重视，其研究与探讨尚需深入。

◎考据之二：林纾署名译述"开山之作"，《黑奴吁天记》木刻本发现记

《黑奴吁天录》，即小说《汤姆叔叔的小屋》（*Uncle Tom's Cabin*）之中译本。这部小说乃美国作家斯托夫人的作品，林纾与魏易共同首译并改编，在清末民初均有较大影响，成为20纪初中译外国文学名著中的佼佼者。

　　林纾初译此书时，正值清光绪辛丑年（1901，丧权辱国的《辛丑条约》签订之年），已是年过半百的他，"触黄种之将亡，因而愈生其悲怀"，希望以《黑奴吁天录》一书"为振作志气，爱国保种之一助"。在此书译者后序及跋文里，充分表露出来的警示与忧愤之意，当时还被视作了某种振兴社稷，挽救危亡的苦心良言，甚至还将之选入了《皇朝经世文新编续集》之中。就连后来的新文学运动健将周作人，在晚年忆述中，也对此书赞许有加，明确指出："书中有序跋，都很有政治的意义，现在看来更有意思……实际上已将手指戳着美国文化的最大的疮孔了。"①

　　《黑奴吁天录》的主题思想就是以黑奴的惨景，来警醒当时亦被列强奴役的中国人，期望中华民族就此团结奋斗，为国家独立、自由、平等而奋斗。此书径直署名"林纾"，是以"林纾"署名译作之始。时至1907年，曾孝谷与李叔同等人又将《黑奴吁天录》改编为剧本，遂又使其成为中国现代话剧剧本的"开山之作"。

　　《黑奴吁天录》流传甚广，版本繁多，其初版始于何时，初版本特征究竟如何，至今尚未见有相关著述能准确加以描述。著名藏书家、版本学家郑振铎（1898—1958），在新文学版本方面识见与收藏甚丰，却也早在1924年林纾逝世之后的纪念文章《林琴南先生》中即指出："至于《黑奴吁天录》一书，则不知何处出版。"须知，当时距离林纾初译此书仅二十年时间，即便嗜书搜书之勤如郑氏者，亦无从觅求此书初版本，足见其珍罕。

　　至20世纪50年代，同样是著名藏书家，且对晚清以来各类新文学版本均

---

① 此语引自周作人《随笔外篇（九五）：黑奴吁天录》，原载《亦报》，1950年11月17日。

颇有研究的阿英（1900—1977，即钱杏邨）在其著《晚清小说史》中，对《黑奴吁天录》一书的版本有了比较详实的记述。书中有这样的载录：

《黑奴吁天录》，史托活夫人原著，木刻初印本四册，年代不详。小万柳堂本：吴芝瑛圈点，廉泉（南湖）校阅，光绪三十一年（1905）版，魏易口译。

这说明，阿英当时已经获见《黑奴吁天录》木刻初印本，但确切的印制年代仍无从考证，能够确定印制时间的《黑奴吁天录》最早版本只能暂定为1905年的"小万柳堂本"。

不久，阿英似乎又有了新的发现，在1961年出版的《域外文学译文卷》（第一册）的"叙例"中，明确提到《黑奴吁天录》"译本销行甚广，先后有两种木刻本，有大、小号铅字排印本，有吴芝瑛校点本"，并且说明其著作中所收的《黑奴吁天录》，乃是"据1905年文明书局排印本，并用1901年魏氏木刻本参校"。

这里提到的"1901年魏氏木刻本"这个版本，首次在相关研究著述中出现——可能收藏并研读过这一版本的阿英，成为发现并确证这一版本的国内第一人。二十年之后，由马泰来编订，并在1981年发表的《林纾翻译作品全目》中认可阿英的观点，并再一次明确列举：

《黑奴吁天录》，斯土活原著，魏易同译。武林魏氏刊本，光绪二十七年（1901）。

然而，由于《黑奴吁天录》初版本及早期版本，尤其是阿英提到的"1901年魏氏木刻本"存世极罕，稀见难求，无论是专业研究者还是普通读者，对这一版本在根本无从获见的情况下，对其版本特征都所知甚少，至今都还只能停留在默认其存世但始终语焉不详的状态。

在1987年出版的由北京图书馆（今国家图书馆）编纂的《民国时期总书目：1911—1949·外国文学卷》中，甚至根本没有提到"1901年魏氏木刻本"这一版本，却指出现存《黑奴吁天录》分上、下册，乃是上海文明书局出版，编者可能只见到了两个版本，即"1915年12月3版，1920年12月4版""卷首有林纾的序、跋及例言""封面题：上海进步书局印行。1901年初版"。

不难发现，这样的提法，虽然也承认确有1901年初版本的存在，但可能

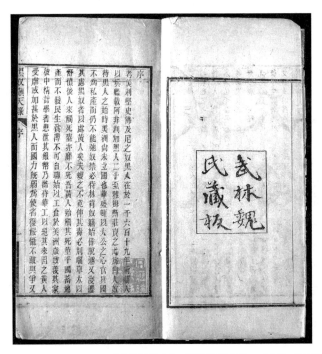

"武林魏氏本"《黑奴吁天录》，扉页、牌记页与正文首页

因当时馆藏并没有这一版本，遂将晚近版本描述详尽，初版本的描述只能付之阙如了。幸运的是，笔者经年搜求，终于获见这一珍罕版本。

是书一部四册，确为木刻线装本。书长25.9厘米，宽13.7厘米；每半叶10行，每行30字；无行格，黑口单边。首册书名页为杨文莹题签；书名页前页印有"书经存案，翻刻必究，定价大洋捌角"的红色字样，应为当年发售此书的书商所印。牌记页印"武林魏氏藏板"字样，牌记页之后为林纾序两页，魏易叙三页，例言两页。正文首页印"黑奴吁天录卷一，美国斯土活著，闽县林纾、仁和魏易同译"。第四册末有林纾跋两页。书中林纾序跋落款，一为"光绪辛丑年重阳节"，一为"辛丑九月"，均为1901年10月下旬左右。

如果仅仅按照林纾序跋的落款时间来判定这一版本必定就是1901年印制的，未免有失武断。因为熟悉古籍刻印流程的人都知道，著者序跋的落款时间对成书时间只能是一种参考，甚至是一种意义不大的参考。因为著者序跋的完成时间往往早于成书印书时间，有的要早很长一段时间；如果是后人翻刻或校刻，原著者序跋的完成时间往往会比实际成书时间早上数年、数十年甚至百余年。所以，一般而言，要比较确切地推定成书时间，较为可靠的方法只能是以牌记页所署刻印时间来判断。可惜的是，此《黑奴吁天录》木刻本上的牌记页根本没有任何时间信息，也就无从知晓其印制具体时间了。

另外，据阿英所称"译本销行甚广，先后有两种木刻本"，可知在"武林魏氏"木刻本之后，应当还有一种木刻本印行。这一木刻本的印行时间或许恰恰就处于初版木刻本与铅印本之间，乃一种带有"过渡"性质的版本，其版本特征也是扑朔迷离，至今难以确切探究。

面对这样的情形，不禁又令人联想到与林译时间相近的严复译著《天演论》，早期版本中就有多种木刻本，但迄今为止，笔者所见所知的只有"味经书屋本""慎始基斋本"与"嗜奇精舍本"确为独立的版本，后来还出现了一种木刻本，却是据先有的石印本"富文书局本"翻刻的。在这些琳琅满目、皆为珍本的木刻《天演论》中，时间上稍晚一些的"富文书局本"翻刻本同样有着不可忽视的鉴藏与研究价值。

那么，《黑奴吁天录》另一种木刻本是与"武林魏氏本"一脉相续，还是由铅印本翻刻而来，抑或竟是铅印本的"祖本"，这一系列版本问题，都还值得深究。

笔者有幸获见了这一木刻本，对《黑奴吁天录》存世的两种木刻本终于有了较为圆满的考察。是书开本装帧、刻印行格等特征，与"武林魏氏本"无

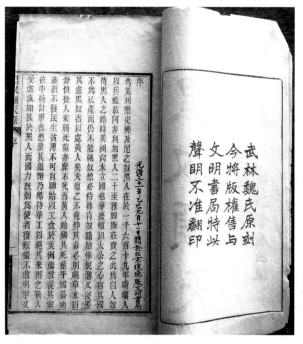

文明书局木刻本《黑奴吁天录》

异，唯封面直接印制书名，不以签条粘贴，且书名题签亦未使用原杨文莹题签。内页于书名页上，明确刻印有"甲辰三月，文明书局出版"字样，这已表明是书刻印时间为光绪三十年，即1904年。牌记页刻印有"武林魏氏原刻，今将版权售与文明书局，特此声明，不准翻印"字样，更为清楚地表明，这一版本确与"武林魏氏本"相承续，乃"版权转移"之后，交由文明书局出版的最初的版本，确为晚出一年的文明书局1905年铅印本之"祖本"。

应当说，"武林魏氏"木刻本与文明书局木刻本是一脉相承的关系，仅就文本内容而言，这两个版本并无特别明显的差异，没有孰优孰劣之分，皆为《黑奴吁天录》的早期珍本。

◎考据之三：《蜀鹃啼传奇》里的"吴德潇案"

除了"转译"巨量外国文学作品，以及大量的小说、诗词、杂文流传后世之外，林纾还曾创作出《天妃庙》《合浦珠》《蜀鹃啼》传奇剧本三部。其中，《蜀鹃啼传奇》因以真人真事抒写"庚子国变"中的一幕惨剧，尤为引人注目。

所谓"庚子国变"，即光绪二十六年（1900）义和团兴起与八国联军侵华事件。当年6月，英、美、法、俄、德、日、意、奥八国组成的侵略联军，由英国海军中将西摩尔率领，从天津租界出发，向北京进犯，终致中国陷入空前灾难。因这一年是中国农历庚子年，也被国人称为"庚子国变""庚子国难"。林纾的《蜀鹃啼传奇》正是在这一历史背景之下创作的，该剧所涉"吴德潇案"及"衢州教案"的史实均发生在"庚子国变"期间。

《蜀鹃啼传奇》署"畏庐先生著"，于1917年2月由商务印书馆初版，为该剧的最早版本。全剧共二十出，取材于光绪二十六年（1900）"庚子国变"中

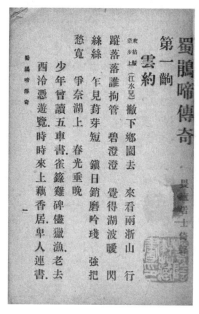

《蜀鹃啼传奇》，商务印书馆 1917 年 2 月初版

吴德潇（剧中人称"吴德绣"）全家被害的灭门惨案。

剧中有一位名"连书"，字"慰闾"的中年男子角色贯穿全场，这个角色所演绎的就是林纾本人；因为"连书字慰闾"就是"林纾字畏庐"的谐音。剧本开场即是连书的独白，其人自称：

卑人连书，表字慰闾，东越人也。生平冷癖，题起做官两字，如同恶病来侵，说到交友一途，即便拼命无惜。

这是林纾的夫子自道，也为剧中后来结交吴德绣埋下伏笔。吴德绣为第二个出场的角色，自称"下官吴德绣，表字柳村"，这与吴德潇（字筱村）暗合；因"绣"的繁体字为"繡"，与"潇"字从字形上已极相似。吴德绣一上场即为帝国命运忧心，唱词中有"烦恼多，逐处名山暂消遣"云云，随即与连书在杭州交游，成为密友。

剧中人在一番"国难横心里"的感慨之后，即便游山玩水、暂避尘嚣，也并不能就此排遣心中忧思。此后，早已对时局及官场颇为不满，有意退隐江湖的吴德绣，却不得不再次面临一次人生重大抉择。原来，剧中时任浙江西安县知县的吴德绣，接到省府严令，命其诛杀郡中教士教民。向来对洋务与维新颇怀同情，且对无辜教民抱怜悯之心的吴德绣，冒着极大风险私自将文书压下，抗檄不行。此举致当地义和团组织震怒，遂群起泄愤，要将其全家数口斩绝。值此惨剧上演之际，同僚官吏坐视不救，唯求自保。

整个剧本一方面展现了清政府对待义和团与教士教民亦恨亦惧，一边打压一边拉拢的反复无常心态；另一方面也揭露了晚清官场派系林立、尔虞我诈的社会现实，对官员庸碌、地痞横行的社会风气也多有披露。此剧真实生动地反映了晚清社会的方方面面，细致入微地描绘出了那个帝国崩溃前夜的世道人心。

事实上，蜀中名士吴德溥及其家人在"庚子国变"中惨遭灭门一案，当时社会影响极大，相关史料均有确凿记载。

据《两浙史事丛稿》载，吴德溥，字筱村，四川达县人，进士出身，于光绪二十五年（1899）从杭州西湖蚕学馆提调任上，调往衢州府首邑西安县任知县。吴德溥一度与维新派人士过从甚密，原与康有为等人交好，仰慕西方文明，提倡支持新政，与衢州的外籍传教士关系也不错。故当京津一带义和团打出"扶清灭洋"旗号，衢州某些地方官员士绅提出捕杀教士时，吴氏以"北事未定，洋人必不宜歼"为由，加以阻止。江山刘嘉福造反消息传来，吴氏仍只是觉得"就算有几个毛贼在各处打劫，也是迫于荒年米贵原故"，并未及时采取防御之策。正是上述这两个较为开明却又有所轻怠的个人观点，在一些与其有成见的官员和士绅眼里，便成了其人"通匪"与"通洋"的罪名。最终在官方默许的情形之下，被罗楠（握有团练兵权的士绅）等纵容"乱民"缚住手足，用一竹杠贯而扛之，像抬猪似的抬着游街，并将其胡子拔光，用杀猪刀穿心而死。《清史稿》对此案也有记载称：

　　吴德潇，字筱村，四川达县人。性至孝。博极群书，以进士用知县。庚子年，任浙江。西安、北京拳乱起，江山县土匪以仇教为名，连陷江山、常山，县人咸欲应之，德潇谓北事未定，洋人必不宜歼。有罗楠者，素健讼，德潇尝严惩之，久含恨。结都司周之德，挟众指德潇祖洋教，劫德潇缚道署辕门，尽镊须发，以利刃攒刺，洞腹死。德潇骂不绝口。子仲弢驰哭尸下，又杀之，并入县署杀全家四十馀口。事定，恤如例。

　　在吴德潇灭门惨案之后，与其旧有嫌隙的金衢严道道台鲍祖龄，非但不予翻案申冤，更大肆搜捕居住城内的外国人，放火焚烧教堂，史称"衢州教案"。

　　此案平息后，清政府赔款五万两白银，割地十一亩以重建教堂，在府山辟墓园安葬遇难洋人，并停止西安县文武考试五年。在追查杀害吴德潇和中外教士的凶犯时，鲍祖龄削世袭子爵，革职，斩，监候，贷其一死，发配新疆，永不释回。知府洪思亮，革职，永不叙用。喻俊明，革职，发配兰州，永不释回。周之德，斩，立决。周德崇、罗楠等十四人，斩，立决。

　　应当说，《蜀鹃啼传奇》的内容比较忠实地反映了上述这段历史，对吴德潕灭门惨案与"衢州教案"均有相当生动的描述，对包括鲍祖龄、洪思亮、周之德、罗楠涉案各色人等均有刻画，不啻为一部"旧史新编"。此外，林纾《畏庐文集》中尚有《纪西安知县吴公德潕全家被难事》一文记其事，黄遵宪《人境庐诗草》卷十《三哀诗》之二《哀吴季清明府》亦写此事，写此事者还有署名"伤心人"的小说《铸错记》等。可见，《蜀鹃啼传奇》虽是付诸声腔曲词的一部剧本，却绝非凭空杜撰而成。

林纾著《京华碧血录》，商务印书馆，1923 年 11 月初版

抚读这部一百年前出版的传奇剧本，很容易联想到林纾另一部同是以"庚子国变"为历史背景的小说《京华碧血录》。当年读到此书的周作人，早在 1924 年的读书笔记中就曾说过：

林先生的思想虽然旧，在这一点上却很明白，他知道拳匪的两样坏处，所以他写的虽然简略，却能抉出这次国民运动的真相来了。①

---

① 《读京华碧血录》一文，辑入周氏自选集《雨天的书》。

◎考据之四：神交托尔斯泰

中国文学界翻译俄国文学作品的热潮可以溯至20世纪初，即清末民初之际。从1903年普希金名著《上尉的女儿》（中译本名《花心蝶梦录》）被译介到中国开始，普希金、莱蒙托夫、高尔基等俄国作家的作品陆续进入中国读者的视野。不过，在俄国文学作品中，被译介持续时间最长，中译本数量最多，参与译介者最多的，乃是托尔斯泰（1828—1910）的作品。

1910年11月20日，托尔斯泰病逝，中国文化界与知识界深感痛惜，各地报刊纷纷发表纪念性文章以示悼念。1910年10月，在上海新创刊的革命派报纸《民立报》，于同年11月22日至12月13日，连续刊载《托尔斯泰先生传》，详细介绍了托氏的生平及业绩，对其推崇备至。文中声称"稍于文学有知识者，无不服之"，盛赞"《复活》一篇"，"以峭刻之笔锋，悲惨之事实，活写世界现象，凡政治、宗教、社会、文学各方面，无不痛加针砭"，"其为益于世道人心，尤盛焉"。

这样"大书特书"的赞誉出自晚清的新派报刊，一方面是为都市民众了解俄国文学提供了一个普及契机；另一方面，对广大青年知识分子而言，将产生更为积极的作用——促发这一群体去深入了解与译介更多的托氏作品。

果不其然，中华民国成立后，很快就掀起了译介托尔斯泰作品的新高潮。1911—1917年间，大量托尔斯泰的作品被译介到中国来，成为五四运动前外国文学译介领域一道独特的风景线。

1913年，马君武所译托氏名作《复活》，在中国面市，译名为《心狱》，由上海中华书局出版发行。紧接着，包天笑、刘半农、周瘦鹃等翻译托氏作品多种，也相继发表。显然，经过辛亥革命洗礼，"世界化"头脑已经相当发达的新派知识分子群体译介托尔斯泰的热情高涨。

出人意料的是，那位向以清室遗老自居，一生反对白话文、新文化的林纾老先生，也加入译介托尔斯泰的行列中。这就不得不让人颇感新奇，莫名其妙了。

早在1914年7月至12月，林纾翻译的托氏短篇小说多种，就以《罗刹因果录》的总名连载于《东方杂志》第11卷第1—6期之上。次年（1915），上海商务印书馆迅即推出了三部托尔斯泰作品专集，其中首推林纾与陈家麟合译的《罗刹因果录》（1915年5月初版）。

这部单行本集子收录了托氏七篇短篇小说：《二老朝陵》（《二老者》）、《观战小记》（《一个志愿兵的故事》）、《幻中得道》（《教子》）、《天使沦谪》（《人依何为生》）、《梭伦格言》（此为误收，实为美国作家包鲁乌因的儿童故事）、《觉后之言》（《伊里耶斯》）、《岛仙海行》（《三隐士》）、《讼祸》（《放了火即难扑灭》）。

诚然，《罗刹因果录》中所收录的七篇托氏短篇小说在当

林纾、陈家麟合译《罗刹因果录》，商务印书馆，1915年5月初版

时并非中国读者耳熟能详的名作。即便一个多世纪之后的今天，没有深入研读过托氏作品的普通读者，对此也不会特别熟悉。本身不懂任何一门外语，完全靠合作译者提供中译底稿，在此基础之上再行修润"转译"的林纾，为什么会选择这样一些名不见经传的生僻作品，将之逐一译出并结集出版呢？这样的结集之后，又为什么会取出《罗刹因果录》这种类似佛教寓言的名目来呢？这一切恐怕还得联系托尔斯泰在中国早期传播史，以及林纾个人生平与晚年际遇来通盘加以考察。

据现有资料表明，最早由中国人自己撰写的介绍托尔斯泰的文章，乃是1904年载于《福建日日新闻》的《托尔斯泰略传及其思想》一文，署名"寒泉子"①。此文最引人注目之处，乃是作者凭其直觉，将托尔斯泰思想与中国古典学说联系起来，做了一番隔空对话、万里神交之举。文中这样写道：

庄子曰："绝圣弃智，大盗乃止。摘玉毁珠，小盗不起。焚符破玺，而民朴鄙。破斗折衡，而民不争。"托尔斯泰之思想，有与此近焉者矣。……礼运曰："大道之行，天下为公。"托尔斯泰之思想，有与此近焉者矣。

文中还有东西方文明比较式的评判称：

托尔斯泰即佛也。佛者大慈悲心是也。托尔斯泰以爱为其精神，以世界人类永久之平和为其目的，以救世为其天职，以平等为平和之殿堂，以财产共通

---

① 据考，此人可能为归安朱士林，浙江湖州人，清末书法家，曾治"辛亥逸民"印以表遗民之志。

为进于平和之阶梯。故其对于社会理想之淳古粗朴，岂与初代期基督教徒相似而已。抑亦夺许行之席而入庄周之室矣。

　　文中提到了中国古代贤哲伊尹、庄周、许行、孟子，还提到了《礼运》观点与佛教观念，可见作者是有意要以中国古典学说来比附和解释托尔斯泰思想的。不可否认，作者是直观地把握了托尔斯泰思想的基本要义的——原始大同思想、泛劳动主义以及仁爱精神等，这本来就是中国古典思想的重要部分。

　　由于托尔斯泰思想与中国古典学说具有共同的人格特征及精神诉求，因此很容易为当时的中国知识分子群体所认同。这种万里神交、心有灵犀的情态，还可从1908年以辜鸿铭为首的文化界人士，为庆贺托尔斯泰八十寿辰而发的贺词中得到佐证，贺词有云：

　　窃惟先生当代文章泰斗。以一片丹忱，维持世道人心。欲使天下同归于正道。钦佩曷深。……此真千载一时之会也。同人不敏，有厚望焉。是为祝。

　　显然，托尔斯泰的作品及其思想，对于如寒泉子、辜鸿铭这样的传统学者来说，都曾产生过相当积极的影响；与之相应，对林纾产生类似的、正向的影响，也当是情理中事。

　　编译《罗刹因果录》时，林纾已年过花甲。辛亥革命之前，其人在前清的科举与事业上均不如意，但缅怀前朝、自许遗民的心态却是相当顽固的。当靠译著谋生，生活渐次安定之后，其人也时有借洋人酒杯，浇自己块垒之举，时时不忘以旧有的传统思想，来针砭一下这新建的民国近况。

　　1914年末,《罗刹因果录》译毕之际,虽然没有再如编译《离恨天》那样明目张胆地"借题发挥",也没有什么前序后跋的感怀文字可循,可仔细品味这部短篇小说集的选文标准及译名架构,还是多多少少能嗅得到那股子"遗老"气息的。

　　首先,开篇《二老朝陵》的译名极可能是影射林纾自己的朝拜光绪帝陵之事。再来看后边《观战小记》《幻中得道》《天使沦谪》《觉后之言》《岛仙海行》《讼祸》等各篇译名,也几乎都是作为"遗老"的林纾,在民国初建时期的感触。这些切身感触,有的是译者林纾曾亲力亲为的,有的则是冷眼旁观的。换句话说,托尔斯泰各篇小说的文化背景与故事内容,此刻已不重要,重要的是能在某种名目上的"命题"与译者林纾达成默契,重要的是能让译者林纾借这一杯"洋酒"以消"今愁"。

林纾遗像

　　同时,还应当看到,无论是林纾一译成名的《茶花女》,还是相对生僻的《罗刹因果录》,所谓"林译"小说的文学史品牌,不过是一条流水线的快速集约式生产的结果。毕竟,其人是以翻译为谋生手段,在翻译原著的选取上,除了有"借题发挥"之举外,更多的则是囫囵笼统,多多益善。此外,为贴补家用,林纾晚年还以售卖自己的书画为生,更消耗了大量的精力与时间,其翻译水准也随之严重下降。因此，这种不加甄选，草率译介的做法，在其晚年显得更为突出。钱钟书（1910—1998）就曾直截了当地将《离恨天》一书，作为林纾翻译生涯的划界之作：

林纾近三十年的翻译生涯，以1913年译完《离恨天》为界，明显地分为前后两期。前期林译十之七八都很醒目，后期译笔逐渐退步，色彩枯暗，劲头松懈，使读者厌倦。[①]

1914年末译成的《罗刹因果录》恰恰属于林纾的后期译作之始。译笔是否退步姑且不论，且看竟将美国作家的《梭伦格言》误收入集，可见其晚年"劲头松懈"之状。

不过，林纾对托尔斯泰的兴趣似乎并不随着晚年笔力衰退而衰减。继《罗刹因果录》之后，又与陈家麟合作，译出的托氏作品至少还有四种：《社会声影录》（1917年）、《人鬼关头》（1917年）、《现身说法》（1918年）、《恨缕情丝》（1919年）。与《罗刹因果录》一道，这些林纾译作不但行文仍旧是用文言文，而且篇章名目也都另拟；仅仅从这些由译者自拟的篇章名目即可隐约品味到，当年托尔斯泰作为宗教家和道德家在中国知识分子心目中的形象。在这样的文化通感，或者说道德默契之下，托尔斯泰的思想特质仍然是可以被林纾这样的遗老群体引以为中国古典思想同道知音的。

---

① 此语征引自钱钟书《林纾的翻译》一文，辑入《七缀集》。

林纾、陈家麟合译《社会声影录》，商务
印书馆，1917 年 5 月初版

林纾、陈家麟合译《现身说法》，商务印书馆，
1918 年 11 月初版

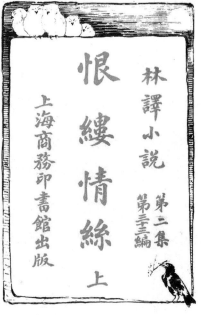

林纾、陈家麟合译《恨缕情丝》，商务印
书馆，1919 年 4 月初版

林纾、陈家麟合译《恨缕情丝》，商务印书
馆，"林译小说"版

应当说，林纾以遗老心态译介托尔斯泰，虽然确有历史巧合与因缘际会的成分在里边，但无巧不成书，无形中却也为五四运动之前的俄国文学译介添注了强劲动力。这五部文言文译作的成绩在同时代译者中已然戛戛独造、足称佼佼。

曾朴："东亚病夫"的梦与痛

◎《雪昙梦》：丧妻之痛与病夫之梦

在中国近现代文学史上，有一位自称"东亚病夫"的人，其知名度并不亚于霍元甲与李小龙，他的名字叫曾朴。

晚清四大谴责小说之一《孽海花》的作者曾朴（1872—1935），对国人而言，不应陌生。这是一位里程碑似的人物，开启了国内讽刺小说创作，以及翻译法国文学作品的先河。至于其人为什么自称"东亚病夫"，则一直云山雾罩，少有人能给出确切解答。

其实，在《孽海花》之前，在曾氏以现代笔法抒写世态炎凉之前，其人还有一部更为重要的传奇作品《雪昙梦》。这部作品同样以真人真事为背景，展开文学创作与文本建构，同样也是以古典笔法抒写个人际遇，以古典精神来关照人世情态。尤为特别的是，这还是一部古典戏曲体裁的，以古典曲词格律、传奇剧本格式为文本框架来抒写的青年曾朴自传。或许，读完《雪昙梦》之后，就知道这位曾先生的"病根"究竟在哪里了。这"病夫"之"病"既映照着时代背景，又发源于个人生活史。

据其子曾虚白所撰《曾孟朴先生年谱》，在"一八九〇——八九一"时段有过这样的记载：

先生年少才雄，登第后，文名籍甚，意气凌轹一世，不料运神作弄，在他最得意的时候，给他一下当头的闷棍。在九月里他中了举人，十一月里，圆珊夫人便产了一女。在产前四天，大小都很平安，那里料到四天之后，突然变病，病不到半月，就演成死决的一折悲剧，所遗女婴，没有几月，也就夭亡。先生是情感最浓郁的人，怎禁得了这样的打击，因此意懒心灰，又走入颓废的途径。在这时期中，先生的作品有第二部诗集《羌无集》及《雪昙梦院本》四卷。后者完全是纪念圆珊夫人的悼亡之作。

曾朴 60 岁存照，有"东亚病夫曾朴"签名

曾朴著《雪昙梦》，真善美书店，1931 年 6 月初版

曾朴名著《孽海花》，真善美书店，1928 年 1月初版

年谱中的圆珊夫人指曾朴的原配、汪鸣銮之女，二人于前一年（1889）才新婚燕尔。诚如年谱"一八八九——一八九〇"时段中开篇即语：

这一年在表面上是孟朴先生最得意的一年，既进学做了秀才，又完婚娶了美妇，"金榜挂名时""洞房花烛夜"两件快活事凑在一起，正是何等花团锦簇的生活。

可惜这样美好圆满的生活只有一年

扉页

插图

光景，曾氏旋即经历了妻女皆丧的世间大悲。十九岁的英俊少年，伏案撰就了《雪昙梦》传奇剧本，按照少年当时熟悉的古典曲词的格律，谱写了《孽海花》之前的另一朵奇葩。

剧本第一出"标旨"，以一支［蝶恋花］曲词开场，词曰：

没个商量花落去，要借神仙略略消愁绪；漾出孤山春一缕，翻新排起鸳鸯簿。华曼倘许双双住，雏凤离鸾，总算虚无语；人世难圆天上补，蟠桃红照相思树。

从开场词中可以看到，才情洋溢的少年曾朴，当时有着怎样的沉痛，一腔傲世才情，又赋予"人世难圆天上补"的创作基调，也由此明确了这是一部无论从体裁格式还是内容结构，都归于古典套路的戏曲作品。"标旨"中还明确交代了这部传奇中男女主角——甄逋生与王镂冰，这剧中人名无疑就影射着此时已阴阳两隔的曾朴、汪圆珊夫妇。

在此后长达三十二出的剧本中，始终围绕曾朴的丧妻之痛展开故事虚构，"人世难圆天上补"的创作基调最终衍化为故事结局。剧中人甄逋生与王镂冰，被预设为天上仙人，前世为林逋与梅仙。因为在仙界得罪了封十八姨与卷舌星君，被贬下凡间，完成一场人世间的姻缘大梦。在这场人世姻缘中，男主角同样经

曾朴少年时期存照，约摄于清光绪丁亥（1887）

历了金榜题名的荣耀，女主角也同样因产子身亡。唯一不同的是，经历种种磨难直至阴阳两隔的剧中男女，最终在仙界力量的成全撮合之下，双双魂归天国，在天上再续恩爱美满。这种大团圆式的戏剧虽然无足为奇，但对于作者曾朴而言，无疑仍可算是一支自我排遣的安慰剂。

◎从"簪谏"到"哭灵"：青年才俊的梦里欢悲

无论如何，曾氏夫妇生前的恩爱种种，在此剧中得以淋漓尽致地表达，其中一些生活片断特别耐人寻味。譬如，第十一出"簪谏"，描写夫妇二人以头簪为例谈论人生价值，最终在夫人的循循善诱之下，恃才傲物的夫君对此有所触动，在待人接物、处世应对方面深受启迪。这一出剧本描写细腻动人，充分折射出了曾夫人的冰雪聪颖与曾氏夫妇的恩爱有加。

剧中写道，王镂冰在堂中手持一对金簪、玉簪，请甄逋生品评孰优孰劣，也由此展开了一段意味深长的人生哲理的探讨：

〔生〕我见的是经史子集，识的是诗赋歌辞，这些妇女之物，那里懂得？〔旦〕可又来别人请教你，你倒居奇了。你道我直个没有辨别么？不过因你常说，我的心便是你的心，特地借此试试。〔生〕自然是玉的好。〔旦笑介〕逋郎，倒底我的心不是你的心，你的心也不是我的心。（唱）笑你同床各梦难相凑，硬把两片心儿无端团就。〔生〕如此说来，你爱金的了。

剧中这自命清高的青年才俊，在金、玉的喜爱程度上，当然还是偏向于象征世外高洁的玉石，对象征世俗财富的黄金自是不屑。于是，夫君告诫妻子说：

金银一辈子是俗物，你若爱了他呵，（唱）便道庸脂俗粉寻常有，愧煞人呼扫眉班首。

一番告诫之后，书生又列举了关于玉石的诸多品性好处，如坚而不蹙、折而不挠等坚贞高洁的事例来。没想到，女子却微笑着将玉簪在桌边敲折，在书生的惊愕中，且听她娓娓道来：

咦，他是不蹙的，却会脆；不挠的，却会碎。咳，不中不中，不蹙不挠，不过博得有心人几声惋惜，自己有何益处！

汪圆珊（左二）与曾朴父母（中坐者）及亲友合影，约摄于 1889—1890 年间

紧接着，女子与书生合唱一曲［长拍］，为这番金玉之辩告一段落：

［长拍］浪说坚刚，浪说坚刚，坚刚何在？剩得乱琼残玖！逋郎呵，你是差了，你纵然读破万卷，还是未达一间。你看纯刚脱手，绕指委宛胜人只争能柔。［生作恍然悟介］呀，你讲了半天，那里说的是玉簪金簪，原来是那里主文谲谏，托物进规，我几乎被你瞒过。良医寓言示，好一个女中曼倩，婆心苦口。

剧本中女子对书生的规劝，可以说极尽巧思。为了使夫君不再恃才傲物、愤世嫉俗，为了使夫君能审时度势、积极应世以自强自立，她以一支玉簪的折断点拨了自命清高的书生，表达了符合家庭利益、世俗传统的价值观。

无疑，这对少年曾朴而言，是极具现实意义的。青少年时代的逞才狂放到后来撰著《孽海花》时的聚讼无休，直至最终弃官从文、译介小说等人生经历，种种因才高志傲而招致的人为苦难与意外挫折，都一一印证了当年这段夫妻密语中的种种隐喻与预设。

剧中"情诀"与"苦灵"两出极尽悲凉渲染，几乎就是当年曾氏与发妻生离死别之际的现场记录。"情诀"一出，以哀伤的商调过曲、缥缈的双调北曲、迷幻的仙吕调南曲，交相迭唱，将发妻弥留将逝之际的情状，与作者本人的惊惶表现无遗。在最后一曲大哭哀唱的曲词中，曾氏笔下的书生竟在一次又一次的呼唤逝者中晕死过去，足见其情之切。

"哭灵"一出更使用了难度极大的［九转货郎儿］曲调格式，以九支哀泪满腔的曲词为爱妻送葬。昆剧名作《长生殿》中曾出现过这种曲调格式，曲学大师吴梅（1884—1939）也曾经对此激赏，在其专著《南北词简谱》中有过专门阐论。恐怕吴大师也想不到当年年仅十九岁的曾朴，即以这样古奥的曲词为自己的爱妻"哭灵"一场。这一方面是固然曾氏才气逼人方可为之，另一方面更是因其对爱妻一往情深始可为之。

无论是雪花还是昙花，都是短暂一瞬的虚幻景物而已。曾朴的《雪昙梦》，在雪花与昙花的短暂绚丽之外，自导自演了一场如梦初醒的人生戏剧——整部剧本折射出人生如梦的宿命情怀。最终，曾氏安排出一场"人世难圆天上补"的大结局，早逝的爱妻与高傲的书生在仙界团聚，终于摒弃了俗世的种种烦忧与遗憾，在神游天国中达到了心灵的抚慰与安宁。当然，这一切都只是曾氏本人的自圆其梦，20世纪的大幕徐开，近代中国的苦难与剧变种种将接踵而至，又岂会仅仅是青年才俊的丧妻之痛与一己之梦？

◎ "东亚病夫死于穷"

《雪昙梦》撰成之后，不过三年光景，中日甲午海战爆发，曾朴入京师同文馆勤习法文，自荐总理衙门而未果。刚经丧妻女之痛的他，欲为国家效力的大梦至此又戛然而止。

《孽海花》撰成之后，署名"东亚病夫"的曾朴，开始着手翻译法国文豪雨果的名著。1927年，与长子曾虚白在上海创设真美善书店，同时创办《真美善》杂志。至1931年时，已经翻译了法国文学作品和文艺评论共计三十余篇（部）的老才子，终于有些力不从心了，搁置了译笔，悄然返乡养老。这一年，开始回顾和整理个人著述种种，将《雪昙梦》列为其文字生涯第一时期的戏剧代表作。这一年6月，《雪昙梦》整理付印，在自家创办的真善美书店出

《真美善》第 1 卷第 7 号，封面绘有溪流萦绕的
两座坟墓及墓碑，1928 年 2 月 1 日印行

版发行。

四年后，1935 年 6 月 23 日，笔耕不辍、积劳成疾的曾朴，不幸病逝于常熟虚霩园。曾朴病逝的消息一经报道，社会各界无不深感痛惜与震惊。最早撰文并发表悼念文章者，乃是苏州名士范烟桥（1894—1967，号烟桥，别署含凉生、含凉、凉、鸥夷室主等）。其文《东亚病夫死于穷》在曾朴病逝四天后（1935 年 6 月 27 日）发表于《苏州明报》。

虽然从年龄上看，范比曾小了二十二岁，且范、曾二人并无深交，但范非常推崇曾的文学创作，曾作《孽海花侧记》一文，称赞此书"行销十万部左右，独创记录"云云，故范所作《东亚病夫死于穷》一文实有深切缅怀、切实记念的价值所在：

东亚病夫死于穷

凉

一代才子东亚病夫与世长辞了。他的致死之由，当然是病，可是致病之由，却是为了穷。因为他虽历任江苏省议员，江苏省长公署秘书长，江苏清理官产处处长，江苏财政厅厅长，政务厅厅长，代理省长等显职，不会弄钱，谢事以后，两袖清风，一肩行李，保持他的书生本色。

但是官宦人家的排场，却从此而扩大了，应酬也烦了，消耗也多了。他到上海去开真美善书店，又亏去了好几个钱。所以他的生活渐渐陷入穷乡，前几年太夫人八十寿辰，他在常熟大开寿宴，等到客散，他去见太夫人，太夫人非但不快活，反把他埋怨了一顿，以为今日之下，还要这虚荣则甚？再不省吃俭用，破产可立而待了。

传说他历年积欠田赋，数目惊人，一时竟无法张罗，官府催课甚急，这种环境之下，无病者也得成病，何况老病之躯呢！去年我还瞧见他家的虚霸居书目，说是要全部卖掉它。但是没有什么珍贵的孤本善本，书又多，价钱总得在万元以上，这个不景气的年头，哪里来这大主顾呢！

他的大儿子虚白虽然在《大晚报》任总编辑，收入很不差，却只能自顾小家庭的生活，所以他老先生晚境的拂逆，真是无以复加了。

但是《孽海花》在旧的文坛，《鲁男子》在新的文坛，都有相当的地位，东亚病夫已可不朽了，"穷"，"病"，"死"，庸何伤！

范烟桥以这么一篇约五百字的短文，明白清楚地向世人展现了曾朴的晚境如何"穷"与"窘"，让那些对曾氏其人其著一直仰之弥高，心存大文学家理想生活幻想的追随者们恍然大悟——原来，文学创作与实际生活并不一定同步；原来，这样的大家名士，看似风光无限，竟也有因不善经济而陷入穷窘乃至"病死"的境地。

应当说，《东亚病夫死于穷》一文虽不太符合惯常的悼念文章的格调，却真实地反映了曾朴的穷窘老病之晚境，读来更令人感动与感伤。后来，范烟桥还敬献了挽诗一首，收录于《曾公孟朴讣告》之中：

乱世聊为闲磕牙，病夫今日已抛家。

作风新转鲁男子，谈助多传《孽海花》。

虚霏园中秋草宿，逍遥游畔夕阳斜。

略除萧瑟凄清感，共上虞山膏素车。

◎ "大桥梁"与"先驱者"之死

曾朴逝世之际，社会各界追悼者众多，除却故友旧朋之外，还不乏当时的文化、教育界名流。由林语堂主编的《宇宙风》杂志于 1935 年 9 月 16 日推出了"曾公孟朴纪念特辑"，除了作为该杂志第二期的专题特辑之外，后来还被曾氏家人将这部分内容抽出，特别印成了单行本《曾公孟朴纪念特辑》，作为

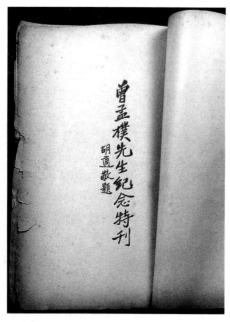

《曾孟朴先生纪念特刊》，胡适扉页题签

《曾公孟朴纪念特辑》，陈陶遗封面题签

在常熟举办曾氏追悼会时，分赠来宾的纪念读物。

《曾公孟朴纪念特辑》封面为陈陶遗题签，扉页则为胡适题签，辑有蔡元培所撰《追悼曾孟朴先生》，黄炎培所撰《纪念曾朴》，陈陶遗所撰《吾心坎中之孟朴》等追思文章。

时任北大文学院院长、声名已炽的胡适，于当年9月撰成《追忆曾孟朴先生》一文，忆述早年因撰文批评《孽海花》而与曾朴成"忘年交"的往事，感念这位学界前辈对后辈的包容与亲切，称自己要与新文学同仁一道"追悼这一位中国新文坛的老先觉"。

由曾朴家人印制的《曾公孟朴讣告》本是相当正式的追悼会文书，却因曾朴生前致力于文学事业，与普通人家的讣告文书相比，别具一番"文学性"。除了由时年九十六岁的宿儒马相伯题签，曾任内阁教育总长后返归苏州隐居的张一麐为遗像题名之外，还专门在讣告正文之后附录"纪念文"一栏，辑入著名作家郁达夫所撰《记曾孟朴先生》一文。

郁达夫此文开篇，即道出了曾朴之死在社会各界，尤其是新文学圈子中的巨大影响：

当孟朴先生作故的时候，《东南日报》的记者黄萍荪先生，曾来访问过我，已经将先生的身世，约略讲过一遍了；后来看见邵洵美先生在《人言》上，郑君平先生在《新小说》上，各做过一篇关于曾先生的文字；现在在林语堂、陶亢德两先生合编的《宇宙风》上，并且还登载了哲嗣虚白先生自己编撰的一部很详尽的孟朴先生的年谱，要想知道曾先生的一生经过，和著作学问以及任事履历的人，但须去翻读第二三四期的《宇宙风》就对，这里我只想写一点先生和我个人的交谊。

之后，郁达夫约略忆述了与曾朴的交往点滴。最后，由于当时没能亲自参加曾朴葬礼及追悼活动，还颇为动容地以新文学代言人的姿态，为之写了一段"盖棺定论"式的评述：

现在虽和先生的灵榇远隔千里，我只教闭上眼睛，一想起先生，先生的柔和的风貌，还很鲜明地印在我的眼帘之上。中国新旧文学交替时代这一道大桥梁，中国二十世纪所产生的诸新文学家中的这一位最大的先驱者，我想他的形象，将长留在后世的文学爱好者的脑里，和在生前见过他的我的脑里一样。

"东亚病夫曾孟朴先生遗影"，原载《宇宙风》杂志第 2 期，1935 年

诚如郁达夫所言，曾朴作为中国近代文学史上的"大桥梁"与"先驱者"，影响是巨大而深远的。曾朴之死，不但令马相伯、陈陶遗、胡朴安等故交宿儒老泪纵横，而且更令蔡元培、胡适、郁达夫等新文化人物扼腕叹息。应当说，在中国近现代文学、文化史上，似曾朴这样的学贯中西且终生笃力译介、出版的人物并不多见，似"曾朴之死"这样在"故老新民"中皆产生持续影响的现象更不多见。

那么，关于"曾朴之死"的社会影响力，除了《曾公孟朴纪念特辑》与《曾公孟朴讣告》中所见的各类追思文字，以及散见于同期各大报刊上的悼念文章可资印证与考索之外，就在常熟当地举行的曾朴追悼会的细节，恐怕更应当纳入后世研究者视野，即便对于普通读者了解曾朴其人及其社会影响力，也是更为直观的史料。

虽然常熟当地刊印的《琴报》中确已发现曾朴追悼会的相关报道，但笔者一直认为，以曾朴其人的社会影响力，关于曾朴追悼会的报道，绝不应当仅限于常熟一地的地方报刊。

◎名流齐聚追悼会

笔者在上海《立报》的版面上，寻获当年曾朴追悼会的实况报道，不啻为中国近现代文化、文学史上的重要史料。这一报道似未见任何研究者提及，更无全文披露者：

常熟的虞山公园里曾孟朴先生追悼会

四百多条"海参"参加蒋子范致词是兴奋剂

夜来微雨，清晨的空间，尚结着一层薄晕。景象凄凄，似乎在追悼这位一代文宗、绰号"东亚病夫"的曾孟朴先生！

昨天常熟特别热闹。不独是开锡沪公路通车以来未有之盛况，即在最近五年内亦很少见。原因自然是孟朴先生德重乡里，而重阳节旧习的登高（虞山），也是造成这盛况的唯一理由。十点钟前后：由上海出发的旅行社专车四辆，载来了七十余名追悼会的参加者；另外还有二十余辆私人汽车。至于沪常

《常熟的虞山公园里　曾孟朴先生追悼会》，原载上海《立报》，1935 年 10 月 7 日

客车，也都拥塞着利用星期日的郊游者。陡然间增加了近四百名的衣冠楚楚的海参（常熟人之俗称，意思是上海瘟生），又怎能不轰动无数男女丛聚在桥头路垛争看呢？

孟朴先生享年六十四岁，擅长中英法三国文字。既以《孽海花》《鲁男子》及翻译嚣俄[①]名著，称为文学家，复以历任财政政务厅长，称为理财政治家。德配汪氏，继配沈氏。有子五，长虚白，现任《大晚报》主笔；次耀仲，为德医；三光叔，同为德医学士，四叔美，五纪阳，均肄业上海。

追悼会的会场，假虞山公园举行的。会场四围游廊，挂满了挽联。花圈凡三十余只，以吴铁城氏的最大。来宾以申时三社的人最多。舒新城夫妇先一日即来，姚苏凤与高明形影不离，张若谷除了带着摄影机找材料外，还要照顾他那位爱人。有人用"一对小物件"来形容他俩。

司仪虽是一位白发苍苍的老者，声音却极嘹亮。读祭文者有五人，其中以严独鹤代表上海各报读得最婉转动听，而崔万秋代表《大晚报》读得最低，恐怕连台上人都难以听得出。否则，山东人读祭文，定可饱耳福不浅。

---

① 法国著名作家雨果的旧译名。

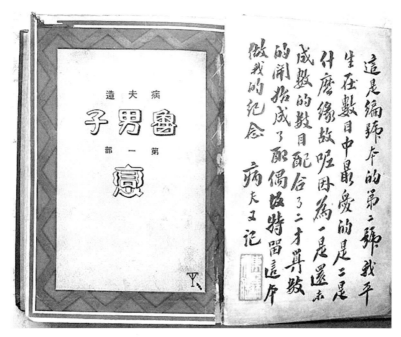

曾朴著自传体小说《鲁男子》，封面署"病夫造"，限量精装编号本第二号，为著者自留纪念本

　　以辩才著名于常熟的蒋子范，在致词中最特色。口若悬河，抑扬顿挫，叙述曾氏的道德文章，以及富贵寿考、五子登科这八个字的新解释，头头是道，有根有据。在大家都沉闷得要入睡的时候，不啻打了一吗啡针。此君若到大世界来说书，叫座自无问题。

　　虚白先生代表家属答词，这时大家都宣告饥肠辘辘，邵洵美坐在里面，几次想走出而不能。散会后，每个人都踏着大步子向石梅的一个据说是开了五十年的菜馆走去（曾宅指定午餐招待处），因为这时已经是一点又半了。

　　为了饿，为了还想去登山（虞山）玩水（尚湖），所以大家都狼吞虎咽。楼上下约三十余桌的总动员，那情形不下于鲁西灾民的领到赈粮后的忙急。

　　"小菜好吃来！"顾仲彝说。

"东亚病夫"与曾虚白（右）合影

徐蔚南接着说："此之谓饥不择食。"

这一天，虚白先生五兄弟，一律是穿着灰布袍黑布马褂。（少夫）

一般而言，报道一场追悼会实况，当用肃穆谨严的措辞，但这篇于1936年10月7日刊发于上海《立报》之上的曾朴追悼会之报道，却以"文学性"的描述手法，将其视作一次"文化事件"来呈现。海派文化圈子里的名流众生相，在海派的表达手法中，被淋漓尽致地刻画出来。应当说，这样的报道虽看似缺乏追悼会常规报道的那种沉重严肃氛围，但恰恰从另一个侧面反映了曾朴在海派文化圈中的地位与影响力。

◎《立报》《琴报》之交相报道

事实上，1936年10月6日，这一场在常熟虞山公园里举办的曾朴追悼会，若在常熟当地报刊《琴报》的常规报道中去探寻，则可以获知一些不那么文学性的历史信息，将这些信息再与上海《立报》颇具文学性的报道相联系，读来则更具现场感，别是一番生动情景：

到会嘉宾，以文艺界、报界及各地名儒硕彦为多数，有上海市市长吴铁城代表洪达，市公用局长徐佩璜，市教育局长潘公展（姚苏凤代），严独鹤，包天笑、李浩然、周瘦鹃、范烟桥、徐蔚南、潘公弼、张若谷、邵洵美、林微音、江小鹣、吴县张一麐、张一鹏，及本邑张隐南、蒋志范、瞿良士、俞九思、曹师柳，及苏沪各报记者达五百余人。

《立报》报道中提到的"司仪虽是一位白发苍苍的老者，声音却极嘹亮"，这位司仪实际上就是主祭张一麐，《琴报》报道中有明确说明。

此外，《立报》报道中特别提到的"以辩才著名于常熟的蒋子范，在致词中最特色"，称其对"富贵寿考、五子登科这八个字的新解释，头头是道，有根有据"，普通读者恐怕无从了解蒋氏所谓"八个字的新解释"与追悼曾朴有何关系，对这样的报道会颇有"一头雾水"之感。通过查阅《琴报》报道，即可解除读者疑惑。原来，蒋子范的致词是以"富贵寿考、五子登科"这八个字为曾朴一生"盖棺论定"：

谓曾公家产，并不富有，而其文才极富，至"五子登科"一语，谓曾公有五子，现在民国时代，科举已废，固不能登科，此登科者，实望五子共研科学而又各专一科也云云。

值得注意的是，《立报》报道中蒋氏名为"蒋子范"，《琴报》报道中蒋氏名为"蒋志范"，实为同一人，且姓名中所用"子"字与"志"字都无误。据查，蒋元庆（1867—1952），字志范、子范，又字鲗楼，江苏常熟人，工书擅画，清拔贡，乃清代大学士蒋廷锡后人。为学贯通百家，经学尤为深邃，受知于汪鸣銮及毛庆蕃。入民国后，曾任教于同济大学等处，主讲古文字学。

对于《立报》报道中所称散会后，参会者往"开了五十年的菜馆走去（曾宅指定午餐招待处）"，那菜馆的名号，《琴报》报道中亦有明确指示，名为"挹辛处"与"枕石轩"。

此外，常熟《新生报》亦于追悼会次日辟有专版报道，这篇报道被转录至《曾公孟朴讣告》的"附录"之中，题为《十月七日追悼会写实》。此文可与《立报》《琴报》再作互补，察知会上更多细节。

值得一提的是，《曾公孟朴讣告》"附录"中最后一篇文章《关于曾孟朴的话》，乃辑自上海《新闻报》，作者署名"含凉"，可知此文仍为范烟桥所作。文中开篇即语，"从曾孟朴先生追悼会上回来"，可知范烟桥亦出席了追悼会。文末一段话似可为曾朴逝世之后各界追悼活动的总结陈辞，文曰：

> 此次哀悼文字，既多且佳。各报为曾氏辑专页的，常熟、上海、苏州、无锡、常州都有，如此推重，在中国的文坛，也算是新纪录了。

周桂笙：西洋童话译介第一人

◎小引：严复、林纾身后的又一"弄潮儿"

熟悉近现代翻译史、文学史的读者，基本都赞同一个观点，即严复为西方理论译介第一人，林纾为西方小说译介第一人。虽然在他们之前，有一些西方理论、西方小说的零星摘译问世，但毕竟严、林二人的译介事业施行之早、规模之大、影响之巨，在晚清民初之际，确无人可与之争胜。

自新文化运动勃兴，西方文学译介的浪潮也随之袭来，胡适、鲁迅等人均大力支持，林语堂、梁实秋等人均全力施行，题材多样、思想纷呈的西方文学

周桂笙像，原载《新盫笔记》

《新盦笔记》，1914 年 8 月初版

作品，也纷至沓来，逐渐进入国人的阅读世界。但无论是严、林二人的先行，还是新文化运动的后进，我们都遗忘了在这两次浪潮之间的一位"弄潮儿"，他叫周桂笙。

周桂笙（1873—1936），原名树奎，号新庵、辛庵、惺庵、知新室主人、知新子等，江苏南汇（今属上海）人，南社社员。肄业于上海中法学堂，对英、法语都较为精通。初曾在《新小说》杂志发表小说译作，后任《月月小说》总译述编辑，专事西方小说译介。辛亥革命之后，在上海任同盟会机关报《天铎

《新盦笔记》，扉页题签

《新盦笔记》，正文首页

报》编辑，发起创建译书公会。曾任天津电报局局长，并经营航运业。晚年寓居上海。

周氏为近代中国倡导翻译西方文学的先行者，最早输入并确立"侦探小说"这一名词，还大力译介科幻小说，又首创以白话直译西方小说。著译有《新盦谐译（初编）》《新盦笔记》《新盦随笔》《新庵译屑》《新庵译萃》《毒蛇圈》《八宝匣》《红恁案》《失舟得舟》《左右敌》《福尔摩斯再生后探案》等多种；笔记有《新庵笔记》《新庵五种》等。其生平事迹可参见《南社丛谈·南社社友事略》。

◎《绣像小说》里的"天方夜谭"

1903年5月1日，晚清四大谴责小说之一《官场现形记》的著者李宝嘉（1867—1906，字伯元，别号南亭亭长）主编的《绣像小说》半月刊，在上海正式印行。

中国近代小说家李伯元，原载《月月小说》第1年第3号

三个月之后，也即1903年8月1日，晚清四大谴责小说之一《老残游记》的著者刘鹗（1857—1909，字铁云，号老残，别署洪都百炼生），又把《老残游记》第一卷发表在了《绣像小说》第9期之上。从此，南亭亭长的《文明小史》与洪都百炼生的《老残游记》，并

（右下）老残游记作者鸿都百

铁云先生遗像题字写罗振玉

铁公遗像

刘铁云遗像，"铁公遗像"四字为罗振玉所题，原载《国闻周报》第9卷第15期

列这本半月刊之上，一直连载到第18期，也即1903年12月15日，方才戛然而止。

在此期间，从第11期开始，也即1903年9月1日，刊物之末端，开始连载所谓的"新译"《天方夜谭》①。什么是"新译"呢？不妨略读一下正文之前的那一则"编者按"②：

《绣像小说》第9期

《老残游记》第一回绣像

① 《天方夜谭》，阿拉伯民间故事集。又名《一千零一夜》，出自这部故事集所编的首个故事"国王山努亚和他的一千零一夜"。

② 原文无标点，今施以通行标点。

是书为亚剌伯著名小说，欧美各国均迻译之。本馆特延名手重译，以飨同好。最前十则，已见他报，兹特择其未印者，先行出版，藉免雷同，兼供快睹阅者鉴之。本馆谨识

这一"新译"《天方夜谭》的连载周期，相当漫长，差不多断断续续①刊载了近两年的时间，一直到了刊物的第54期，也即1905年6月15日，方告一段落。遗憾的是，这么长一段时间的连载与推介，《绣像小说》社方却从未为译文署名，哪怕一个莫名其妙、稀奇古怪的笔名也没有署过。

联系到前述那一则"编者按"，不免会令人心生揣测，之所以出现这样奇怪的现象，是否是因为有一些版权方面的牵涉，不便署名；是否会有一些译者本人的顾虑，不愿署名；抑或还会有一些《绣像小说》社方的避忌与筹谋？那么，如此一来，社方虽然要以"本馆特延名手重译"云云来招徕读者，可这个"名手"之名，却没有向读者明示。

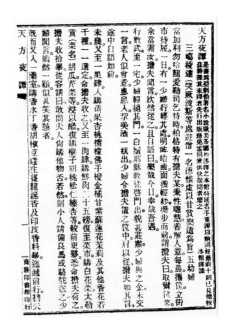

新译《天方夜谭》

次年（1906）5月左右（光绪三十二年岁次丙午四月），上海商务印书馆印行《足本天方夜谭》，编入"说部丛书"，由奚若（1880—1914，原名奚伯绶）编译，

----

① "新译"《天方夜谭》从《绣像小说》第11期开始刊载，12期连载后中断；第15期复载，第17期连载，至第21期连载后中断；第42期复载，连载至第54期为止。

《天方夜谭》《新天方夜谭》，商务印书馆初版

乃是一套四本的洋装小册。民国二年（1913）12月，此书又被商务印书馆编入"说部丛书"初集第五十四编，归入"述异小说"一类，再版印行。之后，"奚译本"作为《天方夜谭》早期全译本的代表作，经商务印书馆多次重编再版，流行甚广。

说到这里，不免令人心生联想，因为《绣像小说》也是商务印书馆印行的，会不会先前刊物上连载了近两年的"新译"《天方夜谭》，正是随后结集出版的《足本天方夜谭》呢？先前连载时并不署名，译成一篇即发表一篇，随译随发，译发完结之时，即是结集编印之日，至此方可正式署名出版——难道这竟是商务印书馆的某种出版策略？

"连载本"与"足本"的文本内容两相比较之下，行文风格相近，虽存在一定差异，但有些篇章几乎一致（如"说妆"一章），两个版本出自同一译者，应无疑义。也就是说，两个版本皆为"奚译本"，只不过前者为早期译作，后者则为修订完善之作。

那么，是否据此就可以认定奚若所译的"连载本"就是最早的《天方夜谭》中译本了呢？或者说，《足本天方夜谭》是最早的一部中文全译本，"连载本"不过是这个版本之前的一个尚不成熟亦不完整的版本。无论如何，奚若乃是《天方夜谭》的中译第一人，这应当是了无疑义的了。

不过，细读"连载本"的"编者按"，仍有那么一丝端倪，令人感到，若认定奚若为中译第一人，并不那么理所当然。既然"本馆特延名手重译"，已有"重译"之说，且"连载本"亦标明"新译"，那么，无论"重译"还是"新译"之说，都已表明，之前应当还有"旧译"或"原译"。

《新天方夜谭》，林纾、曾宗鞏合译，商务印书馆，1908 年初版

推想至此，不免又会令人心生揣测，那位健笔如飞、译书如流水的林纾会不会早已在《天方夜谭》的编译方面拔得头筹？在"奚译本"之前，会不会早已有"林译"存在？

出人意料的是，几经探查，发现"林译"品牌并未将《天方夜谭》囊括在内，只是在"奚译本"推出两年之后，即1908年7月左右（光绪三十四年岁次戊申六月），才推出了《新天方夜谭》。看来，这一次，这译界先驱真是未能占得先机，一不留神，被一位青年后进捷足先登了。

那么，在"奚译本"之前，"旧译"或"原译"究竟是谁呢？

◎《月月小说》里的"一千零一夜"

1907年2月27日，晚清四大谴责小说之一《二十年目睹之怪现状》的著者吴趼人（1866—1910，又名沃尧，别号我佛山人）主编的《月月小说》第1年第5号，在上海正式印行。

此时正值农历新春之际，刊物上特意印制了一张主编吴趼人的半身照，吴主编头戴贴顶小帽，身着亮绸马褂，双手抱拳置于胸前，这是作揖致贺的形象。照片顶端空白处，印有"恭贺新禧"四个大字；底端空白处，则印有一行小字"光绪丁未年吴趼人四十二岁"。看来，这是吴大主编特意拍的一张照片。

除了卷首插页里有吴大主编"拜年照"的噱头之外，在这一期刊物的一个

《月月小说》第5号

吴趼人贺年照片

并不起眼的"杂说"栏目里，有一篇"说小说"的专栏短文，署名紫英①，向广大读者推荐了一部名为《新盒谐译》的书，并郑重告知大家，此书有部分内容正是"奚译本"之前的"旧译"或"原译"本：

新盒谐译

紫　英

泰西事事物物，各有本名，分门别类，不苟假借。即以小说而论，各种体裁，各有别名，不得仅以形容字别也。譬如"短篇小说"，吾国第于小说之上，增"短篇"二（字），存以形容之。而西人则各类皆有专名也。如Romance，Novelette，Story，Tale，Eiple等皆是也。吾友上海周子桂笙，所译之《新盒谐译》第二卷中，则皆能兼而有之。其第一卷中之《一千零一夜》，即《亚拉伯夜谈录》也。原名为"*Arabian Nights Entertainment*"，此书在西国之价值，犹之吾国人之于《三国》《水浒》，故男女老少，无不读之。宜吾国人翻译者之多也，先是吾友刘志沂通守，接办上海《采风》报馆，聘南海吴趼人先生总司笔政。至庚子春

紫英《说小说》，原载《月月小说》第 1 年第 5 号

---

① 作者紫英或即刘紫英，待考。

"本社总译述周君桂笙"，原载《月月小说》第1年第1号

夏间，创议附送译本小说，刘君乃访得此本，请于周子，周子慨然以义务自任。盖彼此皆至交密友，时相过从，且报中亦恒有周子译著之稿也。当时风气远不如今，各种小说亦未盛行。周子虽公余之暇时有译述，而书贾无过问者。故慨然允为刘君迻译此篇。惜乎，是年炎威肆虐，酷暑逼人，周子乃延凉于姑苏台畔，译事遽废。自是以后，公私麇集，不遑兼顾，遂未卒业。然续译之志，未尝少怠也。亡何，上海《大陆报》小说栏中，亦译登此书矣，周子见之喜曰，吾未竟之志，今可如愿以偿矣。然未尽数十页，亦即中辍。又越数载，商务印书馆之《天方夜话》既出版，而全书乃始告成焉。此外如连孟青所主之《飞报》中，亦尝略译一二，不过片鳞残爪而已。是此书开译之早，允推周子为先，而综观诸作，译笔之佳，亦推周子为首，彰彰不可掩也。苍古沉郁，令人百读不厌。不特为当时译著中所罕有，即今日译述如林，亦鲜有能胜之者。至第二卷中所载诸篇，大抵为《寓言报》而译者，当时《寓言报》为吴门悦庵主人沈君习之之业，笔政亦吴君趼人所主也。会壬寅春，吴君应《汉口日报》之聘，客居无俚，乃取此书，详加编次，且为文以序之，旋付上海清华书局，遂得公之于世云。

上述七百余字的"书评"已然"揭秘"，"奚译本"之前的"旧译"或"原译”本正是出自《新盦谐译》的作者“上海周子桂笙”，也即当时《月月小说》的“总译述”，地位仅次于“总撰述”吴趼人。

据此可知，周氏早在“庚子春夏间”，即1900年春夏间，应上海《采风》报馆之请，开始翻译《一千零一夜》。可惜的是，因为这一年夏天太过炎热，酷暑难耐，周氏为避暑而移居，翻译的事也就暂时搁置了。不过，周氏业已完成的那部分译稿，已然获得了友人予以两项“之最”的评价：开译最早，译笔最佳。这两项“之最”，周氏译稿是否能膺此殊荣，自然口说无凭，需要有“书”为证的。由《月月小说》吴大主编于“壬寅春”，即光绪二十八年（1902）春，“详加编次，且为文以序之”的这一部《新盦谐译》，是至为关键的物证。

◎首现于《新盦谐译初编》里的“一千零一夜”

有幸获见《新盦谐译》一书的读者，都会发现，这是一部印制并不精致，以普通毛边纸铅印的小册子，与清末民初的普通小说、话本、戏曲之类的通俗读物无异，一副速印快销的市井消费品的样子。

是书一套两册，上册为卷一，下册为卷二。封面有署名“余溥”的题签，以楷书题写“新盦谐译初编”六字。扉页则为著者周桂笙自署的题签，以篆书题写“新盦谐译初编”六字，落款为“新盦主人题”。牌记页以篆书印有“癸卯孟夏上海清华书局铅印”字样，似仍出自周氏手笔，就此确知，是书为光绪二十九年癸卯（1903）夏印制。卷首确有一篇吴趼人所撰序言，原文如下：

周子桂笙，余之爱友，亦余之畏友也。余旅居上海，忝承时流，假以颜

《新盦谐译初编》，1903 年初版，周桂笙自题书名

色，许廑日报笔政，周子辄为赞助焉。此篇盖即借以塞空白者也。既入报纸则零断散失，不复成章，爰编次之，重付剞劂氏。此编周子自序已尽其言，余无可序。余当序周子，更当序余之于周子。周子通英法文学，而尤肆力于祖国之古体文。顾殊不自满，好学下问。己亥之秋，因彭君伴渔介绍，余方识之。交久而弥笃，始爱之，继敬之，终且畏之。余亦不自知，其何为而然也。恒以所为文见示，美矣，备矣，而犹必殷殷请商榷。如余之不文，复何足以商榷文字？然偶有见及必为敷陈，辄喜

《新盦谐译初编》，牌记页与吴趼人序

《新盦谐译初编》卷一，《一千零一夜》译文

谢以去，虚衷如是。则周子之学，正未艾也。此余交之，因爱而生敬者也。顾周子洵洵儒者，无严词，无道貌，而余甚畏之。偶得一新理想，或撰一新文字，必走之商之，或作狭邪游戏事，则避周子如不及。顾周子未尝责我也。而余之畏惮之如是，周子得毋别有所可畏惮者耶？举此以告读周子此书者，勿徒以其为翻译家、行文家已也。周子与余论道之言稿，万笔不足以尽。余最服膺其一言曰，凡事必审度祸福而后行，则天下无可行之事。呜呼！举此语亦足以略见其为人矣。旅沪二十年，得友一人焉，则周子是也。此编成，问序于余，不敢以不敏谢责，书此归之，周子其不以我为谀否？然而余则敢自信为非谀也。

光绪癸卯暮春之初，南海吴沃尧，拜手序于汉皋，时方以春树暮云怀念故人，不见为怅怅也。

这篇写于1903年暮春时分的序言，应当是《新盦谐译（初编）》即将付印之际写成的。序言主要是忆述了与周氏的过往交谊，以及对其人品格、才情、思想等各个方面的评价（赞叹），并没有述及书中译本来源若何，译笔风格品质如何等。诚如其序中自谦的那样，"如余之不文，复何足以商榷文字"，看来，吴趼人对是书内容、版本没有太多关注。

书中紧随吴序之后的，是周氏自序：

人生束发受书，得觇异籍，当勉为中外通儒。若仅仅于学成译材，所就既已，小矣。虽然自庚子拳匪变后，吾国创巨痛深，此中胜败消息原因，固非一端，然智愚之不敌，即强弱所攸分，有断然也。迩者朝廷既下变法之一诏，国民尤切自强之望，而有志之士眷怀时局，深考其故，以为非求输入文明之术，断难变化固执之性。于是而翻西文，译东籍，尚矣。日新月异，层出不穷，要皆觉世醒民之作，堪备开智启慧之助，洋洋乎，盛矣哉，不可谓非翻译者之与有其功也。于是乎，译材固不可以仅目之也，世之君子所译者如是。若余此编，则既无宗旨，复无命意，牛鬼蛇神，徒供笑噱，又复章节残缺，言之无文，乃亦与时下君子所译鸿文，同时并出，毋亦徒留笑枋于当世耶。虽然此编之成，初非余之本意，盖吾友吴君趼人怂恿之作也。吴君为南海荷屋中丞公之曾孙，家学渊源，文名藉甚，生有奇气，素负大志，与余交最莫逆，尝谓人曰，得识周某，不负我旅沪二十年矣。尝历主海上各日报笔政，慨然以启发民志为己任，然其议论宗旨，喜用谐词，以嬉笑怒骂发为文章，盖谓庄语不如谐词之易入也。尝出泰西小说书数种，嘱余迻译，以实其报，余暇辄择其解颐者，译而与之。三四年来，积稿居然成秩矣，略加编次，遂付梓人，友人索阅，聊省抄力。若云问世，则吾岂敢。

光绪壬寅二十八年仲冬之月，上海新盦主人书于知新室。

这篇写于1902年仲冬时节的周氏自序，比吴序的写作时间稍早。周序先是抒写了一番国内时局的观察，指出在这样的时局之下，翻译西洋著述成为时尚，乃顺理成章，势出必然。接着畅叙与吴氏的友情，至于译书之事，只是提到"尝出泰西小说书数种，嘱余迻译，以实其报"云云，一笔带过。

值得注意的是，周序中交代了吴氏主编报刊与言论的一个重要特征，可能是此书书名"谐译"二字的来源，简言之，所译内容专门挑选那些诙谐幽默又富于启迪性的西洋文学作品章节；另外，译文风格是轻松通俗的，"喜用谐词"

的，与吴氏文风是相近的。

也正因如此，周氏开译包括《一千零一夜》在内的"泰西小说数种"之时虽然早至1900年左右，确可称为中译《一千零一夜》第一人，但并没有完成全译本的根本原因，一方面固然有不少客观因素，如前述紫英所称的"酷暑逼人，周子乃延凉于姑苏台畔"，抑或"自是以后，公私麇集，不遑兼顾"等；另一方面也有周氏本人的主观因素，即为了配合吴氏办报用稿的风格与旨趣，"辄择其解颐者"，这样有选择性的摘译必然只是一项短期的供稿工作，不太可能有全译本结集出版。

周序之后，是书目录页也标示得非常简明，卷一即为《一千零一夜》与《渔者》，卷二则收录了十五篇西洋童话故事。这些"章节残缺"的译文可能是国内最早出现的中文版西洋童话，至少《一千零一夜》的译文是要比"奚译本"早上三五年。

值得一提的是，卷一译文只有两篇，《渔者》开首一部分的内容仍是《一千零一夜》里所收的一个故事，周氏在《渔者》译文标题之下，也附注介绍称："此仍一千零一夜之文也，节译之，故别为标目"。这是那个如今几乎妇孺皆知的童话：渔夫偶然从海底捞上密封着魔鬼的瓶子，无意间从瓶中放出魔鬼之后，又机智地令魔鬼重回瓶中并即刻将其密封，重新将瓶子投归大海。

译文之末，周氏撰跋语曰：

按以上《渔者》一节，亦希猎才演说之辞。姊妹倡和，愈说愈奇，使王虽欲不听，不可得也。是以无夜不听，即亦无日不赦。王之初意，盖欲使尽毕其辞，然后杀之。而希猎才博闻强记，机警过人，滔滔汩汩，层出不穷，直至一千零一夜之久，依然滔滔不竭，而王至是盖已悔前誓矣。因亟命除去残暴苛酷之例，引咎自责，而国人赖是以安，因莫不颂希猎才之贤德焉。或云为好事者之所假托，则非余所敢知矣。原书篇幅甚长，所记皆希猎才之嚛谈也。凡兹所译，十之一二而已，然暇当续成之也。书名本为《阿拉伯夜谈笑录》，《一千零一夜》其俗称也。

这段跋语不过短短二百余字，却是国内最早介绍《一千零一夜》的一段文字，向国内读者简要介绍了这部阿拉伯民间故事集的来龙去脉，有着不可抹煞的"先导"之功。

如今已几乎尽人皆知，书名出自这部故事集开首的第一个故事。相传在古代印度与中国之间，有一个岛国国王发现王后和妃子不贞，杀死她们之后，国王每夜都要新娶一个少女，为防不贞，旋即又于翌晨杀掉。如此往复之暴行，导致民众纷纷逃离家园，一时人心惶惶，谈女色变。宰相的女儿为了更多的无辜妇女免遭屠戮，自愿嫁给国王，并用讲故事之法，引起国王兴趣，暂不杀她。这样夜复一夜，直至连续讲了一千零一夜，她以讲述大量劝善惩恶的故事，最终令国王感化，痛改前非。实际上，《一千零一夜》里并没有一千零一个故事，按阿拉伯人的语言习惯，在一百或一千之后加一，旨在强调多。今据阿拉伯原文版统计，全书共有百余个大故事，每个大故事里又包含若干个中故事、小故事，以宰相女儿为国王讲故事发端，组成了一个庞大的故事体系。

周氏写于《渔者》之末的这段跋语，将宰相女儿的名字译作"希猎才"，并称"以上《渔者》一节，亦希猎才演说之辞"，向读者间接表明《一千零一夜》全书故事体系的基本构架。同时，也表明了当年摘译此书的规模，"凡兹所译，十之一二而已"。

◎首现于《新盦谐译（初编）》里的"格林童话"

至于《新盦谐译（初编）》卷二的译文，通过核对如今的《格林童话》通行译本，可以大致确定周氏译作有《猫鼠成亲》《狼羊复仇》《乐师》《虾蟆太子》《林中三人》《十二兄弟》《狐受鹤愚》《某翁》《猫与狐狸》《熊皮》《乡人女》《公主》十二篇均选自《格林童话》。其中，《虾蟆太子》《公主》两篇，就正是如今早已家喻户晓的童话故事《青蛙王子》《白雪公主》。此外，还有《狼负鹤德》《缶鼎问答》两篇，则译自《伊索寓言》。

国内最早出版的《格林童话》译文乃是由商务印书馆于1915年初版的《时谐》一书，其中有《格林童话》的摘译。《时谐》一书为数篇报刊连载译文的结集。早在1909年7月至11月间，其内容就在商务印书馆主办的《东方杂志》上连载过。

至于1922年4月由中华书局初版的，赵景深编译的《格列姆童话集》，虽然是较早将"格林童话"这一中文称谓表达出来的译文集，但只有《水神》《乌鸦》《秘密室》《十二弟兄》《熊皮》《妖怪和白熊》六篇，仍只是摘译结集的出版物。书前赵氏自序称：

格列姆弟兄的故事，现在已传遍世界……他们童话译本，在我国极少；黄洁如的《童话集》选过几篇，孙毓修亦在《童话》（第一集）里意译了几册，至于专集的译本，只有《时谐》，但是书名不标明童话，又是文义深奥，因此

《格列姆童话集》版权页

《格列姆童话集》，赵景深编译，中华书局，
1922 年初版

儿童每每得不着这书看，这实是件憾事！

据查，黄洁如译述的《童话集（第一辑）》于1921年由上海群益书社初版，这是距赵氏编译《格列姆童话集》时间上最为接近的出版物。有意思的是，就在《童话集（第一辑）》初版当年的8月20日，有一位署名为"春"的作者，在《时事新报》上发表了一篇题为《儿童文学的翻译问题》的评论文章，文中也提及此书：

近来群益书社所出的《童话集》，是从《格林童话集》中译出来的，只是不曾注明，而且译笔似乎也欠缺一点。

格林兄弟画像

《格林童话全集》，魏以新编译，商务印书馆，
1934 年初版

这篇文章拈提出了"格林童话"这一中文称谓，比后来1929年至1931年间在《儿童文学》杂志上刊发的《格林童话选》，还要早了八年。及至魏以新译成《格林童话全集》，交由商务印书馆于1934年8月初版，更是要早了十三年之久。或许，此文正是"格林童话"这一中文称谓的第一次使用。

而赵氏"格列姆童话"的说法也与之并行不悖，直至1949年之前的国内翻译界，仍在一定范围内通行。譬如，1929年由上海《群众月刊》第1卷第3期刊发的，署名为"茜茜女士"所译的《格林姆童话选》；1939年由上海广学会初版的，谢颂羔编译的《格列姆童话选》；以及1941年由上海鸿文书局初版的，林俊千摘译的《格林姆童话》；等等。

再者，赵氏自序里提到的孙毓修所编《童话（第一集）》，则是有数十册规

《格列姆童话选》，谢颂羔编译，上海广学会，1939年初版

模的丛书，内容涵盖古今中外的童话故事，每册编印一个故事。这套丛书随编随印，持续出版，从清末至民国中期，时间跨度有二三十年，由商务印书馆主办并印行。仅就笔者所见所知，这套丛书较早印行者，有"己酉"出版的，即1909年。也就是说，如果孙毓修所编《童话（第一集）》丛书里有选自《格林童话》的，也就与《时谐》一书开始在《东方杂志》上连载的时间相近。

显然，无论是《时谐》还是《童话（第一集）》，皆为赵氏当时能够看到的《格林童话》摘译本里最早的版本了。据此可以推知，赵氏应当没有看到过《新盦谐译（初编）》，否则恐怕也不会在自序里不无自信地宣称："此书选了六篇译出来，都是他家所没有译过的。"

1921年9月撰成自序的赵氏，不知道早在二十年前，周桂笙已然摘译了《十二兄弟》《熊皮》等《格林童话》里的篇章，在"我佛山人"主编的报纸上公开发表了出来，不久还辑入了《新盦谐译（初编）》一书，正式出版。

◎题外话：首现于《新盦谐译（初编）》里的莎剧中译本

《新盦谐译（初编）》卷二中的《一斤肉》，比较特殊，此文并不是童话，而是莎士比亚戏剧《威尼斯商人》中的一个章节，即"一磅肉"那一章。周氏认为此篇很有讽世教化意义，译文之末，特意写下跋语称：

译者曰，险诈之行，今日盖比比矣，庸讵知古已有之乎？险诈之人，中土盖多多矣，庸讵知海外亦有之乎？虽然以五万金买一斤肉，何其奢也，坡下氏受律师之教而反诘之，即俯首帖耳，自承为疏忽而不追究，盖是犹豪者也。其视今之狡诈之术层出不穷，继之以狠毒者，为何如耶？

一般认为，莎剧中译本最早者为林纾与魏易合译的《吟边燕语》，该书成书时间为1904年，也译自《威尼斯商人》，其中也有"肉券"一章。然而，周译《一斤肉》无论是报章发表还是正式成书出版的时间，都早于《吟边燕语》，莎剧中译本最早记录，应当改写。且周氏为自己的这篇译文所撰跋语，亦可算作中国最早公开评论莎剧者。这样一来，中国"译莎"史上的两个"之最"，或许让周氏来荣膺了。

◎ "西洋童话译介第一人"缘何淡出文学史？

《新盦谐译（初编）》的内容基本已厘清，《一千零一夜》和《格林童话》的摘译构成了该书的主体内容。是书在中国近代文学史、翻译史上意义重大，可以说为西洋童话的中文传播开启了序幕。

依常理而言，整整一百二十年前的这部西洋童话的"首译本"，理应在当时读者群及后世研究者中产生巨大反响，理应有持续的社会影响力，可如今却知者甚少，这又是为什么呢？

本文前边已经提到，周氏的译介事业始于晚清光绪年间"庚子国变"前后。另据查证，至20世纪20年代，周氏仍有文稿在沪上报刊零星发表，但基本已不再翻译西洋文学作品，大多是游记或杂文。仅据笔者所见所知，周氏于

1927年发表在《紫罗兰》杂志第2卷第13期之上的《莫干山游记》，可能是其公开发表的最后一篇署名文章。据此可知，周氏的文学活动主要活跃在"庚子国变"至北伐前后，这二十余年的时段里。

周氏专事西洋文学译介活动，则主要集中在他出任《月月小说》"总译述"一职期间（1906—1909），之前为《绣像小说》《新小说》《新民丛报》等报刊供稿也多为译稿，1900年为《游戏世界》供稿亦为译稿，也就是说，20世纪开首的十年，应当就是周氏专事西洋文学译介活动的主要时段。

虽然1916年还出版过周氏编译的《福尔摩斯再生后探案》，但此书的流行程度与社会影响已远不如周氏为"晚清四大小说杂志"之《绣像小说》《新小说》《月月小说》这三种杂志（另一种为黄摩西主编的《小说林》，1907年2月—1908年10月）供稿与供职时期。

应当说，这十年既是20世纪的开端，亦是帝国时代的末端，更是传统文化式微，欧风美雨劲袭的十年，周桂笙与严复、林纾等译界先驱一道，为同时代西洋文学译介事业的狂飙猛进，做出了相当程度的贡献。尤其是他在西洋童话的译介方面，甚至还能从中脱颖而出，拔得头筹，实属难能可贵。

然而，一个世纪之后，周氏在中国近现代文学史上湮没无闻，尤其是在翻译文学史上声名未彰。这样的情形，很是令人感慨，也颇耐人寻味。

一方面，之所以造成这种情形，宏观上恐怕还是与晚清飘摇动荡的国内时局有关，与时人更热衷于高谈"救国真理"有关，紫英书评中所提到的"当时风气远不如今，各种小说亦未盛行"，也正是此意。另一方面，从公共文化领域的传播策略与技术环境考察，"晚清四大小说杂志"的三种，虽然确实经常发表周氏译作，但这些作为市井大众消遣休闲之用的通俗读物，即阅即散，鲜有人刻意搜集保存，留存至今的，更少之又少，向来不为学者专家所重。

周氏存世作品散乱杂陈，颇难完整寻获，并且少有正式结集的出版物，令后世研究者即便对周氏其人其作品略有所闻，要想深入研究，也困难重重。

对这一状况略有体察的研究者，也极易因此造成一种误判，即周氏译作是一般意义上的"应酬之作"，或短期内的"零星工作"，甚至是"游戏之作"，在同时代译介作品中不是"主流"，这些作品都没有系统的、严格的译介规划与社会功能上的宏观诉求。

◎《译书交通公会试办简章（序）》里的"总纲"式表达

实际上，周氏对翻译事业的社会功用，早有主张与远见，比新文化运动之后的观念，不但在时间上早出了近二十年，而且在思想的前瞻性与充分性上都毫不逊色。

周氏曾在梁启超创办的《新小说》任职，对梁氏"小说界革命"的思想深为叹服，在刊物上屡有回应。当日本作家菊池幽芳所著言情小说《电术奇谈》被东莞方庆周翻译发表时，作为评点人的周氏，就曾借题发挥：

……夫译书无论为正史、为小说，无非为输入文明起见。虽然，文明岂易输入哉？必使阅者能略被其影响而后可。苟不然，则南辕北辙，绝不能相及矣。

这是周氏于1905年5月，在《新小说》第2年第5号上发表的言论之一。次年11月，在其出任总译述的《月月小说》创刊号中，更是表达过关于西洋文学译介与现代思想启蒙的总体主张，并且开始尝试组织行业机构，大张旗鼓推进译介事业。创刊号的"压轴"之作就正是周氏亲撰的《译书交通公会试办简章（序）》：

　　中国文学，素称极盛，降至挽近，日即陵替。好古之士，恝焉忧之，乃亟亟焉谋所以保存国粹之道，惟恐失坠。蒙窃惑焉：方今人类，日益进化，全球各国，交通利便。大抵竞争愈烈，则智慧愈出，而国亦日强，彰彰不可掩也。吾国开化虽早，闭塞已久，当今之世，苟非取人之长，何足补我之短？然而，环球诸国，文字不同，语言互异，欲利用其长，非广译其书不为功。顾先识之士，不新之是图，而惟旧之是保，抑独何也？夫旧者有尽，新者无穷，与其保守，毋宁进取！而况新之于旧，相反而适相成。苟能以新思想、新学术源源输入，俾跻我国于强盛之域，则旧学亦必因之昌大，卒收互相发明之效。此非译书者所当有之事欤！虽然，以吾近时译界之现状观之，谓遂足以尽输入新思想、新学术之责矣乎？抑有愈于保守旧学诸子之所为乎？译一书而能兼信、达、雅三者之长，吾见亦罕。今之所谓译书者，大抵皆率尔操觚，惯事直译而已。其不然者，则剿袭剽窃，敷衍满纸。译自和文者，则惟新名词是尚。译自西文者，则不免诘曲聱牙之病，而令人难解则一也，尤其甚者，坊间所售之书，异名而同物也。若此者，不一而足。不特徒耗精神，无补于事，而购书之人，且倍付其值，仅得一书之用，而于书贾亦大不利焉。夷考其故，则译书家声气不通，不相为谋，实尸其咎。鄙人于英法二文，得稍知门径，从事译述，盖十余年于兹矣。此中况味，颇有所知。爰敢不揣冒昧，发起斯会，愿与海内译述诸君，共谋交换智识之益，广通声气之便，惟是志愿虽宏，才力绵薄，尚希大雅君子，匡其不逮，共襄美举，有厚望焉。

光绪丙午　桂月二十四日　上海　周树奎　桂笙甫识

应当说，上述六百余字的序文颇为充分地表达了周桂笙从事译介西洋文学事业以来的思想概貌，以及对这一事业的个人原则、立场、旨趣、规划和寄望。这不啻为一篇了解周氏其人其思的总纲式文献，研究价值自不待言。

虽以文言文写成，这篇序文却并不予读者古奥冷僻之感，反而洋溢着一股奋发进步的蓬勃朝气，行文流畅，通俗易懂。序文中首先批评了国内文士群体中自大自满的风气，这些好谈"国粹"者总以为中国文化与文学为世界最佳，总认为完全无须向别国学习。周氏明确主张，要摒弃这种保守心理，倡导向全球各国学习的风尚。周氏还特别强调，如今的世界是一个开明的世界，一个竞争的世界，只有取他人之长，才可进步，才有希望开民智、强国力。而向世界学习的可靠途径之一，就是通过译书输入新思想、新学术。

显然，这一总体主张，在译介西洋童话、儿童文学方面也不例外。周氏之所以要创办"译书交通公会"，一方面是国内译界同仁确有分享译述经验、切磋译述技巧、知会译述动向之必要；另一方面恐怕也还是有周氏个人的寄托，即希望国内译介品类更多样化，在国内小说译作日益丰富的同时，还应有更多译介品类涌现与充实，如其一贯重视的科幻、侦探小说，以及童话、寓言类儿童文学作品等。

◎余韵：谁是中国最早介绍西洋文学的人？

《新盦谐译（初编）》出版整整三十年后，终于有人追忆了此书的作者，中

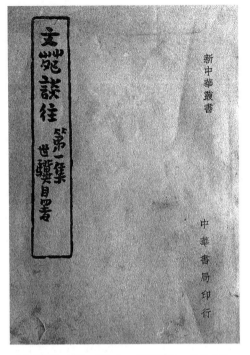

《文苑谈往（第一集）》，杨世骥著，中华书局，1945年4月初版

国译界的先驱，理应荣膺"译介西洋童话第一人"桂冠的周桂笙。

1943年1月，在上海《新中华》杂志复刊之后的第1卷第1期之上，刊发了杨世骥（1913—1968）所撰《记周桂笙：中国最早介绍西洋文学的人》。此文乃是杨氏"文苑谈往"专栏稿之一，后来汇辑成书，于1945年4月交由中华书局正式出版，书名为《文苑谈往（第一集）》。书中所列《周桂笙》一篇，乃是原专栏稿易名而来，稿件内容并无太大差异。开篇即语："大家谈到我国最早介绍西洋文学的人，都认定是林纾，殊不知周桂笙比林纾更早，可是现在已不复为人所记忆了。"紧接着，提出了"我们不能忘怀于他"的三大原因：

第一，他是我国最早能虚心接受西洋文学的特长的，他不像林纾一样，要说迭更司的小说好，必说其有似我国的太史公，他是能爽直地承认欧美文学本身的优点的。

第二，他翻译的小说虽不多，但大抵都是以浅近的文言和白话为工具，中国最早用白话介绍西洋文学的人，恐怕要算他了。

第三，他的翻译工作，在当日实抱有一种输入新文化的企图，虽然没有什么成绩表现，他的一番志愿是值得表彰的。

接下来，则是关于周氏个人生平与译介生涯的长篇介绍。其中，也特意提到了《新盦谐译（初编）》，称"当日他能注意到一向为人所漠视的儿童文学，实是很难得的"。不过，文中称"卷下是童话，大抵出自《伊索寓言》一类的书"，这一说还不甚确切，本文前边已经有所考述，《新盦谐译（初编）》卷下（即卷二）的主体内容，应当是《格林童话》，而《伊索寓言》仅摘译了两篇。

《谁是最早介绍西洋文学的人？》，原载广州《前锋报》，1947 年 9 月 27 日

四年之后，即1947年9月27日，广州《前锋报》的"耕耘"副刊头条刊发了一篇没有作者署名的文章，题为《谁是最早介绍西洋文学的人？》。此文实为《记周桂笙：中国最早介绍西洋文学的人》一文的改写，只不过采取了设问式，以此来招徕读者。

至此之后，在南北各地报刊之上，鲜有提及周桂笙之名者。

吕碧城：女文豪的两桩官司

◎鸳鸯蝴蝶派与女文豪的访谈

何其有幸，故纸堆中淘得的一张距今已近百年的旧报纸上，寻获了一篇鸳鸯蝴蝶派代表人物的周瘦鹃（1895—1968），与一代女文豪吕碧城（1883—1943）的对话摘录，着实令人欣快无已。虽然不免仍有遗憾，在这张1926年9月10日刊印的《上海画报》第150期之上，获见的只是此次访谈实录的下半部分：

吕碧城女士谈片（下）

瘦　鹃

女士又曰，顾予此次作壮游，牺牲亦大。同孚路八号之岑楼一角，为予三年来息息相依之地，明镜珠帘，曾经予手所拂拭，似皆生特殊之感情。今以出游故，乃不得不割爱而付之拍卖人之手。如红木嵌螺钿之麻雀桌椅（按：专供打麻雀牌时用者），一老祖父巨钟，一美人捧球之巨灯，皆为予所心爱，亦一一以廉值斥售。而价值两千两之摩托车一辆，则为一友人以六百两易去，殊可惜也。愚曰：观于女士所为，乃大类勇士出战时之破釜沉舟矣。女士为之鞭然。

继谈时局，及于西北战事，女士发箧出一居庸关影片见贻，曰此为西北战争中之要塞，为予曩年北游时所手摄也，并示我以当时所作《出居庸关登万里长城》一诗，雄放可喜，诗云："摩天拔地青巉巉，是何年月来人间。浑疑娲后双蛾黛，染作长空两壁山。飚车一箭穿岩腹（汽车穿山而过），四大皆黝幽难烛。

周瘦鹃

石破天惊信有之，惟凭爆弹迁陵谷。万翠朝宗拱一关，山岭雉堞长蜿蜒。峵晓岂仅人踪绝，猿鸟欲度仍相还。当时艰苦劳民力，荒陬亘古冤魂集。得失全凭筹措间，有关不守嗟何益。只今重译尽交通，抉尽藩篱一纸中（时中日协约告成）。金汤枉说天然险，地下千年哭祖龙。"一收出以感慨，具见忧国之诚。

女士西友绝夥，尤多名流，盖皆当年留美时所结识者。临城被掳于孙美瑶之佛礼门氏，即其一也。女士特以手译佛氏自豹子谷中所寄一函相示云："亲爱的弟弟，你六月五日给我的信已收到了，我很欢喜能得到你的消息，我们仍有西人八名，华人约三十名，在被掳中，尚不知何日能得释放。如果和议谈判顺利，我们希望在一礼拜后恢复自由，我们各人身体全都康健，且勉自保持精神，不使懊丧。但是于我们诸居停主人，略生困倦，此等经历，永远不能忘却。现在我们的粮食充足，在此情境之中，算得安适了。请你传话给我的许多

《吕碧城女士谈片（下）》，原载《上海画报》第 150 期，1926 年 9 月 10 日

朋友，我并且盼望得早日与你们相见。里昂佛礼门自豹子谷寄。一九二三年六月九日，为我们被掳的第三十五日。"女士甚宝此书，什袭珍藏，谓为临城案中一大好纪念品云。

最后女士又谈及去岁起诉两小报事，女士曰，予以狮子博兔之力，应付此两案，得占胜利。顾以两被告在逃，迄未弋获，至今憾之。予之所以为此者，实欲加以惩创，俾知悔改，勿令君等清名，亦为彼等所累耳。愚唯唯，旋即与辞而出。

◎从出游居庸关到临城劫案

上述寥寥约九百字的访谈摘录大致记述了四个方面的内容。一为即将出游海外的吕碧城，向周瘦鹃透露变卖上海私宅的一些细节；二为吕氏出示早年出游居庸关时亲自拍摄的照片，忆及当年壮游赋诗的情状；三为吕氏出示其私人珍藏的一通外国友人函件，特别之处在于写信者为"临城被掳于孙美瑶之佛礼门氏"；四为吕氏提及近期"起诉两小报事"。

上海之吕碧城，原载《吕碧城集》，中华书局，1929 年 9 月初版

关于出游居庸关，应当是吕碧城于 1915 年春夏间的一次旅程。此时距其于 1912 年 3 月出任袁世凯总统府机要秘书，已整整过去了三年。1915 年 1 月间，日本政府向袁氏提出所谓"二十一条"，对中国军政经济各个方面的主权肆意攫夺，为蓄谋帝制、寻求外援，袁氏竟最终同意签署。吕碧城出游居庸关，正值这一重大历史事件发生之际，作为袁氏秘书的吕氏，此时心情之复杂沉重，可想而知。此次出游返京之后不久，吕氏即辞职而去，移居上海，之后远游欧美，又别是一番人生天地了。

《出居庸关登万里长城》这首诗，后来辑入《吕碧城集》，在此次访谈整整三年之后，于 1929 年 9 月，交付上海中华书局印行，广为人知。在此次访谈中出示的此诗，极有可能乃是此诗公开发表的"首发"。

吕氏向周瘦鹃出示的外国友人信函（中译手稿），关涉轰动一时的临城劫案，也颇具研究价值。1923 年 5 月 6 日，在途经山东临城（今枣庄薛城）的铁路干线上，发生了一起由地方武装力量劫持中外人质的重大案件，史称"临城劫案"。当时，由年仅二十九岁的孙美瑶（1898—1923）任联军司令的"山东建国自治军"，为摆脱受北京政府指使的山东督军田中玉的多次围剿，决定冒险突出重围，在津浦铁路上劫持了载有欧美各国来华人员的列车，以此作为谈判筹码，希望能得到政府的接收与改编，将被围剿的非法地方武装改编为合法的"正规军"。

据载，临城劫案中被劫持的中外旅客有上百人之多，其中有近半数为外国旅客，全部被掳至现在枣庄山亭的抱犊崮之上。在此次被劫持的外国旅客中，又以美国人居多，且大多身份尊贵，包括洛克菲勒（美国"石油大王"老洛克菲勒的儿子）的妻妹露希·奥尔德里奇，美国陆军军官艾伦少校、平格少校，以及《密勒氏评论报》的鲍威尔等各界人士。吕碧城的友人佛礼门亦应是当时被劫持的美国旅客之一。

信函发出地"豹子谷"，应当就是抱犊崮，因二者发音相近，当时外国报刊所刊新闻，被中国报刊转译过来时，不甚熟悉山东枣庄地理者，时常将抱犊崮译作"豹子谷"，一时遂成惯语。

当时，被劫持人质对外还可以通信联络报平安，在一个多月的劫持困守中，还能"粮食充足"，连佛礼门本人也慨叹"在此情境之中，算得安适了"，可见当时孙美瑶劫持人质的动机确非一般意义上的绑架劫财、图财害命。

就在佛礼门发出这通信件不久，经过数轮紧张激烈的谈判，孙美瑶的"自治军"与官军终于达成协议。围剿"自治军"的官兵一律撤回原地，"自治军"也被当局改编为"山东新编旅"，归第五师节制，委孙美瑶为旅长。6月12日，双方在协议上签字，被劫持的人质全部获释。至此，震惊中外的"临城劫案"

告一段落，基本确保了中外旅客的安全。

◎从近百年前访谈中的"摩托车"说起

在周、吕二人访谈中，言及变卖沪上吕氏旧宅时，有一个细节，值得探究一二。访谈中提到旧宅中有"价值两千两之摩托车一辆"，这里的"摩托车"，不是如今习称的那种双轮机车，而是带有内燃发动机的四轮驱动的机动车，即轿车，乃吕氏自用的私家车。

清末民初时，由于"汽车"一词的英文"motor car"音译的中文为"摩托卡"，所以当时就将汽车径直称作"摩托卡"或"摩托车"，又或简称为"摩托"。这一称谓强调的是以内燃机为动力来源的机车之意。

与此同时，被称为"汽车"的机车也是有的，与"摩托卡"或"摩托车"不同的是，当时所谓"汽车"，专指以蒸汽机动力来加以驱动的机车。事实上，在内燃机车普遍应用之前，蒸汽动力的"汽车"才是主流，出现的时间可以溯至1770年，于19世纪末传入了中国。

作为远东第一大都会，十里洋场的上海滩，早在清末民初时，已然出现了这类蒸汽机车，民众也径

吕碧城自造之宅（上海静安寺路），原载《信芳集》，中华书局，1929年9月初版

直简称为"汽车"。在1909年第113期《图画日报》之上，曾刊印了一篇题为《上海社会之现象：汽车呜呜飞行之快捷》的图文，十分形象生动地展示了"汽车"初现于中国都市的情形：

　　汽车之制，始于泰西。驶行之速，为各车冠。上海初惟西人御之，近则华人之富有者，亦每喜乘此。沿途闻放汽声，呜呜作响，即知此车将到。闻者罔不引避，稍延则或虑不及。并戏仿李太白《行路难》乐府，作《新行路难》，为行人告。《新行路难》：一车辟易人百千，双轮足值价万钱。汽声呜呜向前进，按机四顾心雄然。未过泥城尘似烟，忽来马路灰扑天。若逢转弯势稍缓，

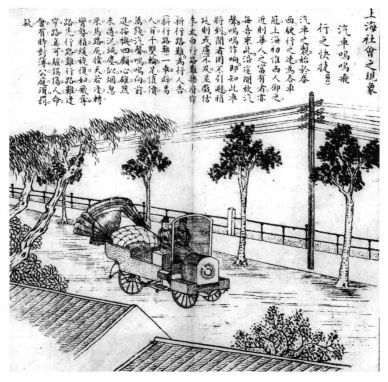

《上海社会之现象：汽车呜呜飞行之快捷》，原载《图画日报》第113期，1909年

旋复如飞夺路先。行路难，行路难，逢窄路真可骇。误伤人命会有时，对簿公庭须罚款。

　　显然，有图片展示，有文字介绍，这类以蒸汽机为动力来源的蒸汽机车，就是20世纪初上海市民所谓的"汽车"。在当时国内属非常时髦的舶来品，这样的"汽车"在动力原理方面的缺点，以及交通安全上的弊端，在上海市民大众看来，还是非常突出的。

　　与此同时，欧美各国内燃机车的研制与实验也在不断推进之中，必然影响到中国国内的交通运输及机械制造。早在1905年的《北洋官报》第598期之上，已然出现了各省制造新式机车的简讯；在同年《江西官报》第18期之上，更是刊发了上海电车机车收捐的消息。这里提到的"机车"，就是指内燃机车，也就是后来又一度被称为"摩托卡"或"摩托车"的，那种如今已被称作"汽车"的车种。

　　三年之后，在1908年8月21日出版的上海《东方杂志》（第5年第7期）之上，刊发了一篇总题为《欧洲通信》的国外见闻性质的文章，文中专列了"摩托车"一条，概述了当时国外内燃机车大为流行的情形，对国内（主要是指上海）将蒸汽机车与内燃机车一律称作"汽车"，混淆了两种机车动力来源的情况，也有一番简略的说明：

摩托车

　　摩托车不用马，不用汽，不用电线，不用轨道。日本谓之"自动车"，上海则谓之"汽车"。实则摩托利用油之冷热涨缩，与汽机不同。摩托者，机关内贮油，油一喷出，适用擦出之电火燃烧之，烧则涨，机轴上。油敛而电亦息，热度衰，则缩，缩则机轴下。油又喷出，电火又燃而涨，如是一往一还，遂成运动，故不得谓之"汽车"。

　　弟前在上海，见洋人乘摩托车，不过一二辆。及到苏（格）兰，亦不过数辆。当时上海舒君已告我，谓五年前所无，乃往伦敦时（一九零四年），稍稍兴盛，然尚无街车。及重返伦敦（一九零六年），巨大之街车，坐五十人者，已有数十辆。及冬间离伦（敦）时，已有数百。若坐一两人者，已有万辆。今闻纵横千万，满街此物矣。伦敦之街，仅如上海大马路之宽，亦有如四马路者。摩托车之飞行，横钻直冲，其无规则，较电车数倍，乃少闻撞杀人者。弟等尝谓中国人之走路，后摇前仰，带腐气；左顾右盼，带贼气。故清清楚楚之最迟笨电车，亦会踏杀人也。弟至巴黎（一九零七年），街上雇用之摩托之小船固多，而军舰亦已试造。惟现时尚不敌煤价之贱，故未广用。至于地上之车，将来火车必废，因摩托止须造路，不需设轨。若道路四通，火车惟可到一定之线路，摩托能随便走山村水郭。火车利于连续，摩托利于分行。每车

售价美金三千二百五十元之汽油车

如小舟，其使用甚便。故英国现时大店，在海口起货，即相离伦敦三五百里，多喜用摩托，不用火车。因摩托缓急皆宜，且可直达栈房，火车则停搁时候，又要往车站起卸，且摩托所行之路，不必甚好，即寻常坚土平路可矣。其实于中国旱地道路不相通处甚可采用。依弟想来，亦不甚贵于火车，或较廉焉。

上述六百余字的文章摘录，一方面是将蒸汽机车与内燃机车的动力原理深入浅出地予以了讲解——前者可称之为"汽车"，而后者则"不得谓之'汽车'"的原委，也随之迎刃而解。另一方面，又将海外英法两国开始流行乃至大力推行内燃机车的情形，通过友人忆述和本人实地考察，予以简要介绍——

发起"摩托救国"之吴稚晖先生，原载《新中华》杂志之"摩托救国专号"

吴稚晖先生题词，原载《新中华》杂志之"摩托救国专号"

介绍中自觉摒弃了当时上海通行的"汽车"称谓，专门使用了"摩托车"一词（有时简称为"摩托"），以示与蒸汽机车的区别。

此文作者署名"吴朏庵"，即后来成为国民党元老之一，能言善辩、思想前卫的吴稚晖（1865—1953）。以撰发此文为开端，其人随后大力提倡中国的所谓"摩托化"事业，坚信"摩托化"工业及其所带来的社会生活与政治经济之变革，必然能为中国未来的发展与强大奠定坚实基础。此文发表二十余年之后，吴氏还于1930年代初，一度掀起了所谓"摩托救国"运动。

吴稚晖这篇《欧洲通信》发表四年之后，随着辛亥革命的爆发，内燃机车即所谓"摩托车"，跟着革命党人，也开进了北京城。时为1912年9月23日，后来成为清史专家的孟森（1869—1938），当时还是署名"心史"的《时事新报》驻京记者，为该报撰发了一篇《京师见闻杂录》，特意提及此事：

> 黄陈等乘坐皆摩托车，护卫随员及其党徒宋教仁等，出万牲园时，摩托车七八辆络绎过后门外夹道。

文中提到的"黄陈"，指革命元勋黄兴、陈其美。在时年四十四岁的孟森眼里，黄、陈、宋等革命党人齐聚京师，商讨国策之际，所乘坐的交通工具皆为"摩托车"，这亦足以成为当时京师重地的一宗新鲜见闻。

◎女文豪学开汽车，两周即酿命案

那么，吕氏既有"私家车"，又是否雇佣有专车司机呢？以吕氏豪爽任侠、喜开风气之先的鲜明个性，是否已是百年前国内尚不多见的女司机呢？早在此次访谈三年之前，吕氏确实已有在上海自驾汽车出行的记录。简言之，吕氏确实是中国国内少有的早期汽车女司机。

然而，遗憾的是，此次自驾出行的记录竟然是"新手上路"随即造成交通命案。关于这一交通命案的报道，最早见于1923年7月17日的上海《民国日报》《时事新报》，两篇报道除标题各异之外，内容基本一致。今据《民国日报》报道原文，转录如下：

女子自驾汽车杀一命

女子吕碧城（即燕生），前日在沪西麦根路，自驾四四二四号汽车，司机不慎，撞倒孙桂记营造厂总管绍兴人童纪连。由捕将童送往医院，因伤重毙命。尸送验尸所，昨午由公廨中英官莅所，检验得童委系生前被汽车碾伤身死。据尸妻童娄氏投称："死者系我丈夫，现年五十二岁，平日耳目聪明，并无疾病，致遭死于非命，要求伸雪。"并据严馥棠投称，与死者同事，离开水门汀阶沿只一尺光景，当时未闻有喇叭声，因开车人不谙停机之法。只听得该妇叫喊之声，得回首见死者已被撞倒是实。又据汽车夫冯阿二证明吕妇开驶慢车，且捏喇叭咨照情形。讯之被告吕碧城供称"我昨日开汽车至麦根路，见死者在水门汀阶沿走下，其时我表上只开十里。我开车只两星期，事前曾捏喇叭。死者避上阶沿，岂料其回身转来，与我车迎面碰撞。我急刹车已不及避让所致"等语。经中西官得供，援笔判曰：验得已死童纪连系被汽车撞伤致死。讯据各见证供，汽车主开车未臻烂熟所致，除饬属具结领尸棺殓外，并令车主厚给抚恤，此判。

　　上述约四百字的新闻报道透露了不少历史信息。譬如，时为1923年7月15日，学习驾驶汽车仅仅两个星期的吕碧城，在沪西麦根路，自驾四四二四号汽车，因"司机不慎"，竟使一位路人当场"撞伤致死"。再者，根据吕氏供述可以推知，其学习驾驶汽车的时间为1923年7月1日前后。此外，吕氏又名燕生，似乎也少为人知，至今尚未见有研究者提及。报道中所有这些可资考索的事实，经勘验证实后，均是可以写入《吕碧城年谱》之类的基础性文献。

　　当然，也应当注意到，或因记者采写匆促，将这桩交通命案里的死者董纪连写作"童纪连"，其妻严氏写作"娄氏"，可从后续报道中勘验出来。死者及家属的姓氏均写错的情况着实少见。

　　此外，还应注意到，案发现场的两位证人，死者同事严馥棠与汽车夫冯阿二的证词，完全不同。前者证词不利于吕氏，若法庭采信可能会令吕氏罪责加重；而后者证词则与吕氏供词基本一致，法庭给出的"汽车主开车未臻烂熟所致"撞伤致死的基本判定，也是较为客观的。

　　不过，这类交通命案的善后事宜往往才是当事人最难应付的。法庭判令所言"令车主厚给抚恤"，仅仅是一句定性表述，可这"厚给抚恤"究竟"厚"到什么程度，"厚"到什么数目，都需要一方明确主张之后，法庭才有可能参与到具体的调解中。

　　一周之后，7月25日，死者家属的赔偿请求终于公布，吕碧城的这桩交通命案又再次见诸《民国日报》《时事新报》两家上海大报。前者以《女子开汽车杀人被控》为题，后者则以《吕碧城汽车肇祸之饬传》为题，两篇报道的内容基本一致，且看后者报导原文：

曾充洪宪皇帝秘书之吕碧城女士，于本月十五号薄暮时驾驶汽车出游，因司机不慎，在麦根路将营造厂经理绍兴人董纪连撞倒碾毙。业经公共公廨中西官验讯明白，以该女士开车未臻娴熟所致，着令厚给尸属抚恤等情，曾志本报。兹悉死者之妻董严氏，以其夫被害，并非自不小心，检验时已经证明确系车主司机不熟，责有攸归，且乃夫既死于非命，从此顿失依靠，何以为生？故特延律师具禀公廨，要求传讯，断令吕女士赔偿损失洋一万五千元，闻公廨已准词饬传矣。

次日，7月26日，吕碧城取保候审的讯息传来，见诸《民国日报》报端：

吕碧城汽车命案交保

吕碧城女士自开汽车出游，将绍兴人董纪连碾毙。经董妻李氏控于公廨，请求断令赔偿损失洋一万五千元，已志本报。昨晨驻廨包探真学义，访悉被告于沪西十二号，即与西探麦克纳并往，与吕女士同乘四千四百念四号汽车到案。奉谕交五千元保候讯，因沪地无亲属担保，遂与该探等同往麦加利银行，提取存款五千元缴呈公堂作保云。

据笔者查证，交了五千元保金的吕碧城，突然从公共报道的视野里消失了一段时间。至少《民国日报》《时事新报》这两家上海大报在后来的近半年时间里，没有再报道过关于吕碧城的任何动向。至于吕氏后来究竟被判处赔付死者家属多少金额，有没有达到一万五千元的数额，自然都无从查证。

笔者以为，以吕碧城当时的社会地位与社交资源而言，通过相当的努力，私下了结这桩交通命案，乃至令《民国日报》《时事新报》这样的都市大报不再刻意渲染此案，都是有可能的。与此同时，这桩交通命案对其个人的身心状况及生活方式，应当产生了相当程度的影响——原本社交活动极为频繁，社会生活颇为丰富的一代女文豪，其行踪至少半年未见诸报端，即是一证。

◎黄洱淅隐射污辱，判处罚金赔款

在周瘦鹃的访谈中，末尾称"最后女士又谈及去岁起诉两小报事"；这里提到的"去岁"，是指1925年。应当说，这样的提法是略有偏差的，因为吕碧城状告两小报的事件均是发生在1926年的上半年。这里的"去岁"二字改为"岁初"方才适宜。

1926年3月间，吕碧城首先控告的是一家书局，还不是小报报社。同年3月26日的《时事新报》刊发了一则题为《吕碧城控共和书局案展审》的简讯，原文如下：

吕碧城女士延律师在公共公廨，指控共和书局经理李春荣，登载广告，预备发行伪造原告污秽性质之书，致出版后原告蒙名誉损失等情。由廨传讯，判李交五百元保候核，昨晨又经公堂传讯，据原告代表律师上堂请求改其十四天再讯，而被告亦延罗杰律师到堂表示同意，中西官核供，会判候展期两礼拜再讯。

这篇百余字简讯记述不够详实，吕氏控告共和书局"伪造原告污秽性质之书"，是什么样的书、书名若何、著者为谁等细节信息均无介绍；至于这样的书，"致出版后原告蒙名誉损失"，如何造成这样的侵害，书的内容究竟与吕氏有何关涉，也没有任何交代。

一周之后，吕碧城又将一家报社告上了法庭。4月6日的《时事新报》《民国日报》同时刊发了这一消息，报道内容大致相同。今转录《时事新报》报道如下：

吕碧城控《美报》案昨日侦查地检厅即将提起公诉

吕碧城女士控告《美报》毁坏名誉案，昨日由地检厅传集原告于下午二时到厅侦查，由王检察官讯问，谓已决定向同级审判厅提起公诉。开审日期，另行通知。闻吕初告该报经理陆耀庭，嗣悉编辑系黄洱浙，因即由警察厅于上星期四将黄拘押，即于次日解送检厅，星期六由双轮牙刷厂经理保出云。

此次吕氏控告《美报》社，先是状告报社经理陆氏，后又直接状告报社编辑黄洱浙，想来应是编辑在刊发某篇文章时，触犯了吕氏名誉权。这一次吕氏控告某某，总算落实到了个人，"黄洱浙"这个名字浮出了水面。

当天看到《时事新报》的黄洱浙本人，也坐不住了，即刻给报社发了一通公开信。次日，这通公开信就刊发了出来：

敬启者：《美报》一案，鄙人业经委托吴文潚律师提出反诉，日贵报所载在警厅拘押一节，全非事实，请即赐予更正为荷。黄洱浙，四月六日。

显然，黄氏对吕碧城的指控并不服气，也没有坐以待审，还委托了律师，要"提起反诉"。且对《时事新报》报道中言及其人已被拘押一节，颇感不快，要求报社即刻更正。

九天之后，吕碧城控告《美报》案开庭审理，原告被告双方当庭开展了辩论。次日，4月17日的《时事新报》《民国日报》同时刊发了庭审辩论的大致情况，报道内容也基本一致。今以《时事新报》报道为底本，转录如下：

吕碧城控诉《美报》案辩论终结

吕碧城诉《美报》编辑黄洱渐，登载秽亵文字，破坏名誉一案，曾奉上海地检厅以公然侮罪提起公诉。昨午后二时，奉审厅推事官李汉，会同检察官王应杰，特开第一法庭审理。当据原告供年三十二岁，原籍安徽，前在天津女子师范学校为校长，现在无事，住居上海美界同孚路八号。去年十二月廿三，《美报》第一期登有"黄帝"署名之《孝姑救祖记》一则，内有木子为姓，住居大沽威海卫之间，中嵌有偏城二字，文字秽亵，且有人畜相交一段。我阅见后，以名誉攸关，缄默不言。不料下期别报如《开心报》等，又根据《美报》报载，群相侮辱，木子偏城，显系影射，而威海卫路适对同孚路，"黄帝"亦为被告化名，因此起诉请究。被告供年廿三岁，杭县人，现住小西门外双轮牙刷厂，在《美报》为编辑。该报于去年十二月廿三日出版，共出七八期，"我与原告在新闻学会成立时认识，并无仇隙，所有《孝姑救祖记》一则，非我所作，系属来稿，且为小说性质，故而登载"等语，并延律师辩护。问官当以此种秽亵文字，即使为小说性质，亦不宜刊登，故向被告大加申斥，遂谕宣告辩论终结，听候宣判。

可以说，在此次庭审辩论终结之时，吕碧城控诉《美报》案的来龙去脉也才基本呈现出来。案情大致是这样的：《美报》编辑黄洱浙以"黄帝"的笔名，撰发了一篇题为《孝姑救祖记》的文章，有秽亵的文字内容，影射侮辱了吕碧城。吕氏原本并未起追究之意，可别的报纸如《开心报》等，"又根据《美报》报载，群相侮辱"，因此不得不加以控诉，要求法庭惩办这一"登载秽亵文字，破坏名誉"的案件。

黄洱浙的辩诉也很简单明了，归结起来无非两点，一是不承认《孝姑救祖记》为自己的创作，称其为外界来稿；二是此文乃"小说性质，故而登载"。庭审官员的意见也很明确，根本没有去考证此文究竟是谁的作品，只是强调"此种秽亵文字，即使为小说性质，亦不宜刊登"，"故向被告大加申斥"；显然，吕氏终可胜诉，黄氏败诉担责。

不过，在庭审结果未有公布之前，吕碧城却对庭审的报道感到不甚满意。为此，特意给《时事新报》报社写了一通公开信，明确请求将此信即刻刊发出来，以正视听。那么，吕氏究竟有何不满之处呢？不妨捧读次日（4月18日）见报的这通信件：

昨日贵报所纪鄙人控美报案，事实未尽符合。至谓黄洱浙供，"我与吕碧城在新闻学会成立时始认识"云云，实为谬误。鄙人从不认识黄洱浙其人。去秋新闻学会请鄙人演说，固辞不获，勉为一往。演说时会场人众皆得见鄙人之面，然不得谓为与鄙人认识。其后该会偕散宅开会，黄洱浙首先到会投刺谒鄙人，当时鄙人辞以病，未予接见。黄洱浙乃以侮辱之词，登载《美报》，此其缘由，见诸检察厅之提起公诉书。直至昨日在审判厅始识其面。至贵报所纪谓其始鄙人见侮辱文字，缄默不言云云，亦非事实。当查见之始，鄙人即将该报函寄警厅，嗣得复函，谓须正式起诉。惟当时不欲涉讼，故而搁置。迨《开心报》共和书局效尤侮辱，方实行起诉。虽共和书局经理李春荣，经公廨判处徒刑，《开心报》编辑平襟亚[①]逃匿，现在缉拿之列。而追溯作俑，实由《美报》，其编辑人等尚逍遥法外。故最后乃控诉及之也。务祈将此函登入贵报来函栏为荷。吕碧城启，四月十七日。[②]

这一通三百余字的公开信解答了此案的一个重要疑问，即黄洱浙为什么要以秽亵文字来影射侮辱吕碧城。若果真与其辩诉中所称，"与原告在新闻学会成立时认识，并无仇隙"，黄洱浙这样做又究竟是为了什么？吕氏这通公开信要讲的主要内容，就是公开披露黄氏的"作案"动机。

首先，否认了二人相识之说。吕氏称"去秋新闻学会请鄙人演说"，会场上所有人（包括黄洱浙）都曾见到过她，但不能因此就说会场上所有人都认识她。这一解释当然是合情合理的。作为公众人物，作为一代女杰，出席任何一次公共活动，都会有相当数量的各界人士追随而来，这些人可以自称认识吕氏，但吕氏自然不会都认识这些追随者。

据查证，吕氏所称"去秋新闻学会请鄙人演说"之事，实指1925年10月2日下午3时，在三马路中西女学召开的新闻学会成立大会上，公推吕碧城为主席，并请其发表演说之事。此事次日即见诸《民国日报》《时事新报》报道，当时黄洱浙可能为听众之一，只不过身份普通，未能列名席上。

---

① 平襟亚（1892—1978），名衡，笔名网蛛生、襟亚（霞）阁主人、秋翁等，江苏常熟人，活跃于沪上文坛的报刊作家、小说家、书商、出版人，著名言情小说作家琼瑶之夫平鑫涛的叔叔。
② 此通信札内容，未曾辑入《吕碧城集》，及后世编印的诸如《吕碧城文集》之类的吕氏文集。

　　吕氏信中所称，"其后该会偕敝宅开会，黄洱浙首先到会投刺谒鄙人"，这次黄氏的主动结交之举，如果吕氏应承，那才可以算作二人结识之始，才基本可以算作二人"认识"了。遗憾的是，当时吕氏"辞以病，未予接见"，故而二人未能就此结识。据吕氏推断，正是此次吕氏辞谢不见的举动，令黄氏怀恨在心，于是"乃以侮辱之词，登载《美报》"。这样的推断是正式写进了"检察厅之提起公诉书"的。

　　那么，黄氏初次访晤吕氏的确切时间，即新闻学会假吕宅开会的时间，究竟又是何时呢？笔者逐一翻检同时期沪上诸报，终于发现，1925年12月8日下午四时左右，应当即是黄氏初次访晤吕氏的时间。次日（12月9日）的《时事新报》之报道，摘录如下：

新闻学会欢迎张继英

　　昨午四时，本埠新闻学会假吕碧城寓所开茶话会。到者黄翠英、黄洱浙、陈存仁、周白棣、程本海、宋哲夫、钱化佛等，由黄警顽、翁国勳招待。

　　原来，这是一次欢迎毕业于美国密苏里新闻学院的著名女记者张继英的茶话会，新闻学会选定在吕碧城寓所举办此次会议。那一天，在到会者名单里，不但出现了黄洱浙的名字，而且名列前茅，应当是较早到会者。吕氏所称"其后该会偕敝宅开会，黄洱浙首先到会投刺谒鄙人"，至此得以证实。

　　联系到庭审辩论中，黄洱浙自称《美报》"于去年（1925）十二月廿三日出版"，可知，在初访吕氏不遇两周之后，黄氏"乃以侮辱之词，登载《美报》"，对吕氏予以了隐射污蔑，实施了报复行动。

对于报载吕氏初见《美报》"侮辱文字","缄默不言"的说法，吕氏在信中也予以了否认。吕氏称："当查见之始，鄙人即将该报函寄警厅，嗣得复函，谓须正式起诉。惟当时不欲涉讼，故而搁置。"因为暂时搁置，竟又受到了"《开心报》共和书局效尤侮辱"，"方实行起诉"。这样的解释，又牵扯出本章前述那一桩吕氏控告共和书局的事件来。至此，共和书局的《开心报》编辑平襟亚，也有撰发文稿影射侮辱吕氏之举，同样也被控告的事件，也随之曝光。只不过因平氏早已逃匿，仍在缉拿之中，故还没有开庭审判。

且说庭审辩论一周之后，4月23日，判决结果公布了出来。《民国日报》《时事新报》之报道，仍然同步跟进：

吕碧城控美报案判决黄洱渐罚洋八十元

吕碧城诉美报馆编辑黄洱渐登载《孝姑救祖记》秽亵文字，破坏名誉，曾奉上海地审厅辩论终结。昨奉李推事官，会同王检察官开庭，饬传黄案宣判，以其不应登载秽亵文字，侮辱他人，着处罚金八十元以儆，判毕，谕令交保候示。

对黄洱渐处以罚金八十元的判决，标志着这场侵害名誉权的官司，吕氏胜诉，维权成功。不过，罚金数额太低，恐怕也起不到惩戒作用，这样的情形也未能达到吕氏的心理预期，为此复又上诉。约一个月之后，5月22日，再次开庭审理的判决也终于公布了出来，《民国日报》的相关报道如下：

吕碧城请偿损失判决

吕碧城控美报馆编辑黄洱渐登载秽亵文字之《孝姑救祖记》，损害伊之名誉，曾由上海地方厅判处黄洱渐罚金八十元在案，但黄洱渐破坏彼此之名誉，致妨有五年职业损失，要求地审厅判令黄洱渐赔偿损失等情，当经该厅传集两造审理，认为辩论终结。于昨宣判黄洱渐赔偿吕碧城损失洋七百元，吕碧城其余之请求驳斥。

罚金八十元，额外追加赔偿金七百元——这样的判决应当算是勉强达到了吕碧城的预期效果。为何说是"勉强"，因报道末尾尚有"吕碧城其余之请求驳斥"云云，这就表明吕氏还有不少别的追责请求并未达成。

当然，这一罚二赔共计七百八十元的金额，全部判决由黄洱渐个人支付，已然令其付出了极其高昂的代价。这一代价如何高昂，不妨就以鲁迅（1881—1936）在此案发生前两年，在北京所购四合院的房价为例。

据《鲁迅日记》[①]载，1924年5月，鲁迅在北京阜成门内西三条胡同，择定一处四合院（现北京鲁迅博物馆），花费银圆八百元买了下来。这座四合院有三间南房，三间正房，东西各一间小厢房，正房后面还有一口井、几棵树、一片小花园。

由此可见，为发泄一己私愤，逞一时口舌之快，以舞文弄墨、隐射攻击他

---

① 详参：《鲁迅日记》，人民文学出版社，1976年。

人为能事的这位小报编辑，竟因这场官司输掉了当时在北京几乎能买下一座四合院的钱财，真是聪明反被聪明误，想侮辱别人却反倒害惨了自己。试想，当时还借宿在牙膏厂宿舍的一位籍籍无名的小"文青"，何曾受过这样的打击，又何尝承受得了这样的打击？

在周瘦鹃与吕碧城的访谈行将结束之际，吕氏曾提及控告两小报的官司虽然获胜，可是"顾以两被告在逃，迄未弋获"，这"两被告"之一，应当就是这黄洱浙。黄氏虽然不像另一位被告平襟亚那样，一开始就逃至外地隐匿起来，可当这罚赔共计七百八十元的判决书递至，恐怕也确实拿不出那么多钱来支付，不得不一走了之。

事实上，仅凭笔者所见，"黄洱浙"之名在这场官司之后，再未见诸沪上报刊，其人就此隐匿无踪。到了1940年代初，专为自修学生创办的上海《自修》杂志，长期连载一组署名为"耳析"，题为《人物谈荟》的文章，内容为当代人物述评。这位署名"耳析"的作者究竟是不是黄洱浙，还有待进一步考证。

◎平襟亚借"名"出"名"，因讼成名还做律师

至于通缉在逃的另一位小报编辑平襟亚，则一直隐匿于苏州，化名为"沈亚公"，仍然要靠化名写稿，赚取稿费过活。周瘦鹃与吕碧城访谈之后不久，吕氏再度远赴欧美漫游，前后长达九年之久。与平襟亚的官司，自然搁置起来，不了了之。

实际上，早在1926年4月9日，吕氏状告共和书局案判决之时，平襟亚即已潜逃而去。次日的上海《民国日报》上，是有明确报道的：

发售《百大秘密》案判决

吕碧城女士控共和书局，及《开心报》发售《百大秘密》，登载广告预约，捏词毁谤，由公共公廨于昨日上午传讯，该局经理李春荣，延聘律师到堂，声述书中并无"吕碧城"字样。李自称时适往宁波，不知书中内容，有信为证，并谓该书已停印，已预订者退款云。原告萨实德律师，起而辩论，英领马丁君与正会审官关炯之君，判令李春荣押一月以儆。《开心报》主笔平襟亚在逃，俟到案再审。

《百大秘密》

显然，平襟亚意识到了这桩官司的严重性，在开庭宣判之前，极有预见性地潜逃了。试想，声称自己毫不知情的共和书局老板李春荣，尚且被判关押一个月之久，在《开心报》上刊布文章，并将之辑入《百大秘密》一书出版发售的平氏，恐怕更脱不了干系，罚金或拘押都是无可避免的。

据笔者查证，《开心报》发售《百大秘密》一书，"登载广告预约"之处，还并不仅限于《开心报》自家。从1926年3月间，《苏州明报》上一直在轮番刊发该书广告。至于广告的文本内容，前后有三种版本，个个不同，却能看出卖力推销的劲头。先是重点放在"买二部送一部"的酬宾活动，接着是"图画四百余幅、名著有二百多篇"的书籍内容鼓吹，再接下来则是"宣布上海滩上最近的大秘密！电影明星风流艳史，漂亮妓女艳史！"之类的推介低俗、招徕市井的促销噱头。显然，苏州乃是除了上海之外，《开心报》与《百大秘密》的重要发售区域。换句话说，苏州也是平襟亚相当熟悉的又一重要活动区域。

据说，潜逃并隐匿于苏州期间的平襟亚奋发创作，写成了一部长篇小说《人海潮》。此书依旧以"揭破上海社会百大秘密"为主旨，继续以此为促销噱头来招徕读者。1927年5月间，此书在上海《时事新报》所刊广告，用语更为露骨，"百大秘密"四字赫然在目，仿佛仍是一块招徕新老读者的"金字招牌"。

或许，平氏正是凭借这样一部《人海潮》再度崛起于海上文坛，一度成为炙手可热的小说家；后来创办中央书店，成为经营有方的出版人。

不过，重新崭露头角于海上文坛之后不久，其人随即故态复萌，竟又撰文隐射陆小曼，又被徐志摩告上了法庭。至于后来创办《万象》杂志时，又与当时已经声名鹊起，为《万象》供稿的张爱玲，故意发生了一点摩擦。平氏以张爱玲多领了一千元稿费为由，亲自撰发了《一千元的灰钿》一文，年仅二十三岁的张爱玲不得不为之写信辩解，这一来二去的各说各话，一时也是闹得沸沸扬扬，引来各界议论纷纷。

通过这些后续事件来综合考量，平襟亚攻击吕碧城、陆小曼、张爱玲等人，与黄洱淅仅为泄一己私愤，行隐射报复之举，应当有着本质的区别。平氏所为有着明确的炒作动机。平氏所为就是要借"名"出"名"，借"力"打"力"，借"势"造"势"，就是要凭借着攻击他人的名誉，乘机打造出自己的名气来。

言及于此，不由得又令人联想到，即便避讼苏州，平氏也未就此有所收敛，仍在当地文人圈子里左右撺掇，竟还挑起了一桩知名作家包天笑控告《福尔摩斯》三日刊编辑吴微雨的官司来。这桩官司的来龙去脉曾见载于1927年8月15日的《苏州明报》之上，在被吕碧城控告通缉之后，"平襟亚"之名再度出现于苏沪地区的大报。此时距《时事新报》刊载吕碧城公开信，提到"平襟亚逃匿，现在缉拿之列"云云，已经过去了整整十六个月。或许，这也预示着吕氏出游国外之后，风声不再那么紧促，平氏即将重返海上文坛及出版界。

更有意思的是，早年以编印《中国恶讼师》而文名初显，就此奠定作家兼出版人身份的平襟亚，后来还真的在法律专业方面有所深造，甚至摇身一变，一度成为"平衡（襟亚）律师"。1933年6月15日，《时事新报》刊发了一则篇幅不大，不甚引人注目，但明眼人一看便感惊奇的简讯：

《平襟亚律师宴客》，原载《时事新报》，1926 年 6 月 23 日

平衡执行律师业务

平襟亚君著《人海潮》说部，及《刀笔菁华》等书，名重艺林，后忽专攻法学，三易寒暑，未尝稍间。今春毕业，乃向司法部领到律师证书，执行诉讼业务。事务所在四马路世界里内，闻本月十九日在一家春宴客云。

一周之后，《时事新报》又刊发了一篇题为《平襟亚律师宴客》的简讯。在这一次报道时，还特意附印了一张平氏近照。

◎余韵：吕碧城从瑞士归国，平襟亚涉讼往事重提

就在平襟亚开始攻读法学的那一年，1930年，吕碧城在瑞士日内瓦皈依三宝，正式成为佛教徒，法名智曼。说来也巧，也正是在平襟亚成为律师的这

瑞士之吕碧城，原载《吕碧城集》

一年，1933年，年过半百的吕碧城终于从瑞士归国。

此时的吕氏，以一位女性佛教徒的面目，大力提倡戒杀与护生，在成立保护动物组织及相关活动方面，可谓不遗余力，令世人瞩目。而平襟亚已是有执业资格的律师，还经营着自创的一家中央书店，也算是沪上公共文化圈里的一介名流了。无论从心性志趣还是社交圈层来看，二人几无交集，更无交锋，这一桩七年前的旧讼案，恐怕也就此烟消

云散，少为人知了。

然而，偏偏还是会有人记得这桩旧案。1936年8月19日，《南京晚报》刊发一篇总题为《杂写吕碧城》的文章，其中就再度提到吕、平二人的旧讼案，这或许是二人返沪之后，在公共文化场域里有人首度重提此事：

女诗人吕碧城……又蓄一犬，为某西人之摩托卡辗伤，碧城乃令右尼干律师致函某西人，并送伤犬入戈登路兽医院，及愈，交涉始罢。其时平襟亚办《开心报》，有"李红郊与犬"一段文字。碧城认为隐射侮辱，控之于会审令廨，襟亚遁至吴门，易其姓名为沈亚公，以避其锋。碧城征求襟亚照片，欲登报踹缉，不可得，乃声言如有人能以平址见告因而缉获者，当以西太后御笔绘画一幅以为酬。事后，襟亚成《百大秘密》一书，转载原文而加以涉讼始末，碧城以一之为甚，不再多事纠纷矣。

不到一个月之后，1936年9月4日，上海《铁报》又刊发了一篇题为《吕碧城在香港倡导戒杀论》的文章，文中同样提到了这桩旧讼案。文字内容与《南京晚报》所载几乎完全一致，唯将平襟亚写成"李红郊与犬"一段文字来隐射吕氏之事，改为"衍成《李红郊与犬》一文"的说法。也就是说，前者以为只是某篇文章中的某一段文字涉嫌隐射，而后者则认为是一篇专文来予以隐射。

因为《开心报》在上海创刊未久即因讼停刊，《百大秘密》一书也流失散佚。要想获见这篇令吕碧城怒不可遏、愤而控告的"奇文"，恐怕还得假以时日。

吕碧城女士及其作品（时在瑞士），原载上海《申报》之"女界闻人"专刊

不过，以"李红郊"隐射"吕碧城"，确是可以成立的。"李"与"吕"发音相近，"红"则对"碧"，"郊"又对"城"，确实可以看出逐字对应的隐射关系。

徐卓呆：主持声讨贺年片

◎那一个鼠年新年，众星云集声讨贺年片

1924年的春节，乃是阳历2月5日。过了这个春节，这一年即是阴历甲子年，也就是鼠年。虽然当时流行过阳历新年，不过，在这一年元旦的上海《时事新报》版面上，"青光"副刊推出的"新年号"，还是以两只巨大的、一黑一白的老鼠爬上水仙花的图案为装饰，烘托鼠年的新年氛围。

当时的"青光"副刊主编为滑稽小说大师徐卓呆（1880—1961）。他是江苏吴县人，名傅霖，号筑岩，别号半梅（槑），别署阿呆、闸北徐公、半老徐爷、李阿毛等。徐氏既是通俗小说家，也是电影理论家、剧作家，被时人誉为"文坛笑匠"和"东方卓别林"。

多才多艺、创意灵活的徐卓呆，为了编好这一期"新年号"，也是煞费苦心。早就提前向数十位活跃在沪上各界的文坛友朋发出了邀请，请他们谈一谈新年感想。此举看似司空见惯，但徐主编希望做出一点新鲜活泼的创意。

原来，徐氏从当时颇为流行的阳历新年互送贺年片的风气着眼，要在"朋

戴望舒

友圈"里谈一谈对贺年片的看法与观点。应当说，以贺年片为主题的新年话题，在整整一百年前的中国各地报刊上并不多见，对于刚开始流行新年互送贺年片的时尚前沿都市上海而言，也属首次。可以想象得到，当年收到徐主编"群发"的这一讨论话题的诸位友人，恐怕颇有些猝不及防之感。

那些曾依惯例，泛泛而言一年生活，侃侃而谈新年愿望的撰稿人，面对这一话题，不得不拿出自己的真实想法与观点来，对贺年片这一事物乃至贺年风尚等展开专题评述。不难想象，这样的新年感言还是颇有看点的。

◎十九岁的戴望舒：最讨厌发送贺年片

按收稿时间顺序排版的来稿中，"姗姗来迟"的第十四位撰稿人，乃是后来成大名鼎鼎的"雨巷诗人"戴望舒（1905—1950），那会儿用笔名"梦鸥"供稿。

十九岁的小戴，对贺年片乃至年礼的看法，以及新年感想等等，皆信笔写来，行文平实而真切，是诗人难得一见的"写实"作品，更见其个人性情的真实一面。

值得一提的是，仅据笔者所见，这一篇"新年感言"未曾辑入《戴望舒全集》及其他戴氏文集、选集，可称佚文：

其十四

梦　鸥

这篇对于新年的感想：不是对于世界的新年的感想；不是对于中国的新年的感想；不是对于社会的新年的感想；只是我自身对于新年的感想罢。

我现在在上海，离开了我那美丽的西湖，要好的朋友，欢乐的家庭。照表面上看来，我是一个异乡之客，一个孤寂的人，一定是很烦闷，很不乐，对于这新年，大家都快快乐乐的团聚着欢聚着。

然而我实际上却感到很快活，很适意，因为有许多烦恼的不乐的事，都可以乘此不理：发贺年片，这是一件最讨厌的事。在家里时大家将贺年片寄来，要是不回，他们一定要大不乐，或者是因此而发生意见。偏偏我的朋友又是多，买贺年片，要耗我的钱，失寄一个又要惹气。一到上海：这些事都装做不

戴望舒 1924 年新年感言

知，轻轻的被我逃过了。这是我对于新年快乐的感想之一。

年礼，朋友们亲戚们在新年中，不免到送点年礼，现在我也逃过了，这是我对于新年快乐的感想之二。

朋友的来往，新年中许多的朋友——常来的和不常来的——到新年中都要到我家里来，几乎使我应接不暇。有些呢，果然很喜见他和他谈话，有些呢，实在是惹厌，更加我的烦闷。到上海后，虽然有许多喜见他的朋友不能见到，但是惹厌的那些、惹烦闷的那些，都可免见了。这是我对于新年快乐的感想之三。

……这是我对于新年快乐的感想之四。说不尽的快感。都涌上我心头，不禁使我大笑了。

那会儿，戴望舒还没有写出《雨巷》之类的名篇，还不是什么著名诗人。不过，少年戴望舒早已与现代文学结缘，十七岁即开始写小说与散文，在故乡杭州时已与施蛰存、马鹃魂、张天翼、叶秋源、李伊凉等组建了文学社团——兰社。

无论是倾心于文学创作的一己小天地，还是与志趣相投的文友交游切磋，少年戴望舒都乐此不疲。因此，在离杭赴沪期间，他不免有些孤独与落寞，所以在其新年感言中首先提到。

接下来，少年笔锋一转，又说起了身在异地的好处。原来，虽说独在异乡为异客，难免思乡情切，却也省却了不少人际应酬上的烦恼。过新年时必得发送贺年片的风尚，昔日身在杭州的戴氏认为乃是"一件最讨厌的事"。此时身在上海，戴氏自言"这些事都装做不知，轻轻的被我逃过了"，还为此颇感庆幸的声称，"这是我对于新年快乐的感想之一"。看来，不必再发送贺年片，倒成了他新年里来得最早、最感身心放松的快乐了。

捎带着惯常不免要送的年礼，以及应接不暇的人际应酬等，此刻身在上海的戴氏，都可以在这新年到来之际"幸免"了，真是"说不尽的快感"。至于那"有许多喜见他的朋友不能见到"的些许遗憾，竟在这一期"青光新年号"上，也可以有所弥补了。

施蛰存，原载《文艺春秋》杂志第 4 卷第 4 期

这不，居于小戴前边的，列于版面首位的马鹃魂来稿，以及紧随其后的列于版面第十五位的署名为"青苹"（施蛰存）的来稿；还有那列于版面第六位，稍后加入兰社的苏州人黄转陶的来稿，都是兰社中人的新年感言，仿佛来了一场兰社会员的纸上雅集、新年笔会一般。这样的"新年快乐"更是另一番"说不尽的快感"。

◎十九岁施蛰存：新年感到迷惘

值得注意的是，与戴望舒同龄，时年同为十九岁的施蛰存（1905—2003），当时正在上海大学就读，也给"青光新年号"写了一篇"新年感言"。这位后来被视作"新感觉派"代表人物，又被誉为中国现代小说的奠基人之一的新派作家，与此时的戴望舒境况相似，还没有写出什么足以震动文坛的名篇大作，笔下却又别具少年人的清新灵动。

施氏这一篇"新年感言"属于其早年难得一见的作品，对于一个世纪之后的读者与研究者而言，不应轻易错过：

其十五

青 蘋

我得着徐卓呆先生给我的一封信，在这信上他要我一篇文字，题目是《对于新年感想》。回到了我的家乡——松江，虽然我们松江并不是一个很偏僻的村镇，在历史上他也可算江南第一所大城。但我却非常奇怪，何以在距离新年不远的这两天，我们那大城里还一些也看不出将有新年来了呢？于是我想着或许徐卓呆先生记错了时日，不要距离新年还有几个月罢。

回到了上海，立刻使我迷惘了自己。每一条马路，每一家店铺的厨（橱）里，都满满的装着簇新的货物，尤其是糖果店、书店、洋货店，他们的巨大的厨里都装满了许多美丽的圣诞礼物，新年礼物。

每一个小孩子，牵着他的父亲或母亲的衣裳，到市上来，他们一看见玩具店里挂着的许多慈祥的圣诞老人，和花花绿绿的圣诞卡片，或是看见了糖果店里陈设着的袜糖，他们没有一个不快活着笑着说："哈！有趣味的新年将要来了！"

究竟新年是否将要来了？何以在我们内地的大城市中一些也感觉不到呢？这两个问题盘旋着在脑中，迷惘了我自己。

我将这问题问我的朋友，请他解决。他笑着道："这种是不成问题的。因为你们家乡是在内地所以不容易感觉到新历新年的景象，这种新年内地人是很少很少愿意享受的。"

于是我有了这一篇文字：《对于新年之感想》了。原来"这新年只有上海能感觉到的"。"这种新年内地人是很少愿意享受的"。

事实上，当年的松江县，如今早已划为上海市松江区，位于上海市西南部，历史文化悠久，有着"上海之根"的称誉。松江位于黄浦江上游，东与闵行区、奉贤区为邻，南、西南与金山区交界，西、北与青浦区接壤，业已成为繁华时尚之都上海的重要组成部分。

原籍浙江杭州的施蛰存，八岁时随家迁居时属江苏省辖的松江县，至十七岁时，仍视松江县为家乡。当时的松江县因区域所限，经济与文化发展尚不能与上海市区同步，故而少年施氏有了上述的新年迷惘。

应当说，当时国内各大都市的主城区与郊区发展不均衡，沿海城市与内地城市经济发展模式区别鲜明，城乡、市县之间经济总量落差巨大，以及在此基础之上的文化差异，是少年施蛰存的迷惘根源所在。

◎四十岁王西神：甲子年并不太平

当然，新年是大家的新年，"青光新年号"自然是各个年龄、阶层、领域的代表性人物均有参与才好。在这一期"青光新年号"之上，不单单只有十九岁的戴望舒与施蛰存那样的年轻人的快感与迷惘，还应当有一些已经崭露于海上文坛的中青年作家、记者、报人参与进来，为之增添更多的成色与看点。对此，主编徐卓呆早有筹划。

赵苕狂先生，原载《小说世界》第 7 卷第 11
期，1924 年 9 月 12 日

两个整版的"青光新年号"除了当时尚名不见经传的戴望舒等人的青春独白外，更有当时活跃于沪上各报刊的小说名家范烟桥（1894—1967）、赵苕狂（1892—?）、沈禹钟（1898—1972）、江红蕉（1898—1972）等人，还有剧作家汪仲贤（1888—1937）、谷剑尘（1897—1976）等人，以及包括主编徐卓呆、王西神（1884—1942）在内的众多资深撰稿人，均有文字发表。可以说，除了戴、

沈禹钟君，原载《红玫瑰》杂志第 2 卷第
41 期，1926 年 8 月 5 日

半月之良友：江红蕉、包天笑、王钝根肖像，
原载上海《半月》杂志第 2 卷第 1 期，1922
年 9 月 6 日

施那一辈20世纪的"00后"之外，更多的撰稿人乃是19世纪的"80后"与"90后"。

著名学者钱钟书的堂舅父，无锡人王西神，在专刊两个版面共计二十位撰稿人中，年纪较长，时年也不过刚刚四十岁而已。王氏原名蕴章，字莼农，南社社员，诗文书法皆颇有造诣。早在清宣统二年（1910），《小说月报》创刊，即出任首任主编。因其非常重视并善于解决期刊作者的稿酬待遇问题，一时来稿大增，声名远扬，其他报刊纷纷效仿，王氏也被视作沪上报人群体中的元老级人物。兼之其人喜诗书，擅书法，作品也常常见诸报端。

王氏为"青光新年号"所撰"新年感言"，没有少年撰稿人的快感与迷惘，也没有中青年撰稿人的熟络与幽默，而是流露出一位元老级报人对时局走向与国家命运的深沉忧思。在"莫谈国事，只谈风月"的信条之下，这位正值不惑之年的报界元老，却偏偏要在一篇新年感言里，只谈国事，感时忧国：

年年有新年，新年并没有甚么可以感想之处；不过今年的新年，因着是六十花甲一周的第一年，干支恰恰遇着"甲子"两字，社会上的迷信，多说甲子年应当天下太平，所以对于今年的甲子年，似乎抱着无限的希望。

王西神先生，原载《正风文学院庚午级毕业纪念刊》，1930 年印制

紧接着，王氏历数晚清以来的政治

腐朽与民生艰难，强调迷信时运无法救国。在治国无方的政府统领之下，对于普通百姓而言，每一年都是灾年，并无什么太平盛世可言。无论是亡国未远的晚清朝廷，还是此刻执政的北洋当局，王氏认为皆是治国无方、祸害百姓的政府。这一篇"新年感言"，读来令人颇感沉重，并无什么预祝新年如意的客套话，触目皆是忧愤沉痛的字词。篇末连发两个反问：

再从干支说来："子"字是地支的第一字，从民国的壬子年，到现在十二年中间，有甚么一件事，可以安慰自己？现在又是甲子年了——这一个"子"比较前一个"子"，不知道怎么样？

◎三十岁范烟桥：还得忙着发寄贺年片

较王氏小十岁，时年三十岁的范烟桥，乃鸳鸯蝴蝶派主将之一，当时已是活跃于沪上文坛的知名作家、报人。范氏所撰"新年感言"，较之王氏，既有某种默契，又别是一番况味。

范烟桥，1920 年代存照

首先，范氏从辛亥革命以来推行阳历新年以替代阴历春节的历程入手，简述了政府当局对这一"革新"推行并不彻底，民众并不认可的尴尬状况。范氏本人，对这种无法从根本上实现除旧布新，上无良策、下无良法的国家局势，颇感不快；对治国无方的北洋政府，深表失望，并明确表示了新年并不快乐的

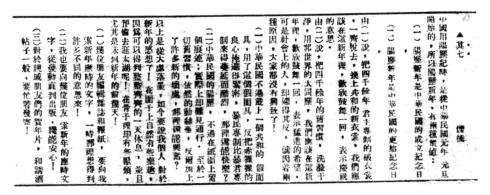

范烟桥 1924 年新年感言

情绪。

之所以有这新年并不快乐的情绪，范氏归结为两点：

（一）中华民国不过戴上一个共和的假面具，用了这个假面具，反把赤裸裸的良心掩遮得紧密，那里还能快乐？

（二）中华民国的阳历，不过在纸面上留个痕迹；实际上却难见通行。至于一切旧习惯，依然的未动丝毫，反尔加上了许多新的坏处，那里还能兴奋？

不过，毕竟是活跃于沪上文坛的知名作家，范氏很快就从消极情绪中抽拔出来，应答徐卓呆的"命题作文"了：

以上是从大处落墨，如今要说我个人对于新年的感想了！在面子上自然有些乐趣，因为可以得到整整齐齐的一天休息，并且预备去逛太湖呢！在骨子里却有些厌烦，尤其是未到新年的前几天！

　　为什么在得到一天假期的乐趣之后，又在新年将至之际，"却有此厌烦"了呢？范氏又归结出了三点"厌烦"之源头，一是欠了好几家报刊编辑的新年"文债"，都是让其写一写新年感言的；二是自己作为报刊编辑，还要向别的作者朋友约稿，反过来从欠着"文债"的又变作了催着"文债"的；第三点即是贺年片问题了，范氏明言自己在这一问题上未能免俗：

　　对于亲戚朋友们的贺年片，和请酒帖子一般，要忙着发寄！

◎四十四岁徐卓呆：贺年片得罪人，取消贺年片！

　　话说1924年新年之际，范氏是既"欠债"又"催债"的主儿，可"青光新年号"主编徐卓呆的活儿，是要圆满完工了。眼瞅着来稿已齐整够用了，徐大主编写出了自己的"新年感言"，依序排在了两个版面的倒数第二位：

其二十四

卓　呆

　　我很怕过新年！其实怕的不是新年，怕的是发那贺年片。每逢过新年时，总要发这么一二百张贺年片。那时节，要想得周到严密，万一漏去了几个朋友，又恐怕他们要生气；不过一时总有失漏，那里会个个想到呢？就是已经发寄的，也保不定邮送时不会中途失去啊！所以不用贺年片则已，用起来反容易得罪人！

　　我在每年用那贺年片，笑话也闹过不少：民国元年，我寄一张贺年片给友人潘某，上面画一只老鼠，蹲在一只箱子上，这一年也是子年，所以属鼠；不料潘某大怒，他说：常言道：老鼠躲在书箱里，是"吃本"之意，今年生意一定不好了！

去年我一时因所印的贺年片不够，便向我家的孩子要了几张，我也没细看，就此寄出去了！后来才晓得：那寄的几张，都是对女人用的，不是笑话么？

我为着贺年片，往往对不起人，所以今年索性取消不用了，亲友们原谅罢！

徐卓呆先生，原载《小说世界》第7卷第8期，1924年8月3日

平日我一想到新年，就会联想及那担心的贺年片，如今取消了贺年片，真宛如心头去了一重压迫，可以很快乐的过新年了！

此篇约四百字的"新年感言"完全是围绕贺年片这一问题展开的，可见徐氏对这一问题确实长期纠结，也确有深刻感触。也正是因为始终为之牵绊受累，每年都要为之闹出点笑话或闲话来，干脆一不做二不休，就在1924年新年之际，公开声明取消贺年片。

◎从贺年帖到贺年片

由徐卓呆主编的这一期"青光新年号"，在整整一百年前的那个鼠年新年将至之际，将新年互送贺年片的风尚视作一个社会热点话题发起了一场大讨论。当然，讨论中的意见五花八门，感想各式各样，最终不可能有什么统一结论的。

贺岁拜年是中国自古以来在春节期间的一项重要礼俗活动。据考，自宋代开始，投送贺年名帖的风尚便开始流行。这种贺年名帖是由祝贺人在自己的名帖（类似于如今的名片）上，亲笔书写亲友同僚姓名或字号，并附有一些节日祝福语和贺辞，再将此名帖送至亲友同僚家中。明代以后，贺年名帖亦简称贺年帖；过年互赠贺年帖，已成为民间的一种习俗。到晚清时期，又有商家在春节前夕用红色的硬纸制作贺年帖，帖上直接印有各类吉祥祝语，装帧精美。祝贺者只需在贺年帖上填写亲友同僚的姓名并落款即可，既美观，又便捷。

值得注意的是，中国贺岁习惯是阴历春节，而西洋各国贺年则是阳历元旦。从每年圣诞节（12月25日）开始，至阳历新年之际，西洋各国流行互送贺年片。晚清时期，引进或仿照西洋工艺印制的贺年帖，虽样式已非常接近或几乎等同于西式贺年片，因为仍用于阴历春节期间的贺岁活动，还并不是西方意义上的贺年片。

晚清官员集体贺年片，将圣诞节、元旦与春节之贺词合并，为新式时尚

贺年片本是舶来品，乃是从西方传入的新生事物。晚清以来，西洋使节将阳历新年互致贺年片的风尚带入中国。据《清季外交

史料》（卷55）所载"总署奏各国使臣来署贺年片"条目（时为光绪十一年，1885），可知清光绪年间，这一风尚已见诸官方记载。至此之后，将阳历新年元旦视为洋节者，为迎合都市公众的时尚心理，渐有批量印制与发售贺年片的商家出现。

◎贺年片的反对与批评者

随着贺年片发售的日益密集与制作上的花样翻新，中国都市公众每逢新年互送贺年片的风尚也愈演愈烈，据1936年1月2日北平《世界日报》的统计数据，仅上海一地，在元旦前后消耗的贺年片达两百万张之巨。对于这一风尚，社会各界的不同意见渐次涌现，反对与批评者也日益增多。

事实上，早在一个世纪之前，就在1920年末，即贺年片刚刚开始流行之时，当年贺年片广告的"抢滩"之地——上海《时事新报》之上，已出现反对者的声音，一篇投稿者署名"汪瑞生"的《废除贺年柬》打响了国内反对贺年片的第一枪：

快到了新年里。往往友朋之中，互相授受新年片。一纸贺年片，差不多都要一角两角的样子。试问我送他一张，他也给我一纸，装潢固是美观，原来醒目一时而已，结果究竟，两相抛弃，值一废纸，有什么道理？至于交情说法，我们交友在乎精神。专靠那一纸贺年片，才算那朋友交情之道吗？唉，太无价值了！或说怎种贺年片子，每年一次，此项金钱，似乎可不必计及。要晓得你买几张，我买几张，积起来不是就成大项的款资吗？并且这项用费，全无用处。如其有所作为，而有价值，倒也不算什么，也不是专讲那经济问题。我写

1933 年上海所见贺年片，原载《美术》杂志 1934 年创刊号

到这里，阅者诸君，必定要疑惑起来，以为书局营业上不是要受一大打击吗？其实书局营业正多，何必就就一定要作此无谓的营业？有以邮政明信片画成"恭贺新禧"等字样代之者，倒也是一种办法。但是仔细想想，送给友人，也不过当他一种废纸罢了，何必多此一番手续呢？究竟不是道理。我以为到了新年里，譬如寄给朋友信片啊，信封啊，话说之外，加一些新年道贺的话头，就算好了。也是一件好且易的办法。

总而言之，我们把无益的消耗，要废除他。现在年关将到，我们终要抱定"自我实行"的决心，去做革除那这种无需的消耗。所以不得不把我的一些浅见，冒昧里写出来。大家不要因事小而疏忽，那就是我一点诚意呀。

时任《时事新报》编辑、著名学者张东荪收到上述五百余字的投稿之后，深有同感，即刻录用发表，并在文末附加了一条按语："东荪按，记者已决定实行，特附声明于此。"

显然，编辑与投稿者产生了共鸣，对新年互送贺年片这一流行时尚，都郑重其事地投下了反对票。

此文之后，付诸笔下、见诸报端的反对意见，随着贺年片的日益流行，还在不断涌现。时至1936年12月18日，北平《世界日报》甚至报道了"不准发送贺年片"的官方禁令。原来，当时的华北冀察政务委员会出台禁令，试图以官方力量来"移风易俗"，希望有效扼制机关内部乃至社会民众滥送贺年片的风尚。可这一纸官方禁令就如同民国初年废除阴历春节而力推阳历新年一样，并没有什么切实的效果——就在刊发官方禁令的同一报刊版面之上，还醒目刊印着贺年片发售的商业广告。

胡适：“我们三个朋友”的订婚

◎一百年前，“我们三个朋友”的订婚仪式

著名学者、教育家任鸿隽（1886—1961，字叔永，四川垫江人）先生，与同为著名学者、作家的陈衡哲（1890—1976，笔名莎菲Sophia，湖南衡山人）女士，这一对声名远播，在各自领域建树颇多的学界伉俪，在20世纪前半段的学术生涯与人生旅程中，共同抒写了极为瑰丽多彩的时代篇章；其人其事，至今仍在学界及公共文化界中广为流传。

任鸿隽

任、陈二人与胡适，早年留美求学期间即相识相交，归国后三人皆投身于大学教育、科研及公共文化领域，在宣扬科学精神与现代文明启蒙方面，志同

道合，交谊甚笃。时至1920年7月，任
鸿隽在南京主持中国科学社第五次年会，
时为北大教授，因在新文学运动中崭露
头角而"暴得大名"的胡适，此时应邀
到南京高等师范学校第一届暑期学校讲
学。胡、任、陈三人得以在南京重聚。

陈衡哲

　　据考，同年8月22日，任、陈二人
在南京高师校园内的梅盦订婚。这一消
息曾见载于任氏创办的《科学》杂志第
5卷第10期之上，以"社员通讯"方式
在学界予以公告。当年的订婚仪式现场，
作为二人多年密友的胡适，理当出席；且以胡适乐于为友朋证婚的多年惯习来
考察，胡适不但理当出席，而且应当以主持人或重要见证者身份出席。

南京高师校园梅庵之风景，原载《中华教育界》第 10 卷第 6 期，1920 年

遗憾的是，至今尚无相关史料文献，对胡适是否出席、主持这一订婚仪式，予以确证。翻检《胡适日记》1920年的记载①，从当年6月15日至8月26日这段时间，恰恰没有日记存世，仅于8月27日的日记页面上批有眉注一条"昨夜自南京回来"；除此之外，再也无据可查。

目前已知的，唯有一首胡适所作《我们三个朋友》的自由体新诗，一方面较为直接地反映了任、陈、胡三人交谊之笃，另一方面亦可视作胡适参与并赠予任、陈二人订婚仪式的纪念之作。此诗正是作于任、陈二人订婚当天，后于1920年11月，以《尝试集集外诗五篇》之一的名义，发表在了《新青年》杂志第8卷第3号之上：

我们三个朋友

（九，八，二二，赠任叔永与陈莎菲。）

胡　适

（上）

雪全消了，

春将到了，

只是寒威如旧。

冷风怒号，

万松狂啸，

伴着我们三个朋友。

---

① 详参：《胡适日记全编》第3册，安徽教育出版社，2001年。

风稍歇了，

人将别了，——

我们三个朋友。

寒流秃树，

溪桥人语，——

此会何时重有？

（下）

别三年了！

月半圆了，

照着一湖荷叶；

照着钟山，

照着台城，

照着高楼清绝。

别三年了，

又是一种山川了，——

依旧我们三个朋友。

此景无双，

此日最难忘，——

让我的新诗祝你们长寿！

任鸿隽、陈衡哲于订婚日与胡适的合影，1920 年 8 月 22 日摄于南京高等师范学校

此诗之后，《尝试集集外诗五篇》之二，胡适还撰写了一首《湖上》，署有

任鸿隽、陈衡哲于订婚日赠送来宾的合影纪念卡

"九,八,二四,夜游后湖——即玄武湖"云云,可知任、陈二人订婚仪式之后,任、陈、胡三人还曾夜游玄武湖。除此之外,似再无确凿史料文献可循。

至于订婚仪式现场的情形究竟如何,更是少为人知,至今未见相关研究者提及,仅有《科学》杂志上那一则"社员通讯"可资参考。那么,这一场整整一百年前的订婚仪式,在那个"觉醒年代"的两位学界代表人物喜结良缘的重要仪式,更可能兼有新文学运动与新文化运动代表人物胡适参与主持的重要仪式,是否就此湮没于历史烟尘之中,再也无法为一个世纪之后的读者展露真容了呢?

笔者带着这一疑问,在众多旧报刊及相关文献中屡加翻检,终于在1920年8月26日上海《时事新报》的"学灯"副刊上,发现了宝贵的、记载颇为详实的第一手史料。

原来,胡适确曾主持任、陈二人的订婚仪式,且于当天详细记录了仪式现场的举办流程与任、陈、胡等人致辞内容。通过这一记录,这一场百年前的新式订婚仪式,存留下了一幅完整细致的"历史图画"。

另据查证，这一篇胡适所撰，题为《纪我的两个朋友任叔永先生与陈衡哲女士的订婚》的报载文章，为《胡适全集》所未载，实为佚文，无论从补全的角度，还是从增订年谱的角度着眼，均具可贵价值。

◎胡适亲自撰发任、陈订婚仪式的“特别纪载”

在此，为披露与共享这一稀见文献，笔者转录报载原文如下：

特别纪载

纪我的两个朋友任叔永先生与陈衡哲女士的订婚

（适）

八月二十二日下午四时，中国科学社的社员三十余人，都到南京高等师范学校的梅盦。这一天开的是一个茶会，请客的主人是社长任叔永先生与社员陈衡哲女士。

客到齐后，主人的朋友胡适之起立，说道：

这一次科学社的年会开了几天的会，我因为暑期学校的课忙，竟不能尽一点力，惭愧的很。但是科学社年会过后的一次最可纪念的会，却轮着我来做临时主席。我现在先报告件事：今天的主人任先生与陈女士送给我们在座的人每人一件赠品，请各位传过去，等我说“拆看”时，方才大家一齐拆开来看。

主席把赠品发完了，说“请大家拆开来看！”原来是任先生与陈女士合照的一张照片，上写着“任鸿隽陈衡哲同赠，九, 八, 二二。”大家看了，一齐拍掌欢呼。胡适之继续说道：

中国科学社第一次年会合影（任鸿隽、陈衡哲居于前排中央），1916 年 9 月 2 日，摄于美国安陀阜城
非力柏学校。原载《科学》杂志第 3 卷第 1 期，1917 年

　　今天这个茶会的意思，诸位大概都已明白了。今天桌上摆着王伯秋、杨孝
述两位先生送来的糕，上面做成"无双国士，绝代佳人"八个字。我们都是和
今天的两位主人做朋友最久的人，我想我们一定都能承认，他们两位真是当得
起这八个字的。我们的社长是我十几年的朋友，他的学问人格是我们人人敬爱
的。前天年会的来宾张轶欧先生对我说："你们的社长任先生的学问也许还有
人学得到。但我一见他，就觉得他的道德性情是别人学不到的了。"张轶欧先
生认得我们社长的日子很浅，但他这句话是我们人人心里都公认的。还有那一
位主人，陈衡哲女士，他的学问上的成绩是我们留美学生都知道的。他的文学
见解和文学的天才，和他的高尚的道德，在今日中国女界中真当得起那糕上题
的四个字。

　　他们这两位，做了四年多的好朋友。他们这四年的友谊的纯洁，我们今天

在座的人都是证人。我们今天有荣幸又来做他们订婚的证人，我们可以预料我们将来都是他们的永久幸福的证人！

主席说完，大家拍手，要请两位主人演说。任叔永先生起立致谢，并说道：

我生平有一件很美满的事，就是我无论到什么地方总有一些好朋友。我生平所享的朋友之乐和所受的朋友之益，真是说也说不完。但是我一生最满意，最感谢的，是我这几年来寻着了一个朋友中的朋友，——一个可以和我做终身

胡适，1922 年北京大学任教期间存照

伴侣的朋友。刚才我们两人奉送诸位一件小小的纪念品。现在我也送给我这位朋友一点小小的赠品。

任先生说时，送给陈女士一个墨西哥猫眼的戒指。大家又大拍掌欢呼，要请陈女士演说。陈女士也起立致谢，并说道：

关于我们两人友谊的事，刚才胡适之先生和叔永已经说过了。我现在只表白一点小事。叔永本想今天送我一个金刚钻的戒指，但我们这几年无意中听见了许多故事，都是说现在中国女子的装饰品如何奢侈的故事。我们又听说，现在中国的“新式订婚”都要用金刚钻戒指，已成了一种风尚了。我听了这些话，心里生出许多的感慨，就决计不用金刚钻了。这个墨西哥的猫眼石，是我们夏天一同回国时在“大峡”（Grand Canyon）上一个小土货店里买的一件小小的纪念品。我把这件事告诉诸位，是要诸位知道，并不是叔永不肯送我一个

金刚钻戒指，其实是因为我不肯要他：因为我觉得我们订婚的精神是可以超出金刚钻以上的。

陈女士说了，大家拍掌。主席报告：陈女士的同乡王伯秋先生和任先生的同乡何奎元先生对于今天的"川湘同盟"有点意思要发表。何奎元先生演说任先生又待朋友的真诚。今天的事是他和陈女士高尚的友谊的结晶，实可为社会的模范；此次之会，不但是朋友中一件最可庆幸之事，确有社会的意义。王伯秋先生申说糕上题字的意义。并说："今天我们会集的地方叫做梅盦，四围都是梅花，古人说的，几生修得到梅花！这就是我今天的贺词了。"随后张子高先生与杨杏佛先生继续演说。

最后主席胡适之起立演说：

刚才张子高先生引我的《水浒传考证》的话，问我的历史癖与考据癖今天到那里去了？我细想我确是最配替今天两位主人做历史的人。叔永是我十几年的顶好朋友，我们三次同学，是人生最不容易得的事。我们这十几年的交情，从来不曾间断。陈女士呢，我在美国虽只见过一次，此次在南京相见为第二次，但我们至少总通过一百回的信，讨论文学，交换思想，已有四年之久。我不替他们做历史，今天座上更没有第二人了。

叔永初次遇陈女士在民国五年的夏天。那年的秋天，我以留美学生季报主笔的资格向陈女士征文，后来因讨论文学，遂成文字的朋友。那时叔永与梅觐庄、杨杏佛在哈佛大学，我在哥仑比亚大学，陈女士在藩萨大学。这个三角形的邮路上几乎没有一天没有我们辩论文学的信。那时我很敬爱陈女士的思想见解，又知道他也很敬重叔永的学问道德，故我很希望做一个第三者，把今天他们宣布的事提早三年。我有一次写信给陈女士讨论叔永的一首诗，我信里暗暗地表示我撮合的意思。不料陈女士回信，给我一篇很严厉的教训！我碰了这个钉子，以后再也不敢开口了。后来民国六年叔永转学到哥仑比亚，我们又同学了，三角形的邮路差不多变成直线了。叔永知道我不曾见过陈女士，因为我要回国了，故他和我同去藩萨大学访陈女士，谈了两个钟头。我送叔永诗里"记得那回同访友，日暗风横，林里陪他听松啸"，即是记此事。后来他们也曾见过好几次，但是他们的交情完全是极高尚的朋友交情。民国七年，叔永回国，陈女士送他的诗只有"敬君如严师，倚君如长兄"的话，我们知道他们的友谊的，自然很失望，但我们没有一个人不敬重他们的郑重的。去年冬天，叔永为了四川办实业的事，第二次到美国。叔永替四川省办的事的成绩，诸位都知道了。他这一次替自己也办了很有成效的事，——就是今天我们同听他们宣布的婚约。

诸位，今天的盛会乃是四年极纯洁，极高尚的友谊的结晶。他的代价是整整四个足年的恒心和两次渡太平洋的辛苦！

我做历史的考据，是很讲究史料的来源。现在我的史料来源都在这里，可以证实我的史谈。

主席说完，两位主人重新致谢各位来宾，大家用了茶点，尽欢而散。

◎胡适主持订婚仪式致辞中的"掌故"种种

上述两千余字的"特别纪载"，由胡适本人以第三人称口吻及视角写成，力求客观详实，力求为任、陈二人的订婚仪式留下一份确凿可信的史料。应当说，这样的写作手法，在胡适一生巨量撰发的文章乃至未发表的文稿中，并不多见，胡适对任、陈二人订婚这一人生大事的重视，乃至对三人保持多年、终

胡适题签

生未泯的友谊的看重，由此也可见一斑。

作为订婚仪式主持人，胡适在现场的多次致辞，由其本人逐一纪载，留存了下来。相较之下，任、陈二人在现场的各自言行，记述得都还比较简化明晰。从胡适的纪载中可知，除了为来宾准备了一份二人合影的纪念品之外，任、陈二人主要是当众完成赠受订婚戒指的仪式流程。

仪式流程之末，主持人胡适有较长篇幅的致辞，主要围绕三人交谊的肇始、持续与升华历程，其中有不少为私人交往"掌故"。其中，关于三人频繁于三地往复通信的"掌故"，在胡适后来的忆述中，屡有提及。

譬如，任、陈二人完婚八年之后，时至1928年4月，陈衡哲的白话小说集《小雨点》交付新月书店初版，胡适为之题签撰序，序中有言：

我在美国的最后一年，和莎菲通了四五十次信，却没有见过她，直到临走之前（指胡回国），我同叔永到藩萨大学去看她，才见了一面。但我们当初几个朋友通信的乐

陈衡哲《小雨点》，新月书店，1928年4月初版

趣真是无穷。我记得每天早上六点钟左右，我房门上的铃响一下，门下小缝里"哧""哧"地一封一封的信丢进来（指邮差送信），我就跳起来，捡起地下的信，仍回到床上躺着看信。这里总有一信或一片是叔永的，或是莎菲的。

这样的忆述，与八年前订婚仪式中的致辞基本一致，更为形象生动，更富于情感意味。

早在二人订婚三年前的1917年，胡适产生了撮合任、陈二人的想法，当时竟遭到了陈女士的断然拒绝，这令胡适始料未及。

至于二人究竟何时正式确立恋爱关系并决意订婚，胡适本人虽不一定十分清楚，但据致辞的时间线索来略加梳理，可能是在"去年冬天"，即1919年末任氏再赴美国公干之际。

据考，任氏于1918年初获哥伦比亚大学硕士学位，10月离美归国。次年

胡适、任鸿隽、赵元任（前排右3）、杨杏佛（前排右2）等中国科学社成员合影，摄于1914年夏

（1919）年底为在四川筹办钢铁厂事再度赴美，同时又受胡适之托，为北京大学物色人才。正是此次赴美公干期间，与此时已在芝加哥大学研究院攻读硕士学位的陈衡哲重逢。随后不久，陈氏即接受了北京大学的聘任，二人遂于1920年夏归国。不久，"我们三个朋友"任、陈、胡三人在南京重聚，于是又有了8月22日的由胡适主持的任、陈二人之订婚仪式。

同年9月16日，任、陈二人正式结婚，蔡元培为之证婚，胡适应邀出席。当天的胡适日记中，这样写道：

今日下午为叔永与莎菲结婚之期，我允为作赞礼。上午写一副对联戏赠叔永、莎菲：

无后为大；

著书最佳。

……行礼，孑丈（蔡元培）证婚，婚礼甚简单，最可采用。

可见，从任、陈二人在异国相识相交，胡适有心撮合，直至订婚与结婚，胡适皆参与其中，且乐见其成，为之衷心祝祷。"我们三个朋友"之谓，实在是名符其实。

◎余韵：胡适为北大学生的另一场证婚

胡适生前乐于为同辈友人、后辈学者做媒证婚，向有"民国第一红娘"之誉，由其促成的有情眷属，不胜枚举。除了任鸿隽、陈衡哲夫妇，还有蒋梦麟夫妇、赵元任夫妇、徐志摩夫妇、沈从文夫妇、陆侃如夫妇、李方桂夫妇、千家驹夫妇、马之骕夫妇、王岷源夫妇、许士骐夫妇等，皆由胡适或介绍撮合，或主持证婚，终成眷属。

胡适友人高宗武曾鼓励妻子沈惟瑜为胡适编写传记，沈氏对胡适证婚次数之多颇感兴趣，并有过统计：

他（胡适）尽管工作很忙，但有一件事却很乐意充任，从未拒绝，即主持中国人的婚礼。他只是喜欢看到青年人相恋、结合。他在那时已主持过一百五十多次婚礼。

据笔者所知，胡适还曾于1936年6月2日，为张建中与潘桂芳女士在北平绒线胡同的蓉园饭庄证婚。新郎张氏为胡适学生，毕业于北大英文系，当时已入《华北日报》社任记者。此次报社记者张氏新婚，更兼大名鼎鼎的胡适证婚，《华北日报》社自然要为之铺排宣传一番。次日（6月3日），此次婚礼盛况见诸该报报端：

张潘昨举行结婚礼

胡适证婚望合理化少销外货

潘兰芳主婚望社会生活美满

新郎演说笑料百出

本报记者张建中君，与师范大学英文系高材生潘桂芳女士，有六年余恋爱历史，订婚亦已二年。昨日下午五时假绒线胡同蓉园饭庄，举行结婚典礼，到男女宾约百人，跻跻跄跄，倍极热闹。

嘉礼在音乐悠扬声中，开始举行，当新郎新娘挽臂走入礼堂时，来宾均争以各色纸屑纸条，向新郎新娘投掷。此时新郎用帽遮蔽面部前行，新娘则低首下视，不胜羞怯，任凭来宾之投掷，始终未作抵抗表示。

证婚人胡适之演说谓：

张先生为敝人学生，往日在校，刻苦用功，为各生之冠，其毕业后，曾劝其赴内地任事，为乡村服务，当时张先生总有许多理由，谓如何不适宜，如何不便……至最近始恍然，张先生之所以不能离开北平，原为一位漂亮美丽的一位女朋友，而不离开北平。我早就盼着证婚的生意上门，所以前几天在路上遇见他们请求，就满口答应了。今日来宾中还有不少俊秀青年男女，将来作新郎新娘时，本人有两点希望：一，在结婚时，若遇天气不佳时，尽可讲求"合理化"，如今日新郎新娘由内走出二门，再走入礼堂，大可不必；二，掷纸屑与纸条，原为西洋习惯，送行时多用之，今日诸位在行礼时，即向新郎新娘乱掷，殊失原来真意。因西洋行结婚礼时，非常严肃郑重，在礼成以后始可随便取笑，同时此种纸条多为外货，胡乱掷用，不过多销外货而已，本人感想如

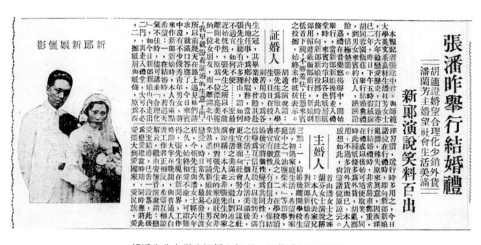

胡适为北大学生证婚之报道，原载《华北日报》

此，尚望诸位原谅云。

……新郎洋洋畅所欲言：今日天雨泥泞，蒙各位拨冗光临，无任感谢。证婚人胡先生，为余老师中最热诚严肃者，余现在所学得之一二完全为胡先生之所赐，演说至此时，胡适当谓"今日本人非新郎演讲之题目，本人要提出抗议"……多位女宾均笑不可仰，至六时许礼成摄影后入席，畅饮而散。

应当说，以第三方视角（即公共媒体视角）对此次婚礼及胡适证婚事迹加以详实报道，《华北日报》的这一报道可能是目前已知最早的。此次报道存留下了《胡适日记》《胡适年谱》等相关文献中俱无记载的一桩少为人知的史事，故从史料角度而言，实在是弥足宝贵。且胡适当时的证婚致辞，其见诸此次报道中的内容，也未辑入《胡适全集》，为难得一见的佚文。

略观胡适的证婚致辞，可谓简明又不失风趣，饶有一番独特意味。至于这一番意味究竟有何独特之处，此次报道一年之后，仍有当年出席此次婚礼的来宾为之品味再三。时至1937年6月，北平《实报半月刊》第2卷第11期发表了姜馥森所撰发的《胡适之证婚辞及诗文》一文，对胡适以证婚人身份出席张、潘二人婚礼，重又做了一番较为详实的忆述：

胡适之先生，他是无时无地不利用他"有意义的生活"的信条和他的"实验哲学"！

这还是去年六月一日的事，当我快要到西山来的时候。友人张建中与潘桂芳女士（张毕业于北大英文系，潘毕业于师大英文系）在忠信堂结婚。

证婚人是胡适之先生，他的一番证婚词，无异一篇改正流行俗尚的文章：

"……现在新式结婚中，一般贺客欢喜向新人撒彩色碎纸片，这倒没有什么，用五色纸带将新夫妇的颈上团团围住，围绕得两个人步履维艰，这就值得考虑了。至于用小米、小豆，狂风暴雨般的乱击，这是绝对应该废止的，虽说开玩笑，不应当使对方感受痛苦。你看刚才张先生与潘女士在混乱的袭击中，要不是我们去救护，现在恐怕还走不到礼堂……（一阵掌声）现在参加观礼的，都是各大学的男女同学，有的已经结婚，有的尚未择配，有的尚未出阁……（有许多人脸色沉默下来，独我一人大鼓掌）在外国，彩纸片，彩纸带，是在情人或友好分别时，在轮埠上互相飞撒，互相率携着时用的，表示惜别之意。至于小米小豆的来历不明……"

——在我所听到的许多的婚礼中的演说辞，要推胡先生的一度话最有意味，同时我感觉到：结婚仪式越庄重越简朴为妙。

在姜氏笔下，胡适证婚致辞，俨然成了一篇"除旧布新"的宣言。胡适应当是现场即兴讲演（并无事前准备），致辞中以婚礼撒彩色碎纸片这一"常俗"入手，表述了婚礼应摒除流俗、重树新风的个人期望。对这样的证婚致辞，姜氏颇为推崇。

据考，本文作者姜馥森，又名姜树琳，曾为华北中学教务主任（其季父姜梅坞为该校校长）。除却此篇记述胡适证婚事迹的文章，还多有漫淡学者作家生活的散文随笔，诸如谢冰莹、章衣萍、沈从文等，都曾付诸笔下，以《翠微山人漫谈》的总题，连续发表于1937年《实报半月刊》的"随笔散记"栏目中。因此，可以将姜氏视之为该刊的专栏作者。

后来，姜氏还撰发过《鲁迅与白莽》一文，首刊于1939年11月的香港

《大风》旬刊，后又重载于汪馥泉主编的《现实》第7期（1939年12月出版）。

相较于《华北日报》的报道而言，关于张、潘婚礼的时间、地点，姜氏的忆述皆有误差，这是需要注意的。不过，由于行文中想集中体现胡适证婚致辞"除旧布新"的意味，对于致辞中"向新人撒彩色碎纸片"的部分记述特别详尽，对《华北日报》报道的相关部分，亦有一定的"增订"之用。

至于张建中与潘桂芳夫妇，因相关史料较为匮乏，生平事迹不可确考。唯于1934年7月30日的《华北日报》所刊《北京大学二十二年度毕业生名单公布》一文中，所载"外国语文学系十四名"毕业生名单中，确有"张建中"之名，可知张氏即于此时毕业于北大，同届"英文组"同学中还有著名诗人卞之琳。

张氏毕业前后，于1934年5月至次年5月，整整一年之间，均在《华北日报》之上，连续发表《苏联的集体农场》《日俄战争的战略》《沙皇与苏俄对远东的政策》《墨索里尼的外交政策》《美国的外交政策》等多篇国外时论译文，可见当年张氏勤于译介，一度活跃于当时的公共文化领域。仅从这些业绩着眼，可知张氏确如胡适证婚致辞中所评价的那样，不负"刻苦用功，为各生之冠"的赞许。

值得注意的是，时至1935年5月16日，《华北日报》刊发了美国哈佛大学政治系主任何尔康博士在北平大学法商学院的讲演稿，署名"本报记者张建中笔记"，可知此时张氏已入职《华北日报》任记者。张氏之名最后一次见诸报端是在1948年10月23日的《华北日报》之上，当天该报刊出由"中央社南京二十二日电"传的"总统命令"，中有"任命张建中为华北水利工程局总务处处长"的内容。据此可知，此时的张氏已由报界转投政界，出任政府公职。

刘半农：挽蔡、禁舞与反游艺

◎挽蔡行动何其多，遥领不过伤别离

据考，蔡元培首次出任北大校长，时为1916年12月至1927年7月，任期近十一年之久；第二次出任北大校长，则为1929年9月至1930年12月，任期只有一年多的时间。因不满于当局政治腐败，兼之个人原因，蔡元培两次出任北大校长期间，屡有"退位让贤"之意，曾有七次请辞之举。只是由于深受学生教员的爱戴，蔡氏屡辞而师生屡挽，随之引发过多次北大师生的公开请愿活动，史称"挽蔡行动"。

在挽蔡行动屡有发生的十年间，其中1927年7月，张作霖进驻北京之后，曾取消北京大学称号，改称京师大学，早已萌生退意并且表达过辞职意愿的蔡元培，终于得以在混乱的北平政局中全身而退，北大校长的职衔也随着北大改名而自动取消，这也是其第一次出任北大校长的终结。

不久，突发皇姑屯事件，张作霖被日军炸死之后，蔡元培第二次出任北大校长。但这次蔡只是在"恢复北大"之际，做的"遥领"校长而已，实际参与校务管理的乃是代理校长陈大齐等。所谓遥领，即不参与北大具体管理工作，只是做恢复北大时期广大师生的"精神领袖"而已。东北易帜之后，南京国民政府已在名义上统一东北地区，北平的教育界也逐渐恢复重组，"恢复北大"工作也已渐入正轨。在这种情势下，蔡于1930年9月13日正式向教育部当局提出辞去北大校长一职。

蔡元培肖像，原载上海《申报》五十周年特刊《最近之五十年》，1923年2月印行

蔡元培向当局提出辞职的消息传来，北大师生依然竭力挽留。虽然蔡在遥领北大期间，本人甚至都不在北平（居于上海），但北大师生依然将其视为"精神领袖"而爱戴有加；此时，即使这样的遥领校长要辞职而去，他们仍是极不情愿的。为此，北大师生想尽一切办法"挽蔡"，甚至组建了专门的挽蔡工作组。其中，作为新文化运动健将之一的刘半农（1891—1934，名复，号半农），也是"遥领"说的提议者与支持者之一；在蔡元培提出辞职之后，他还代表北大方面奔赴南京、上海两地，全力开展挽蔡工作。最终劳而无功，蔡仍坚辞而去，北大人终抱憾而归。

近一个世纪之后，要重温当年挽蔡的一些细节，包括刘半农在接手挽蔡行动之后接受报刊的采访记录，及其在南下挽蔡之后返归北大所做的公开报告，以及就此次挽蔡问题致北平各大报社的公开信等，无疑正是这一历史事件的最为重要的档案了。为此，笔者对涉及这一内容的北平《益世报》《世界日报》相关报道原文予以摘录：

北大中文系教授合影，左起依次是刘半农、沈尹默、陈大齐、马裕藻、张凤举、周作人、李玄伯

刘复谈北大校长问题

全校师生希望蔡元培复职

北京大学校校长蔡元培辞职，国府照准，代理校长陈大齐亦表示辞意坚决，评议会公推刘复赴京请愿，并致函各教授，请签名赞同。记者因刘氏将赴京，昨日往访，询问真相，兹志其谈话要点如左：

（问）先生为挽留北大校长问题，何日赴京请愿？

（答）前日评议会开幕，推定余为赴京请愿代表，待各教授签名赞同后，方可决定。故余赴京日期未定，但余与北大关系颇深，似不能不去。

（问）北大校长问题，何以不易解决？

（答）北大全校教职员学生均希望蔡先生回校视事，在蔡先生未回校前，陈百年先生代理校长职务甚善，陈先生自不愿一人负校长之重任，故坚决表示辞意。

（问）先生南下，对于平津院校积欠三四月经费，将与财教当局有接洽否？

（答）余南下至多不过二星期，因女子学院及北平大学事各甚多，不克在南方多时逗留。所有任务，只限于挽留北大校长一事，对于平津院校积欠问题，余不接洽。

（问）各院校纷纷开学，如经费不汇来，则将如何应付？

（答）开学后如经费不来，实难维持，非但教职员薪金无着，即校役工人之工资及工场医院之设备，均无法维持，只有希望财部汇款。

——1930年10月20日，《益世报》第六版

刘复昨南下赴京代表教授会挽留蔡元培
学生代表即可由全体学生选出

北大教授会议代表刘复，为挽留蔡元培长校事，于昨日下午四时，离平赴津，转车南下，届时到站欢送者，有刘天华及学生等二十余人。刘在站对学生云：此行拟在京留三日，谒教部长蒋梦麟及校长蔡元培，述一致挽留意，在沪停留一星期，往返约须两周余。至学生会南下代表，为慎重起见，将由全体学生选出后再南下，至与刘复晤面。至该校新学生会，一星期后即可选举成功，学生方面，近日对代理校长陈大齐及总务部长王烈，屡请其维持校务，陈王已允肯。教务长何基鸿，系由各系选出，故辞职一层，决无问题云。

——1930年10月28日，《世界日报》第六版"教育界"

蔡元培表示不能回北大任校长　但愿任该校研究院院长

刘复昨报告在京沪接洽经过

北京大学挽蔡问题，教授会方面，表示热烈之决心，该会南下挽蔡代表刘复，日前返平。昨日在纪念周时，报告接洽经过，学生会方面，亦积极作挽蔡运动。兹将刘复报告及学生会委员谈话，分志如左：

刘复报告

谓余南下挽蔡，晤蔡先生二次。初抵沪，即访蔡先生，声述来意，要求二点：（一）请蔡先生返校主持校政，（二）如不能返平，可否为名誉校长。蔡先生答云：表示个人愿努力继续为北大谋发展，但事实上甚感困难。立法院通过大学校长不得兼职，国府委员及研究院院长二席，无法辞去，故不能回校。名誉校长一席，在欧美各大学虽有此惯例，但为北大尽力计，亦非上策。至于中央是否允准，亦为一问题。言至此，余又提出一事，请蔡先生充任北大研究院院长。蔡先生答云：北京大学提高学术，扩充研究院，本人非常赞成，希望注意研究工作。对于院长一席，如事实上不发生困难，当可充任。余向蔡先生辞别后，即赴京，访教育部蒋部长（梦麟）声述来意后，蒋表示二点：（一）大学校长不得兼职，系立法院规定，（二）蔡先生尚未允返北大，最好征求蔡先生之同意，教育部再向国府提出，于是余（刘复自称）又赴沪访蔡先生。在车站遇见，蔡先生表示二点：（一）名誉校长不愿允任，如何辞去他职，则当另有办法，（二）北大研究院院长一席，可允充任。言毕，遂与蔡先生告别。……

——1930年11月18日，《世界日报》第六版"教育界"

刘复在京沪挽蔡经过情形

刘对昨报所载之更正

本报昨据通讯社来稿登载刘复在北大纪念周报告南下挽蔡经过消息一则，兹据刘本人来函：谓与语意略有不符，兹录其送来之原件如左：

复到沪晤蔡先生后，即恳切说明北大师生一致挽留之诚，望且打销辞意，来校主持。蔡先生谓本人与北大关系甚深，此次因国府取消校长遥领办法，事关国家行政大计，不得不辞，实非得已。然所任国民政府委员，一时既无法辞去，目前实难返校，惟有本已往之关系，一切从旁帮助。好在有百年先生在校主持，遇有应行斟酌之处，尽可随时函电相商，在学校之进展上，决不至发生障碍。复谓先生愿以私人资格，从旁帮助，固所甚感，但恐全校师生，不能认为满足。嗣与蔡先生再三磋商，如目前不能回校任校长，为一时权宜计，亦应保留相当之关系，例如名誉校长及研究院院长，亦系保留相当之关系之一法。蔡先生谓本人对此，均可担任，但不知于教育行政上有无窒碍，须一问梦麟，方可定局。复即请其手书一函，携京与梦麟先生磋商，结果是研究院院长可以不成问题，名誉校长则因本年四月中教育部通令取消，碍难恢复。复再三解释，谓普通私立学校之名誉校长，不过请一阔人装装门面，蔡先生是任北大校长多年之人，今请其任名誉校长，实合于欧美大学之Emeritus，未可一概而论。梦麟先生谓事实虽是如此，但恐外人不察，谓教育部出尔反尔亦殊难自解，复知此亦部中实在为难情形，未便强求。又回沪晤蔡先生，蔡先生谓既任研究院院长，关系并不中断，名誉校长名义，尽可不必有。此后本人对于北大研究院，固当负责规划，即其他各部分事务，亦必竭诚协助，一如往日，决不使百年先生感觉困难。并允将此意手写一函，致百年先生，请其勿再言辞。其时四全大会及中央研究院年会将开会，蔡先生正忙于整装赴京，此函未及写就交复带回，大约稍缓一二日必可寄到。当时复又向蔡先生言，北大研究院组织法已经评议会通过，且研究所国学门成立已有多年，现在赶紧着手进行，必能使全院于短期内成立。彼时先生能否来平一行，以慰全校师生之渴想。彼言当然可以，且可在平小住若干时。俾得与平中诸友，及诸同学多多聚首云。

——1930年11月19日，《世界日报》第六版"教育界"

上述四篇报道，共计两千余字，比较详实地透露了1930年10月至11月间，刘半农参与挽蔡行动的一些细节。其中，那一通七百余字的致北平各大报社的公开信，乃是刘半农对包括《世界日报》在内的北平各大报刊于1930年11月18日报道的其挽蔡报告的一番补正，也是对这一事件细节的进一步充实。

值得注意的是，就在《世界日报》刊发刘半农公开信的同日，《益世报》也同样刊发了此信。信的主体内容，两报所刊皆是一致的。不过，《益世报》在刊发此信主体内容之前，还完整刊发了刘半农致信的原文：

敬启者：顷阅本日各报所载星期一日复向北大纪念周报告南下挽蔡情形，语意略有不符，兹特将复所报告者节要写出，敬祈刊登，藉资订正。即请台安。刘复敬启。十一月十八日。

毋庸多言，只需将《世界日报》或《益世报》于1930年11月19日刊发的刘半农公开信，与前一天（11月18日）的报道两相比照，新闻报道的细节失真与当事人忆述的详实生动，即刻形成了相当鲜明的对比。刘半农本人对挽蔡行动的郑重其事及其严谨风格，也因之给读者留下了深刻印象。

其实，此公开信全文在《世界日报》《益世报》刊发当天，就刊发在了《北大日刊》（第2498期）之上。当然，这是北大内部的刊物，只在北大师生教工之间传阅，并不对外传布。所以，当时社会各界人士能够读到的《益世报》，即是此信内容公布最为完整者。

应当说，无论是上述细节有所失真的刘半农报告会之报道，还是次日被各报刊发的刘氏这一通"纠错"的公开信，对于研究近百年前的挽蔡行动，都是弥足珍贵的史料。又因这一通公开信，未被收录于《半农杂文》《半农杂文二集》之中，且至今尚未辑入刘氏文集及相关研究著述，实乃至为难得的佚信。无论是从刘氏生平研究着眼，还是对中国近现代文学史、教育史研究而言，此佚信的研究价值自不待言。

最后，需要予以补充说明的是，当年蔡元培辞职时，是指定了北大校长人选的。蔡氏嘱托当时的代理校长陈大齐来做新一任的北大校长，刘半农公开信中提到的"百年"即是指陈大齐。陈大齐（1886—1983），字百年，浙江海盐人。他是中国早期著名的心理学家，曾任浙江高等学校校长，北京大学教授、系主任、代理校长。但陈大齐代理校长一职三个月后，并没有继任校长（也曾致电当局请辞）；新一任北大校长正是刘半农曾

哲学系主任陈大齐先生，原载《民国十三年国立北京大学毕业同学录》，1924 年印行

总务长代理校长蒋梦麟先生，原载《民国十三年国立北京大学毕业同学录》，1924年印行

赴京拜谒过的，时任教育部部长蒋梦麟（任期：1930年12月—1945年10月）。

◎ 1931年2月：刘半农禁止大学女生跳舞

挽蔡行动最终失败，蔡元培终于不再遥领北大之后，刘半农旋即又有了新的"动作"。时为1931年2月9日，当时主持北平大学女子文理学院的刘氏，以院长身份，明确规定，禁止女生入公共跳舞场。他还曾亲自拟定布告，公开宣称：

现在本市各饭店所设公共跳舞场，大都流品不齐，空气污浊，决非青年学子所应参加。兹特严重告诫：诸生务须自惜羽毛，绝不涉足；如有故违，一经查出，立即除名。

这样的校内"禁舞令"，可谓严格，引来学生及各界议论，也在所难免。

不到两个月之后，同年4月1日，北平《世界日报》《华北日报》《京报》同时刊出了记者就"禁舞令"一事专访刘半农的内容，在访谈中，刘氏不但谈到了对女生跳舞的看法，而且谈到了关于女子称谓"密斯"的看法。他的这些看法都被统一冠以《跳舞与密斯：刘复对其主张之解释》的标题，刊发了出来：

自日前报载女子文理学院院长刘复，禁止女生跳舞，及令学生互称姑娘，以代密斯消息后，颇引起一般人好奇的注意。甚至西报译载，沪报用特电登出，日昨记者晤见刘氏，询彼对于此二种主张之理由。刘谓：

跳舞为娱乐消遣之一种，余虽不主张积极提倡，而无一概禁止之意。唯近来平市各舞场，空气太坏，往往容易引诱青年，入于浪费、虚荣、旷时、耽欲之迷途，或竟至造成悲惨之结果。此等舞场，欧美都会中亦有之，然自爱者，决不满足。余为爱护青年及徇各生家长之请求，曾于一月半以前，布告禁止学生舞场跳舞。盖雅不欲今日中国之大学生，仅成其为一对对跳舞之所谓摩登青年也。至于家庭聚会，偶一跳舞，余固不反对也。

次言余不赞成学生间以密斯互称，系去岁余就女子学院院长职时，向学生发表者。第一，女子称谓之名词，国语中并不缺乏，为保存中国语言之纯洁计，无须乎用此外来译音之称呼。第二，密斯在英语中，并非有何特别可贵处，英人对使女及饭店下女之类，亦称"密斯"。未必一受此称，便有何等光荣。第三，吾人口口声声呼打倒帝国主义之口号，而日常生活中尚将此不需要之帝国主义国家语言中译来之名词引用，诚不知是何种逻辑。根据以上理由，余主张废弃带有奴性的"密斯"称呼，而以"姑娘""小姐""女士"等国语中固有之称呼代之。固非主张代替"密斯"称呼，非用"姑娘"二字不可。而废弃"密斯"之理由，亦非因其雅致或不雅致也。日前报载不过将旧事翻新，然与余原意，出入太多，致引起许多误会，实令人引为遗憾也。

据上述报道可知，刘半农就女生跳舞与女子称谓问题，表达了明确态度，即因"空气太坏"而禁止女生跳舞。此外，"为保存中国语言之纯洁计"，还倡

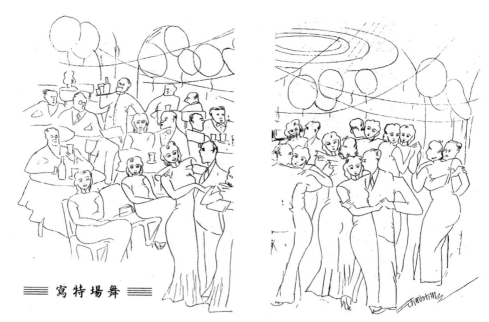

漫画《舞场特写》，原载上海《沪声》杂志第 1 卷第 4 期，1936 年 6 月 6 日

议要废弃"密斯"称谓。

如今看来，女大学生跳舞或用英文称谓与否，根本无人在意，更谈不上什么明令禁止废弃之举。但须知，这是在近百年前的中国旧都北平，刘半农这一爱护学生的立场与举动，自有其见解与道理，并不算特别过分。

◎ 1931 年 8 月：北平市政府明令取缔舞场

事实上，当年因在公共跳舞场内发生的种种纠葛事件，屡屡见诸报端。围绕着舞场内外，男女情事之纠纷、骗财骗色之不法行为、情场争端发展至情杀案者，屡有发生，因此引发的社会舆论谴责与质疑，也一浪高过一浪。

就在刘半农的"禁舞令"公布之后不到一年时间，北平市政府开始大规模取缔跳舞场。北平的全民"禁舞令"逐步见诸报端，颁布实施。1931 年 8 月 17

日，《世界日报》刊发了题为《平市当局将取缔跳舞》的简讯一则：

> 北平市面，娱乐场所，近来日渐加增。尤以跳舞场，最为青年男女所欢迎。本年以来，舞场增设至十余家，而舞女之中，良莠不齐。专以伴舞为业者，不过十之一二。其余舞女，多为妓女或暗娼一流。咸因神女生涯，日益衰落，乃变更方法，加入舞场，偎傍之际，向舞客施展迷客惯技。散场后，即回寓所幽会，或在饭店伴宿，贻误青年，实非浅鲜。闻平市地方当局，以此项舞场，或则有伤风化，或则有碍安宁秩序，影响社会甚大。昨特拟具取缔跳舞规则多条，加以相当限制。闻其内容，除以正常娱乐为目的者不加干涉外，至于含有诱惑性，或其他妨碍善良风俗情形者，俱在取缔或禁止之列。此项规则，在一星期左右，即可颁布实行云。

这则北平全民"禁舞令"终于在当年10月底实现，并颁布实施。虽然市内各大舞场对摩登青年们的吸引力依旧，即使"禁舞令"颁布期间，也屡禁不止，但刘半农的"禁舞令"得到了一定程度的社会认同。

◎ 1931 年圣诞节：刘半农公开信"请澈底查禁舞场"

1931年12月24日，正逢当时都市男女热衷的西方节日圣诞节期间，刘半农有感于政府禁舞力度虽可，但尚有力所未及的"盲区"，遂又再次致信时任北平市长的周大文（1896—1971），重申禁舞的必要性，请求彻底查禁舞场。这一封信迅即转交至《华北日报》社，次日一早便由该报发表了出来，不啻一封告全体北平市民的公开信。

刘半农遗影，四十岁存照，摄于1931年夏

需要特别加以说明的是，前述刘氏"禁舞令"原文与被冠以《跳舞与密斯》标题的采访报道，均被收入刘氏逝世之后印成的《半农杂文二集》之中，由于收录时两篇文稿按时间先后顺序排印在一起，很便于读者观览考索。

可这封公开信则排在数篇文章之后，且只是冠以《致北平市长周大文》的题目，并未标示"请澈底查禁舞场"的主旨，故而很容易为读者所忽视。为便于考述，笔者以《华北日报》报载原文为底本，以《半农杂文二集》所载原文为参校本，酌加标点整理，转录原文如下：

请澈底查禁舞场　刘复昨函周市长

前女子学院院长刘复氏，昨函周大文市长，请澈（彻）底查禁平市舞场，原函如左：

华章先生市长座右：教读多忙，罕承清诲，维动定迪吉，德业日新，如祝为慰。敬启者：反对营业舞场，复实创其议。半年前忝长女院，曾牌告学生，倘稍涉足，立除学籍。一时中外报纸传为异闻，攻击讥嘲，数月未息，而复屹然未动，持之愈坚。良以青年正当努力学救国之时，一旦堕入奢靡淫污之窟，不啻饮以蜜酖，而致其死命也。幸未几，政府即颁禁闭之令，平市赖公果断办理，不及二月，即告肃清。复今虽已不负学校行政责任，而能目睹陷害青年之恶瘴，得以排除一面，亦不禁额手称庆，深佩政府之贤明，及我公处事之敏捷也。乃犹有一二旅馆，假借外人之势力，公然设场，甚至登报招摇，洋洋自得。夫国际通商，虽有条约之保障，而所在国特有之禁令，则在所必遵。故美国禁酒，未闻酿造之国家，据条约向纽约运酒；英国禁娼，未闻卖淫之国家，据条约在伦敦设窑；吾国禁烟，外奸私贩，在所不免，然亦未闻公开灯吃，登报招人。以彼例此，事正相类。该旅馆等，若设于使馆界中，犹可言吾国政令之所不及，今分明在界外，而乃悍然蔑视政府之命令，违抗我公之设施，我公若曲予优容，恐转为彼辈所窃笑，且何以对政府？何以对被封之中国舞场？我公处代表全市尊荣之地位，此而不图，恐市民未必能谅解我公之雍容大度，转或因怀疑而生腹非，此则爱公之市民如复者，所以不得不以寸笺奉告也。敬请政安，刘复敬上。十二月二十四日。

在上述五百余字的公开信中，刘半农明确指出了当时政府禁舞的"盲区"所在——有外资背景、外国势力的旅馆。在这些旅馆中附设的舞场，公然违反北平市政府发布的禁舞令，仍然在继续营业，且气焰嚣张、明目张胆。

应当说，这样的情况，在当时中国租界林立、不平等条约尚未废除的总体局势之下，是普遍存在的客观事实，岂止禁舞一项。只是经刘半农一语点破，相当于又给当局出了一道难题——要想在这些当时的南京国民政府尚未行使主权的"特殊地带"依法施政与强力执法，恐怕确实是力所不及。

◎ 1932 年元旦：周大文"再禁跳舞场"

值得注意的是，时任北平市长的周大文，任职时间为 1931 年 2 月至 1933 年 4 月。按照这一任期推算，周氏任期伊始，恰逢刘半农在北平大学女子文理学院内发布禁舞令，以及接受北平各报采访时申言禁舞主张。

然而，据查证，任期之初，周氏并未即刻到任，而是由原青岛市长胡若愚暂代北平市长，延至 1931 年 6 月 28 日，周氏才从沈阳赶赴北平就任[①]。也即是说，刘半农所倡禁舞之事，周氏先前可能并不知晓，至少并没有影响到他的施政决策。但 1931 年 8 月，北平市政府颁布的禁舞令，却是周氏到任才两个月之后即行布署实施的，行事风格的确雷厉风行。

可能是因为刘半农的个人影响力与社会舆论的巨大压力，也可能是因为北平禁舞的政府行为确实需要强力推进，刘兰农致信周大文一周之后，1932 年元旦，北平市政府当局再次施行大规模查禁行动。此次行动确实也对一些有外资背景的机构予以了查禁。当天的《世界日报》，有如下报道：

再禁跳舞场　平社会局请公安局协助

平市各营业舞场，自经社会局奉令禁止后，多已遵照停止营业。日前社会局迭接密报，公安街华盛顿饭店，崇文门内大街柠曼、大华、三星、电报饭店等处，仍有公然兼营舞业预备舞女伴舞等情事。该局以事关禁令，昨已函达公安局，请予协助禁止云。

---

① 关于这一史实的考述，详参刘苏《民国时期北平历任市长及有关问题》一文，原载《档案与北京史国际学术讨论会论文集（上）》，中国档案出版社，2003 年。

仅从上述这一简讯考察，可以窥见，这一场原本属于中国国内常规执法的禁舞行动，在特殊的历史背景之下，在刘半农那封公开信的催化之下，在某种程度上演变成一场维护主权的行动了。可以看到，北平市政府对于公然违法经营的舞场，无论是否有外资背景，都没有手软。

◎ 1934 年：北平禁舞行动波及国内各大城市

经过近一年的严格查禁，虽然还偶尔有舞场私自营业，但由政府主导并强力推进禁舞的效果还是显著的。至 1932 年 8 月 25 日，《世界日报》已经刊发出了"美女连翩赴津埠，此地空余跳舞场"的报道，说明北平当地的舞场基本已呈现停业状态，舞女已经向天津等外埠转移谋业了。

值得一提的是，禁舞令在北平的成功，以政府力量为主导的禁舞行动也逐步波及至北平之外的各大城市，如上海、南京、大连等地。1934 年 10 月 31 日，《世界日报》刊发了孔祥熙、王正廷等告诫各大学学生的公函，正告"切勿涉足舞场"，并对上海公共租界及法租界内的舞场也要求"相当取缔"：

天津市巴黎舞场全体舞星庆祝新年合影，原载《天津商报画刊》第 13 卷第 17 期，1935 年

孔祥熙王正廷等函沪大学联合会

请告诫各大学学生　切勿涉足舞场

并函租界工部局请予舞场营业者以相当取缔

【上海三十日电】孔祥熙、王正廷等二十一人，致函大学联合会及各大学，请告诫各大学生，务以学业为重，切勿涉足舞场，藉免堕落。嗣后学生如有涉足舞场者，似应摈拒。并函公共租界、法租界两工部局，对于发给跳舞场许可营业证书，规定相当之取缔。凡求学业时代之青年，不宜混迹其间。

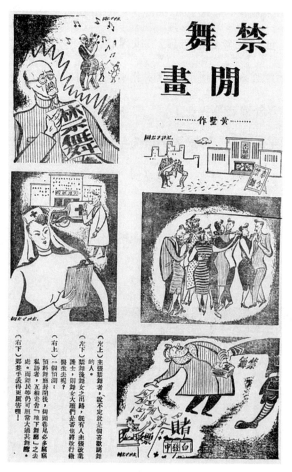

禁舞闲画，原载《新闻天地》杂志第33期，1948年

看来，由刘半农首倡的禁舞，逐渐从北平一校推向北平全市，复由北平一市波及全国各大城市，获得了相当一部分政府官员及大部分市民的认同与支持。虽然查禁力度与效果，包括北平在内的全国各大城市互有参差，加之内忧外患的国民党政权施政乏力，并不能真正做到彻底查禁，直至1949年之前仍有营业舞场存在，但毕竟这一举措从一开始就得到了来自官方与民间两股力

量的认同，取得了较以往的政府行为更为积极的民意支持。

遗憾的是，刘半农本人生前可能未及看到全国禁舞的成果，早在1934年7月14日，即因病猝死于工作中。毋庸多言，这位时年仅四十四岁的早逝学者，在学术上的未竟之业还有很多，的确令亲友与时人皆深感痛惜。或许，刘氏生前多次参与到诸如"跳舞与密斯"这样的社会问题论争之中（后来还曾参与"女性"不能替代"女人"一词之争），在社会活动上所投入的个人精力与时间之多，总是难免令人产生其人为"盛名所累"与"不务正业"的评价。

曾为同门师兄弟的鲁迅，在刘半农死后所写的《忆刘半农君》一文中，就明确指出：

> 近几年，半农渐渐的据了要津，我也渐渐的更将他忘却；但从报章上看见他禁称"密斯"之类，却很起了反感：我以为这些事情是不必半农来做的。

应当说，从"纯学术"与"纯文学"的角度来考察刘半农的一生，鲁迅的评价自然是中肯的。然而，快意恩仇、笑骂由人、一针见血、痛砭时弊的人格特征，更是刘半农这样的学者与作家的可敬与可爱之处，这样的人格魅力与人生旨趣，恐怕并不是靠几篇论文、几部小说来支撑的。

所以，从这个角度而言，让鲁迅生了"反感"的，他认为"不必半农来做的"的那些事件，刘半农偏偏就热衷去做，并且做得有声有色，确实赢得了一定的社会反响，并因此"据了要津"。仅从禁舞这一事件而言，爱护学生、珍视品行、敢于建言、直斥世风的刘半农，为时人与后世留下的精神遗产，是不言而喻的。

◎ 1933 年：禁舞与反游艺并举

斯人已逝，挽蔡失败，禁舞成功，一半对一半，在这两件事上，刘半农可谓是"半称心"。殊不知，在这两件事之间，其人还做了一件惊世赅俗的事，这事令很多人有点闹心，搞得他自己也不是那么开心。

1933 年 12 月 23 日，在北平《世界日报》第七版"教育界"专版上，一篇自称"文责自负"，署名"刘复"的大块文章，又昭然公布了出来。这一次，刘半农除了禁舞外，还要反游艺：

走入魔道的学校游艺会

刘　复（文责自负）

在这一件事上我早就打算说话，可是忍了一两年没有说。因为，第一，这是个比较小一点的问题，谈起来决没有经济问题社会问题等有劲而吃香；第二，我所谈的虽然是泛指一般的学校游艺而言，亦许文章发表，适在某校开游艺会之后，从而有人疑心我对于某校有什么不满或用意，这种的误会实在有点犯不着惹到身上来，所以且闭着口。

现在呢？关于第一点且不管，因为我所谈的，照例不会有劲而吃香的。关于第二点，恰有个很好的机会：因为北大三十五周（年）纪念正开过盛大的游艺会，而我是北大校门里面的人，即使有人以为我这篇文章专对北大游艺会而发，北大同事同学，也决不会误会到海阔天空去，至多不过说我唠叨而无聊，或昏庸老朽而该打倒罢了。因此，我就放肆了。中国学校之有游艺会，至少已有二十五年以上的历史，因为我在中小学校时，校中都举行过游艺会。但那时的游艺会，重在学生技能之展览（如演说，辩论，对客作书画等），及科学中有趣实验之表演。至于音乐歌唱，只占很少的一部分。要是在末了演一出短剧，那就不算作游艺会的主体，而称之为余兴。到民国七八年时，风气渐渐改变；音乐，歌唱，新剧，跳舞（那时在中国还是极新鲜的玩意）等渐渐增加到半数以上，技能展览及科学表演虽然没有完全推翻，可已有点反主为奴的悲哀了。再过几年，索性对不起，一脚踢出！于是学校游艺会，遂一变而为完全杂耍性质。这是第一种转变。

还有一种转变，就是最初的游艺会，表演人绝对以本校学生为限；即使是本校教职员，还不过从旁帮助，或者是在合唱时上台去指挥一下。这风气直到民国七八年时还保存着：我记得那时北大开游艺会，本校词曲教授吴瞿安先生

实业学堂开游艺会，原载《图画日报》，1910 年

登台清唱，大家认为例外；又有一次，请了一个美国女人上台跳了一套西班牙舞，大家更认为破天荒的例外。现在呢？主办游艺会的是甲校，而登台表演的人，不妨到乙校丙校丁校去绑票去拉夫去磕头！

如其不够，还要化（花）钱去请名伶或求名伶来帮衬。因为有以上两种的转变，我们不得不承认现在的学校游艺会已走入了魔道。我们所要看的是学校游艺会，结果是我们走进了临时的新世界！我们所要看的是某一校学生的游艺会，结果是我们看见了他校学生或非学生，本校学生反处于不重要的地位，这不是挂着羊头卖狗肉！名伶或非名伶自有其价值。我们要看，平时买票去看就是了；学校办游艺会，性质与喜庆人家之有堂会不同，何必花这一份钱。各校的杰出人才，应当留给各校自己去出风头。

自己学校有好的，就把好的给人家看；有坏的，就把坏的给人家看；连坏的也没有，就索性不给人家看，这岂不干脆老实！而必出之以绑票与拉夫与磕头，徒自苦耳，于学校之风头何有？从前游艺会中大多只有新剧，现在似乎旧剧已非有不可了。旧剧当然未尝不可以唱，不过有些剧本的内容很不适合现代潮流，放在普通戏馆里唱，自然有应当负责的人负责；放到学校游艺会里来唱，那就非加以相当的审择不可。要是校门口所贴的标语表示着二十一世纪的新精神，校门里大吹大擂所唱的戏可表示着十五世纪的旧精神，那就未免滑稽。

花钱请伶人演旧剧，可以不必再谈，同学中有长于此道的，我也很欢迎他们上台演唱一回。但如只能勉强哼几句，其余说白，做派，台步等，都要临时抱佛脚，弄得上台之后，顾了东失了西，安排好了脚，又安排不了手，这在演的人固然未免太苦，在看的人也就没有什么可乐。说到排演新剧，可又有另外

国学门导师刘复一行在百灵庙留影，原载《北京大学研究所国学门月刊》

的纠纷。我敢说：凡是学校因开游艺会而临时排演新剧，各演员决没有自始至终一团和气的，中间必定要经过些小小的龃龉，甚而至于大大的龃龉。因为杂剧中必定有个主角，主角者，演员之所必争也；又必有女角，女角者，演员之所乐近也。于是或因抢做主角，或因抢做与女角接近之一角，未为名角，先闹口角！口角之结果，容即吹台。幸而经主办人或导演人之磕头作揖，不至吹台而居然登台，则前台演戏，后台相骂，区区亦尝目睹之矣。再不然，一角出场，捧之者有一派人，贬之者亦有一派人，东则拍拍拍，西则嘘嘘嘘，势均力敌，苦然中立的看者，不知究是什么一回事，但有摇头叹气。

不必再说得淋漓尽至了，总而言之，现在的学校游艺会，已走入了魔道，非根本改革不可。根本的改革办法怎样呢？说出来也很简单：第一，应严禁学校游艺会，只许本校学生参加。第二，戏剧亦与音乐歌舞同，应注重平时演练；对于旧剧只能唱不能演者，与其彩排，不如清唱；新剧应于平时有组织，临时乌合，无有不糟。第三，应当限音乐歌舞戏剧等所占的时间，不得超过一半；以其余一半作技能展览及科学表演，庶几学校游艺会与临时杂耍场有别。科学表演尤应尽量注意。你以为没有人要看么？只要做得好，决不至于没有人要看。柏林有一个专门表演科学奇观的戏馆（姑名之曰戏馆），天天有人买票去看，也同普通戏馆一样热闹。我们何妨借游艺会尝试尝试呢？你们赞成我的话么？要是不赞成，罢，嗚罢，是我活该！

（二十二年十二月二十日，北平）

这篇近两千字的长文是刘半农以当时北大三十五周年庆相关活动为例，进而对20世纪30年代已普遍流行的学校游艺会所发表的意见总汇。这样的意见总汇，所发表的时间，恰在北大三十五周年庆刚刚举办完成之际，显然是有感而发的。

稍微熟悉中国近现代文学史的读者都知道，作为新文化运动健将之一的刘半农，虽然本身是卓有声誉的语言学家、音韵学家，但其在杂文领域的文学成就，却更为时人瞩目。曾几何时，文学家刘半农的名号更胜过语言学家刘复之名。其人生前死后连续印成的《半农杂文》《半农杂文二集》，这两部几乎尽搜其杂文作品的集子，足令世人一睹其文笔与性情。

不过，这两部集子并没有收入《走入魔道的学校游艺会》一文，九十年后的今天，亦未见后世研究者有所披露。

鲁迅：《游仙窟》校印谁为先？

◎小引：失传千年的唐代小说《游仙窟》，在新疆发掘出土

据报道，2019—2021年，经国家文物局批准，新疆文物考古研究所对克亚克库都克烽燧遗址进行了主动性考古发掘，发掘面积2300平方米，取得了重大收获，其成果先后入选2019年度"考古中国"丝绸之路重大项目成果和"2020年中国考古新发现"。

克亚克库都克烽燧遗址至今已累计清理出土各类文物1450余件（组），均为戍边将士日常生活、工作实用器物。其中，以883件文书（纸文书758、木简119、帛书4、刻辞2）最为引人注目。文书所记录内容丰富，诸多内容均为首次发现，具有极高的史料研究价值。

值得一提的是，在这些举世罕见的唐代文书中，竟发现了国内早已失传的文学作品《游仙窟》，为国内现存最早版本。

◎《游仙窟》，在中国失传的中国小说"开山之作"

据考，《游仙窟》乃唐代传奇小说，张鷟（约660—740，字文成）所著。这部小说采用自叙体的形式，描写作者奉使河源，夜宿大宅，大宅即神仙窟，遂与仙子宴饮歌舞，无所不至。这是一部在中国古典文学领域里，首次直接反映唐代文士狂放不羁生活史的传奇小说。

《游仙窟》通篇以散文叙事，以韵语对话，文辞浮华艳丽，结构谨严完整，以四六骈文的形式进行创作，与变文韵散夹杂、唱白并用的形式基本一致，写得生动活泼，乃是最早以骈体文作传奇，标志着自六朝志怪体裁向唐传奇体裁的转变，内容亦自志怪转为人世悲欢离合，在中国古典小说发展史上有重要意义，有研究者将其称之为"新体小说"之始作俑者。简言之，这部小说乃后世所有言情叙事类小说（包括"四大古典小说"）的"先祖"。

人们早先熟知的唐代传奇大多是开元、天宝以后的作品，是用比较齐整简洁的古文写成的。而《游仙窟》出现时，骈文还在盛行，因此，这部小说的叙述语言大量使用骈偶句式，颇有汉魏六朝辞赋的韵味，而且人物对话，亦大量以诗歌代之。这种特殊的体裁为中国小说发展史研究提供了可贵的化石级原始标本。从中国小说的发展史来看，《游仙窟》一书可谓中国小说的开山之作。

《游仙窟》最初的版本于成书后不久即流传到了日本。据《旧唐书》记载，日本"每遣使入朝，必出重金购其文"，可能正是日本遣唐使将这部小说抄录带归日本。

据统计，《游仙窟》在日本有多种钞本和刻本流传至今，主要版本有以下五种：

一、京都醍醐寺三宝院藏康永三年（1344）钞本，后有日本古典保存会1926年影印本；二、名古屋真福寺宝生院藏文和二年（1353）钞本，后有日本贵重古籍刊行会1954年影印本；三、江户时代（1603—1868）初期无刊记刻本，后有日本和泉书院1983年影印本；四、庆安五年（1652）刻本；五、元禄三年（1690）刻本，称《游仙窟钞》，五卷，有插图，后有多种翻刻本。

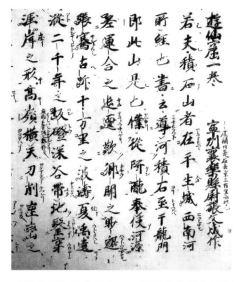

《游仙窟》日本钞本——醍醐寺藏康永三年（1344）钞本

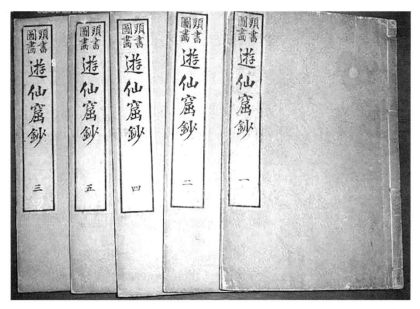

《游仙窟》日本刻本——元禄本《游仙窟钞》之松山堂翻刻本

《游仙窟》日本刻本——元禄本《游仙窟钞》之松山堂翻刻本，序言及页首

《游仙窟》日本刻本——元禄三年（1690）刻本，版画页面之一

然而，唐代之后的中国本土，由于儒家学说大行其道，《游仙窟》一书因行文狂放，语涉艳情，反倒不为当时的主流文化所接受，在经历了宋、元、明、清历代的冷落与边缘化之后，这部小说竟然在中国本土彻底失传。

这样一部小说在其诞生地悄然失传，却又在异国他乡大受追捧，这不能不说是一个值得深究的文化史命题。当然，这一命题并非本文所能胜任，也并非本文主题所在。本文所着意者，仅仅局限于这样一个问题：当这部小说在中国本土失传之后，迭经千年之后，又是何时何人将其重新引入国内，并予以重新校印以广流传的？简言之，在中国国内最早印行的校订本《游仙窟》，是否即为众多读者所熟悉的，由鲁迅大力支持、周作人力推的川岛校本呢？

◎力推川岛校本，周作人提前十个月写书评？

时为1928年4月1日，《北新》半月刊第2卷第10号，刊载了署名"岂明"的周作人书评《夜读抄（二）：游仙窟》（此文后来收入《看云集》，1932年开明书店出版，改题为《读〈游仙窟〉》）。这篇书评，其实是为北新书局当年10月付排，1929年2月方才正式出版的《游仙窟》一书做提前宣传，距新书面市还有十个月之久，周氏如此急于推出此书，其迫切程度几近失态，也自有其缘由。

原来，这本《游仙窟》虽然署名"川岛"，即鲁迅的同乡小友章廷谦（1901—1981）

周作人《看云集》，1932年开明书店出版，收入《读〈游仙窟〉》一文

章廷谦，原载《国立北京大学毕业同学录》，1936 年印行

校注，但章氏只是起意与执行者，鲁迅与周作人对这个校注本的底本选取、版本校勘乃至最终校定都起到了决定性作用。

这薄薄的一册古本小说校注的确倾注了周氏兄弟的不少心血。完稿之后鲁迅亲撰序言，备加推许，序言手迹被影印置于全书正文之前；周作人在此书正式出版之前十个月发表的书评；一贯以"疑古"自居的钱玄同竟题写了书名；这一川岛校本《游仙窟》一跃成为中国现代出版史上同类校注本的最著名者。

可以说，当时大多数国内读者，接触到的《游仙窟》一书，基本是这一川岛校印本。当时，这一校印本的知名度与流行度自不待言。

另外，自 1923 年 7 月周氏兄弟因家庭纠纷而断绝交往以来，一直形同陌路，终生再无交道。此次因校印《游仙窟》一书，两人均倾力参与，虽还谈不上心有灵犀，但毕竟也算是一次心照不宣的遥相呼应。那么，为什么周氏兄弟对《游仙窟》一书如此重视？这仍然得从此书的日本版本及其当时在国内的流传状况谈起。

周作人，1929 年存照

◎鲁迅力争《游仙窟》国内校印之先

事实上，鲁迅并不是在日本最早发现《游仙窟》一书的中国学者，也不是第一位主持校印该书的学人。

清末著名藏书家、版本学家杨守敬，曾作为驻日公使的随员在日本访书，就已发现了这部小说，并著录于光绪十年（1884）刊出的《日本访书志》中。而国内最早的《游仙窟》校印本是陈乃乾主持的"古佚小说丛刊"初集中的第一种，正式出版时间为1928年4月。

当然，无可否认，鲁迅个人的公共影响力是巨大的，由其大力支持并很快印行的川岛校印本，在国内读者中产生的热烈反响，自然也是别的校印本无可比拟的。

据《鲁迅日记》1922年2月17日记载，从沈尹默处得到元禄本《游仙窟钞》的一个翻刻本之后，鲁迅在教学用的早期讲义《小说史大略》中即已提到此书。稍后正式出版的《中国小说史略》第八篇"唐之传奇文（上）"又再次提及此书，这一部在中国本土已失传千年的唐代小说遂为学术界所关注。

不难发现，当时身为北大、北师大教员的鲁迅，通过授课方式，已然将《游仙窟》的历史与学术价值充分发掘了出来，这部古本小说的社会关注度也随之提升。其后不久，鲁迅开始全力促成章廷谦校注并出版此书；在1927年撰毕序言及校定章氏初稿之后，其间更多次敦促其尽快出版。的确，从鲁迅着手校印此书的时间上来看，是有可能赶在陈乃乾校印本之前的。

不过，由于《游仙窟》在国内流行未广，日本的早期版本也不易觅得，鲁迅当时手头也没有多少资料，所以有若干校订工作不免是带有推测性的，难以确定是否一定符合原本原意。鲁迅对章氏初校稿的所谓"校定",虽基本上是正确的,但仍存在许多问题,一时也解决不了;因为这必须校以善本,而他本人手头上除了元禄本之外,当时并没有其他更佳的版本可用。

1927年7月7日,鲁迅将加上了许多批语的校定稿,与为这个校本所撰序言一并寄给章廷谦时,还捎带告知一个重要讯息:

前闻坚士说,日本有影印之旧本一卷,寄赠北大,此当是刻本之祖,我想将来可借那一本来照样石印,或并注而印成较阔气之本子也。

此外,鲁迅还明确表达了对这一"刻本之祖"的特别期待,称"那时我倘不至于更加不通,当作一较为顺当之序或跋也",这就说明鲁迅对自己的校定稿尚存疑虑,希望通过这个"影印之旧本"来解决这些疑虑(1927年7月7日致章信)。稍后,鲁信又致信指示说:

《游仙窟》我以为可以如此印。这一次,就照改了付印,至于借得影印本后,还可以连注再印一回,或排或影(石印),全是旧式,那时候,则作札记一篇附之。(1927年7月28日致章信)

鲁迅在信中提到的所谓"影印之旧本",指日本古典保存会于昭和二年(1926)影印的醍醐寺藏康永三年钞本,此本为现存《游仙窟》完整诸本中之最早者。此时对章廷谦而言,唯一可寻而又最具校勘价值的《游仙窟》版本,首先就应当是这个醍醐寺钞本。有了这个版本,不但可以纠正工作底本元禄本中本身就存在的一些讹误，而且鲁迅在"校定"过程中不那么肯定，带有推测性质的校改也可从中得到验证，并可以此为据做出取舍与精校。既然北大已有影印的本子，自然应当想方设法加以利用。

只是当时章氏身在杭州，无法就近利用北大新近得到的这个影印本，于是写信给一直在北大任教的老师周作人，恳请其协助办理。周作人允其就近用醒醐寺钞本的影印本来校底本，订正了底本多处的衍、夺、误、倒诸问题，解决了不少疑难，使章、鲁的两次校本更为精进完备，眼看着就将大功告成。

◎ "半路杀出"的陈乃乾校本

孰料，就在周氏兄弟与章廷谦三人分工协作，在这函札往还、南北协力，校订工作紧张有序开展之时，就在这一日趋完善、精益求精的校本定稿呼之欲出之际，1928年4月，陈乃乾校本《游仙窟》忽然"横空出世"，由开明书店正式出版了。可以想象，此时无论是鲁迅、章廷谦，还是最后用醒醐寺钞本加以精校的周作人，那一份莫名的遗憾与震惊，都是难免的。

应当说，面对这一场《游仙窟》校印本在国内出版的竞争，鲁迅是有一定心理准备的。可这"半路杀出"的陈乃乾校本却是始料未及的——因为鲁迅眼中的那个"程咬金"原本并不是陈氏，而是郑振铎。

原来，在1928年北新书局将校点本《游仙窟》排上出版日程之后，并未予以充分重视，以致在相关事务推进上屡有延误。为此，鲁迅不停地催促书局老板李小峰，因其当时认定郑振铎等人可能也在着手校印此书，唯恐稍有懈怠，即失此先机。

当时郑振铎的确写过一篇题为《关于〈游仙窟〉》的论文，文中在《游仙

《游仙窟》川岛校本，北新书局，1929 年 2 月初版

窟》流传状况、作者考证、版本辨析等方面都有较为充分的研讨。更为重要的是，在这篇文章中，郑氏还明确提到了醍醐寺钞本，并表示已经得到了影印本，正在研究之中。这篇文章写于1928年12月18日的上海，发表于《文学周报》，鲁迅读到这篇文章时，难免会以为郑氏必定参与到《游仙窟》校印本出版的竞争中来。因此，鲁迅对搁在北新书局里迟迟得不到出版的校点本，自然也更为关切，不免要亲自出面督促

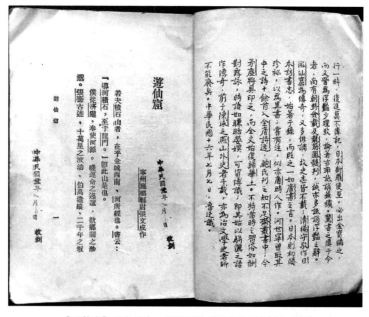

《游仙窟》川岛校本，鲁迅撰并书序文末页与正文首页

出版。

直到1929年2月《游仙窟》章氏校本正式出版之后，鲁迅方才松了一口气，而且自以为赢得了这场国内校本出版的同行竞争。事后，鲁迅不无轻松地向章氏提道：

例如《游仙窟》罢，印了一年，尚无着落。我因听见郑公振铎等，亦在排印，乃力催小峰，而仍无大效。后来看见《文学周报》上大讲该《窟》，以为北新之本，必致落后矣。而不料现在北新本小峰已给我五本了，居然印行，郑公本却尚未出世，《文周》之大讲，一若替李公小峰登广告也者。呜呼噫嘻，此实为不佞所不及料，而自悔其性急之为多事者也。（1929年3月15日致章廷谦）

然而，陈乃乾校本《游仙窟》的正式出版，甚至于比郑振铎这篇文章还早了八九个月。鲁迅是否第一时间看到过这个校本，从目前能够查阅到的鲁迅书信与日记中，看不到相关记载，无从确考。仅从上述鲁迅写给章廷谦的信中来看，只字未提陈氏校印本。

无论如何，这"半路杀出"的陈乃乾校印本，确为《游仙窟》一书回流中国之后，国内校印出版最先者。仅就正式出版时间而言，周氏兄弟与章廷谦通力合作的"川岛"校本，不得不屈居次席。鲁迅对此知情与否姑且不论，周作人亲撰书评贬损陈乃乾校本，力捧"川岛"校本，刊发在当年的《北新》杂志上，却是无可置疑的事实。

◎周作人书评贬损陈乃乾校本

且看于书末标有"戊辰四月"（1928年4月）的陈乃乾校本，按照编辑常理与出版常规，不太可能是当年4月1日迅即面市，而只可能在时间上再靠后一点，毕竟还需要一段运作上架的时间。

话说周作人的书评《游仙窟》一文，实为力捧自己参与了的川岛校本而作，也明确提及了陈氏校本，发表在1928年4月1日正式出版的《北新》杂志上的。考虑到杂志印制本身也需要时间，周氏可能至迟在当年3月底就已经接触到了陈氏校本。

无论是开明书店特意赠送给周氏先期印毕的陈氏校印本，还是周氏自己想办法以最快速度弄到的，周氏乃是当之无愧的陈氏校印本"第一读者"。然而，正是这位"第一读者"，也以最快速度写出了令人咋舌的"第一书评"——这篇"纠错摘谬"性质的书评，贬损他人与吹捧自己的程度，都有些令人咋舌。

在这篇书评中，凭借着对《游仙窟》各种钞本、刻本的熟悉，周作人轻而易举、极有针对性地列举出了陈氏校本的诸种失误。紧接着，文中更看似随意地提到，这些失误在川岛校本中均有纠正，言下之意再明白不过——川岛校本的品质显然要优于陈氏校本。

或许，这层意思里边更有另一层言外之意——川岛校本优于陈氏校本的根本原因，并不完全在于鲁迅校订的细致与精心，而更在于周氏本人用《游仙窟》的最古钞本——醍醐寺钞本予以精校。为此，周氏还在文中明确指出，陈氏可能根本就没有接触到比元禄本更早的版本，更不用说醍醐寺钞本了。

应当说，从学术角度上讲，周作人的这篇书评切中要害，陈氏校本的确存在着上述问题。只是文章开篇，周氏就从出版时间上来了个"偷梁换柱"，将两个校本的正式出版时间先后，明目张胆地颠倒：

据我所见的翻印本已经有两种了：其一是川岛标点本，由北新书局出版单行；其二是陈氏慎初堂校印本，为《古佚小说丛刊》初集的第一种。

姑且不论"其一其二"的排序手法本就颠倒了两个校本的出版时间顺序；只试问1928年10月付排，1929年2月才出版的《游仙窟》的川岛校本，怎么可能在1928年4月，周作人写这篇书评时就"出版单行"了呢？

后来的读者只要翻看一下北新书局出版的《游仙窟》版权页，就一目了然，可以确定周作人所言不实。

此外，文章中周作人不厌其烦地列举其过目的《游仙窟》诸多钞本、刻本细节，并刻意指出"陈君所用的大约是元禄本"，而且并没有参校其他更古、更善的刻本、钞本，所以产生了许多不该有的失误。应当说，这样的"纠错"于学术批评而言本无可厚非，但周氏的行文语气很容易让普通读者认为陈氏孤陋寡闻，版本见识短浅，这却是对读者施以一种不着痕迹的误导了。

仔细研读陈氏校印本，可知其确以元禄

陈乃乾

本为底本进行校印（"川岛"校本同样也以此为底本，并无孰优孰劣之分），但是否就完全没有参校过其他版本，却并非如周作人所说。在陈氏校本首页的"古佚小说丛刊初集总目"叙目中，"游仙窟一卷"条目中明确提道：

流传之本可考者有庆安五年（清顺治九年）刻一卷本……又有元禄三年（清康熙二十九年）刻本即据庆安本而析为五卷。别有钞本两种，一为醍醐寺藏康永三年（元至正四年）写本，从正安二年（元大德四年）本出；一为尾张真福寺藏文安二年贤智写本，著录于《经籍访古志》。此书以传钞日久之故，误字颇多，近闻日本山田孝雄氏古典保存会曾影印醍醐寺本，当取以勘之。

从这段"叙目"来看，陈乃乾对《游仙窟》版本的识见并不亚于周作人，对醍醐寺钞本的情况也并非全然不知，甚至还指出这一钞本源自一种更古的刻本——正安二年（元大德四年，1300）本。

从版本序列上来看，陈氏可能更看重刻本，毕竟最古的钞本也是源自刻本的。其人也得知了醍醐寺钞本已有影印本的消息。至于最终为何又没能取校这一钞本，其原因无非是当时陈氏身在上海，没有如周作人那般在北大可直接观瞻日本古典保存会赠送的影印本的便利罢了。而周氏本人应当看到过这一则"叙目"，在其书评中却只字未提。

◎陈乃乾当列《游仙窟》国内校印之首

由此可见，关于《游仙窟》版本的识见与研究，高明者并非只是周作人一人，陈乃乾的识见也未必如周氏书评中那么粗陋浅薄。无论如何掩盖贬损，陈氏在国内校印《游仙窟》的相关工作，的确走在了同仁前列，的确是列于周氏兄弟之前的。

《游仙窟》陈乃乾校本，开明书店，1928 年 4 月初版，辑为"古佚小说丛刊"第一种

那么，令当时在国内文坛久负盛名，向以学识卓越闻名的周作人，一改冲淡散漫文风，明讥暗讽、刻意贬损的陈乃乾，又是何人呢？

陈乃乾（1896—1971），名乾，字乃乾，浙江海宁人。清代著名藏书家向山阁主人陈仲鱼后裔，对古籍版本之学耳濡目染，有家学渊源。早年就学于东吴大学国文系，在校期间酷爱读书，经常流连书肆，毕业后经先辈徐蓉初、费景韩指点，遂精版本目录之学。又曾馆于著名藏书家徐乃昌的积学斋，遍览其藏书，因此得与海内藏书家、古书商往还。

自 20 世纪 20 年代起，陈乃乾在古书流通处（该书店创设于 1918 年，九年后歇业，其存书全部转售中国书店）主管购销古旧书籍业务，编印大部头学术丛书，如《知不足斋丛书》《章氏丛书》《百一庐金石丛书》等。后又与金诵清在上海合办中国书店，经营古旧书业，编印《清代学术丛书》《经典集林》《周秦诸子斠注十种》《重订曲苑》等诸多稀见古籍丛书。1926 年任大东书局编辑、发行所长，兼任持志学院、国民大学教授。自 20 世纪 30 年代以来，又出任开明书店编辑，辑印《清名家词》《元人小令集》等，参与编辑出版了《二十五史》《二十五史补编》等大型文史丛书。

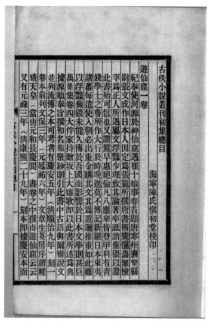

《游仙窟》陈乃乾校本，"叙目"首页

仅从上述生平履历考察，在20世纪二三十年代的古籍流通、学术出版乃至公共文化圈子里，陈乃乾已经是崭露头角的版本专家、校勘行家，不但有家学渊源与丰富阅历，而且在校印古籍方面还确实是有着实践经验的青年学者；更兼中国书店的创办者之一，也是古籍流通与出版业界的长期参与者，有着相当广泛且稳定的业界资源与社交人脉。

不过，陈氏校印的《游仙窟》，由于是收入"古佚小说丛刊"之一种，加之又是线装书，在"新青年"与大众读者群体里，传播与流通自然十分不便。无论是校印前后的宣传造势，还是图书销量与社会影响，确实都无法与洋装小册的周氏兄弟支持之下的川岛校本《游仙窟》相媲美。

仅就笔者所见，国内提及"陈校本"的文章寥寥无几，呈现出无人捧场也无人批评的状况。翁漫栖所著《闭户谭》一书（上海群英书社，1937年4月初版），收入一篇写于1935年10月的《游仙窟》，算是少有的提及陈校本的一篇文章。此文开首

翁漫栖《闭户谭》，上海群英书社，1937年4月初版

有这么一段话：

　　一向读前人辑藏的书目，及近读董授经先生的《书舶庸谭》书内纪存访得古籍的书目，始知有《游仙窟》一书，更知此书已是孤本而流传在日本了。余历年来访购无着，去年始由友人从日本寄赠"古佚小说丛刊"初集四册一部，（此书系中国印本，流传于日本故也），内收有《游仙窟》全书一卷，始得慰余所望。

翁漫栖《闭户谭》，董康题签

　　通过开首这么一段作者交代，可知翁氏也是1934年才得见此书，且还是"由友人从日本寄赠"，可谓大费周章。也由此可见，陈校本在国内确实少为人知，没有什么得力的营销。

　　诚然，陈氏校印《游仙窟》之际，不过三十二岁，图书营销方面的经验是相当欠缺的，国内文坛内外的互动与造势更是毫无筹谋可言的。不过，在古籍校印出版领域，陈氏虽涉足不过短短几年时间，可其业内实践所积累的广博识见与敏锐眼光，却非一般学者与研究者可予并论。故而在国内校印《游仙窟》一书拔得头筹，本属情理中事。

　　长陈氏十一岁的周作人本为学界前辈、文坛名家，竟以"明纠错，暗贬损"的方式，试图打压这样一位年纪虽轻、本领却颇不凡的后起之秀；更以"书未出，先自夸"的方式来为自己参与的出版项目捧场，也着实有失厚道。

周作人：《语丝》是新式《晶报》

◎上海办一《晶报》，北京办一《语丝》

1926年7月4日，北京《世界日报·副刊》第1卷第4号的最末一篇文章为周作人所撰《胡适之的朋友的报》。这篇短文未辑入周作人自选集中，如今也鲜有研究者提及，是为"集外文"。

此文实为对当时坊间所谓"《语丝》是新式《晶报》"之说的正面回应，对研究这一时期《语丝》的实际主编者周作人的思想观念，以及《现代评论》与《语丝》的论争这段历史有补证作用。为此，转录全文如下：

胡适之的朋友的报

岂　明

《语丝》是新式《晶报》，这句话大约是不会错的，因为大家不但听过多次，而且又都是名人说的，所以我说，这一定是很对的了。但我要申明《语丝》像《晶报》有什么要紧，有什么不名誉呢？听说张丹翁做过一篇《太阳晒屁股赋》，我虽未曾见到此文，但觉得这个题目也颇有趣，比起文白各色"老虎报"中捧我执政或我们的总长的文章来，实在还要高尚百倍，为什么会做不得？《语丝》上倘若连登这样的太阳晒什么赋或颂，只要不替政府或总长说鸟（丁幺切）话，我就觉得毫无惭愧，决不感到自己是下流，也不相信会误人子弟，如南开校长张伯苓公所说，——即使有误人之虑，也让挈钱说话而自称主持公理这种行为要好一点，因为这简直是教人为非，学了那个不过多

文学教授周作人，原载《民国一四北京师大毕业同学录》，1925 年印行

做几篇"文章游戏"的文字罢了。至于《晶报》，于《现代评论》也有点不敬，那或者是偶然的，虽然是根据了《语丝》的报告。因为像《现代评论》那样"惹不得"的东西，除了我们这些"学匪"，谁敢对他不敬喔！

　　"不料偶然又偶然"，天下偶然之事的确不少。胡适之先生的友运不知到底是好是坏，在他的老朋友当中既有人在上海办一《晶报》，又有人在北京办一《语丝》，（或应称作"日晶晶报"），真是不胜抱歉之至，——虽然他的朋友也还不少是做正经事业，主持最公允的公理的。（在《语丝》之下或者应当添上一个《世界日报·副刊》，因为半农反正编辑不出怎么正经公允的东西来。）

　　上述这篇五百余字的短文将"《语丝》是新式《晶报》"的说法应承了下来，明确"申明《语丝》像《晶报》有什么要紧，有什么不名誉呢"。这样的态度，较之周作人先前对这一说法的回应，有着微妙的变化。

◎《太阳晒屁股赋》及其影响

值得注意的是，在周作人不以"《语丝》是新式《晶报》"之论为忤，却反倒坦然接受此论，同时还坦承"听说张丹翁做过一篇《太阳晒屁股赋》，我虽未曾见到此文，但觉得这个题目也颇有趣"，意即上海《晶报》主编张丹斧（1868—1937）所撰《太阳晒屁股赋》，周氏当时还没有读到过。

因周氏后边还提到"《语丝》上倘若连登这样的太阳晒什么赋或颂"云云，可以想见，这已然是把张氏此赋视作可以代表《晶报》总体风格与旨趣的重要作品，虽未读到，却已然申明赞赏与认可了。

周作人、胡适、蒋梦麟等人与日本学者团合影，摄于 1924 年 1 月北京大学二院中日学术协会会议期间

应当说，这样的情形是比较少见的。周氏解读他人著述与文章，向以眼光独到精细、评述独特深入见长，少有尚未读过原文，即撰文表态者。如果周氏所言属实，确未曾读过张氏此赋，那么，或可理解为，至少读到过其兄长鲁迅笔下转述引申的张氏此赋。

就在周氏撰发此文九个月之前，1925年10月，鲁迅曾将《太阳晒屁股赋》引用到自己的文章《从胡须说到牙齿》中，在《语丝》上发表。鲁迅在文中两次提到张氏此赋，先是自己早年写的一篇《说胡须》引起了一些"假正经"学者的不满，称：

一位北京大学的名教授就愤慨过，以为从胡须说起，一直说下去，将来就要说到屁股，则于是乎便和上海的《晶报》一样了。为什么呢？因为《晶报》上曾经登过一篇《太阳晒屁股赋》，屁股和胡须又都是人身的一部分，既说此部，即难免不说彼部，正如看见洗脸的人，敏捷而聪明的学者即能推见他一直洗下去，将来一定要洗到屁股。

文末，鲁迅还特意表扬了张氏此赋，称其比政客文章还多些真诚，还更值得看一些：

所以倘若事不干己，则其听他说政法，谈逻辑，实在远不如看《太阳晒屁股赋》，因为欺人之意，这些赋里倒没有的。

显然，鲁迅在文章中两次提到张氏此赋，并非纯粹的文学评论或文化评述之类，而是借此影射讥刺以"老虎总长"章士钊为代表的北洋政客群体及其支持者。鲁迅此文一经发表，引来北京文化界、教育界所谓"主流人士"一片哗然，质疑与反击之声不绝于耳。

在北京各大报刊之上，一度风传"《语丝》是新式《晶报》"之论，应当与鲁迅此文有关。借此论攻击《语丝》者，意谓《语丝》虽倡举新文化、新文学，实则不过与上海《晶报》之类的文人小报一般，兜售的是以新风尚为幌子的低级趣味。

姑且不论鲁迅是否真的赞赏与接受《太阳晒屁股赋》的文风与旨趣，也不论周作人缘何在未读原文的情况下，仍表同情与支持，此赋的来龙去脉在此还是有必要略加介绍一番的。

张丹斧与胡适曾一度交往密切，在上海文坛中，颇有些应酬往来的逸闻趣

《晶报》主编张丹斧

事，流传于坊间。胡适确亦曾多次撰写诗文或题词，发表于《晶报》之上。故周作人撰此《胡适之的朋友的报》，意即自己与张氏皆为胡适之友，《语丝》与《晶报》似乎也因此有了一些私谊上的关联。据此揣度，周氏兄弟一再提及的张氏所作《太阳晒屁股赋》，自然又有了另一番独特之处。

据载，1917年4月26日，在上海《神州日报》副刊"怪话"栏目中，首次刊发了《太阳晒屁股赋》。此赋首发时间，距周作人撰发《胡适之的朋友的报》一文，已近整整

十年。因南北遥隔，如果不是首发时即刻意搜求，十年之后再次读到此赋，的确是不容易的。即便博览广见如周作人者，也没有读到过。

其实，就在此赋首发数月之后，正值此赋"声名大噪"之际，当时即有不少读者以未曾亲读此赋而深感遗憾。为此，《晶报》社长余大雄又将此赋再次刊发，还特别附以跋语，提示读者重读此赋：

太阳晒屁股赋

丹　翁

上海之业报者，多不以馆屋为可居，谓不别治菟裘，将"吁嗟阔兮"之诗，无复可咏。盖有所慕于长官之不住衙门也。小子卖文，所收入者，实未足以语此。财主周扶九，喜安步似当车，有讽之者，周曰"如这样上海的南京路，又平又宽，汝辈尚不肯走，是真无路可走了"。周之逸事甚多，予谓此语特妙。住屋亦然，如这样望平街之报馆高楼，尚不肯住，是真无屋可住矣。惟小子寓楼，三层东向，每晨及卯，太阳必枉顾一次，我不趋炎，而炎竟趋我，床帐满晒。幸而白驹过隙，弹指即去。此时予又多在梦中，四季与相晤面者，不过春夏之交，数朝而已。一至隆冬，予似稍有所需，而彼反翩然远引。然我于其来也，既无所畏，于其去也，又何所爱。不过偶成蚤兴，岂屁股左右，大似卧一温温恭人，未免有情，亦复谁能不赋此耶。

太阳太阳，辜负堂堂。我之屁股，何劳晒将？我对我的东方，你出你的扶桑，乃斜窥我之下梁，潜侵我之卧床，颠倒我之衣裳，钻投我之裤裆。深处并无八寸之器，要见你这天日之光。然而太阳不悟也，而我亦不惧也。太阳不顾也，而我亦不虚也。汝穿吾窗，吾帘不下。汝照吾榻，吾帐高挂。可笑台驾，片刻鲜睹。自幸此股，莫与比大。你有黑子，我股岂无。你擅两仪之贵，我还如太极之图。身所从出，汝岂忘乎。

大雄曰：此赋乃丹翁年前所作，今之时贤，每言丹翁，必及此赋，几将此赋为丹翁之商标。昨见《时事新报》，又以此赋，与周瘦鹃、陈冷血、杨老圃、梁任公、章行严诸君之文章，相提并论。丹翁可谓荣矣。太阳于丹翁之屁股，亦云厚矣。今丹翁居于报馆高楼，而太阳之晒其屁股也如故，予恐知丹翁者，或未读及丹翁此赋，多所抱憾，爰急从六年四月二十六日《神州日报》后幅"怪话"栏中检得，重为刊布宣扬，并饷同志云。

此赋全文五百余字，为年过半百的张丹斧所作，被时人视作这位"怪才"的代表作。今观此赋，不过借题发挥，呈现了一位报人恃才傲物、幽默调侃的一面而已。除此之外，别无深义。

张丹斧，青年时期存照，原载《新百美图》

当然，也可以想见，这样的文章出现于一个世纪之前刚刚推翻帝制的中国社会之中，出现于以"正统"自居，以"主流"自视的中国文教界人士的视野之中，势必招致不满与不解，乃至批评与抨击。这样的文章，在当时的国内公共文化领域里，只能是为特定圈层所接受的小众文章，难登"大雅"之堂。

也正因如此，用以此赋为风格与旨趣的《晶报》，来比拟一直刊发攻击"主流社会"

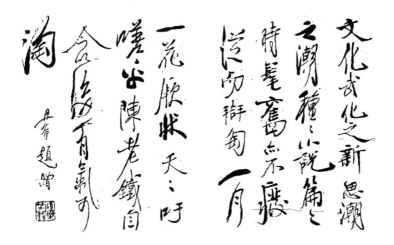

张丹斧为《小说新潮》题词，原载《小说新潮》第 1 期，1921 年 10 月 10 日

文章的《语丝》，称"《语丝》是新式《晶报》"，在反对《语丝》者阵营看来，是最为贴切的比拟，也是最为犀利的反击。就这样，这一南一北两份"胡适之的朋友的报"，在这一特殊历史时期竟被相提并论，被一并群起而攻之。

◎从申辩到应承：关于"《语丝》是新式《晶报》"

前边曾提到，《胡适之的朋友的报》所表达的作者态度，较之先前对"《语丝》是新式《晶报》"之论的回应，有着一番微妙的变化。至于这一变化究竟何等"微妙"，还需要略加回顾一下这场论争。

最初，《语丝》第 8 期曾于 1925 年 1 月 5 日刊发过周作人与伯亮先生的通信《滑稽似不多（通信二）》，针对伯亮先生批评"《语丝》太多滑稽分子，有变成《晶报》之虑"的质疑，给予了"我们决不预备变成《晶报》"的答复。之后，《语丝》第 53 期登载的《"小"五哥的故事》是以"小五哥"的民间故事来表现机智、诙谐、幽默甚至自我解嘲的精神，周作人对这类故事所表现的对抗旧礼教的"趣味"非常看重,这与其之前搜集编写徐文长的故事相仿。

为此,周作人还在故事末尾加了一篇附记,也发挥了一下对《语丝》是新式《晶报》之论的回应。文中提道:

这类故事是极不易得解人的。卫道的编辑不允续载徐文长,高雅的文士以为这是新式《晶报》,戴明角圈大眼镜的老头子更不必说了。天下只有天真的小儿与壮健的天才(如拉勃来,歌德,若斯威夫德便有点病态了)才有欣赏粗俗话的资格,我们当然不能僭越,但是我们如能拨开一点传统的规矩,对于民间文学及民俗学有点趣味,也就多少可以了解它了。

一年之后,1926年1月21日,在《京报副刊》上,还发表了周作人所撰《北京的一种古怪周刊〈语丝〉的广告》,更以一种调侃戏谑与自我解嘲的方式,为《语丝》的办刊主旨申辩,仍是对"《语丝》是新式《晶报》"的明确反击。

然而,《胡适之的朋友的报》一文,似乎不再急于辩白"《语丝》是新式《晶报》"这一论点,而是反其道而行之,直接给《晶报》唱起了赞歌,并连发三个反问,称"《语丝》像《晶报》有什么要紧,有什么不名誉呢?……为什么会做不得?"文末,周作人还戏称《语丝》"或应称作'日晶晶报'",大有不仅《语丝》是新式《晶报》,还要有过之而无不及的架势。最后,周作人一笔轻描淡写,捎带着又把友人胡适与刘半农也统统拉进了"新式《晶报》"的阵营,以戏谑的口吻写道:"胡适之先生的友运不知到底是好是坏……(在《语丝》之下或者应当添上一个《世界日报·副刊》,因为半农反正编辑不出怎么正经公允的东西来的。)"

显然，周作人调整了论争策略，以应承"《语丝》是新式《晶报》"的方式，让《语丝》在更广阔的公共传媒领域寻求更多的同道与同盟，让《语丝》与《晶报》《世界日报·副刊》这些敢于在公共领域"发声"、敢于对抗"像《现代评论》那样'惹不得'的东西"的非官方报刊成为观念同盟。周作人自称"学匪"，并将同道与同盟称作"我们这些'学匪'"，大有揭竿而起，革"学阀"命的气势。

这样一来，实际上就将"《语丝》是新式《晶报》"的本来是带有某种连带攻击性的论点反而化解成为同盟的纽带，反过来从公共文化层面主动与《晶报》等同类型"非主流""非官方"报刊结盟，争取更广阔的话语空间，化孤立被动为同盟。

这样一来，既从客观上化解了来自《现代评论》等"老虎报"的攻击，又主动消解了"非主流"报刊之间的嫌隙；这样一来，以《现代评论》为代表的"主流报刊"将《语丝》《晶报》等同类型"非主流"报刊逐个击破、分而治之的竞争策略，也随之失效。

当然，围绕"《语丝》是新式《晶报》"的论争，还在持续发酵，并不因《胡适之的朋友的报》一文的出现，而各自偃旗息鼓。

《胡适之的朋友的报》一文发表后次日，即1926年7月5日，周作人又将论战场域重新转至自己的"主场"——《语丝》（第86期），发表了《现代评论主角唐有壬致晶报书后》。原来，一个多月之前（5月18日），唐有壬（1893—1935，时为北京大学经济学教授，《现代评论》主要撰稿者之一）有一封致晶报社的公开信，声明《晶报》所载"《现代评论》被收买"的消息，是转载自《语丝》的；并称这一消息"起源于莫斯科"。

此信将"《语丝》是新式《晶报》"的说法进一步复杂化,将《语丝》与《晶报》都与当时北洋政府严厉打压的"赤化"联系在了一起,企图以"通赤"嫌疑嫁祸两家报社。对此,周作人及时撰文对这种在论争中蓄意掺入政治谣言的行径予以驳斥:

《现代评论》收章士钊一千元的消息乃是从现代评论社出来的,收受国民党一千元的消息也是如此。唐君却硬说这是赤俄的消息,……时时用他们一个代名词笼统包括,这实在是一种卑劣阴险,没有人气的行为。

◎转战《世界日报·副刊》:周作人与刘半农的"双簧"

不难发现,自新文化与新文学运动以来,为确立"新"与"旧"观念、思想、文化、文学上的差异与界限,新派学者为争取话语空间、话语权以及伴之而来的种种权益,必然创办各种旨在向公众传达新理念、新话语、新思想的"非主流"报刊。在这些报刊上,新派学者的言论逐渐形成可与旧有"主流"思想势力相抗衡的话语空间,在这一形成过程中,又必然不断地产生来源各异的论敌,办刊者自己也在不断假设、寻觅与树立论敌。《语丝》与《现代评论》之间旷日持久的论争,只是其中一例。

事实上,自刘半农于1926年7月1日开办《世界日报·副刊》以来,周作人随即为之撰文供稿。一方面,作为友人支持,供稿义不容辞;另一方面,延展话语空间,借题发挥,借地"转战"与持续论战,也是便利。在《世界日报·副刊》第1卷第1号上,周作人即以《六月二十八日》一文,首开"转战"大幕。

周作人与刘半农、钱玄同等友人的新年聚会，摄于 1929 年 1 月 1 日

这篇文章的主要内容仍然是抨击当局，攻击"主流"：

今天是六月二十八日，回想三月十八已是一百天前的事了。这在乡间称作"百日"（Pahnih），是对于死者的一个大纪念。前清时男子服父母之丧，在这期间不剃头发，通称"百日头"。这三月十八日死难诸人的百日，在我们也应当是一个极有意义的纪念日。

三月十八日之难，一总死了五十多个人，或者不算很多，而且在那些维持公理的正人君子看来，这都是校长教员给车钱强迫他们去的，死了正正是活该，——倘要查办，只须通缉民众领袖就好。（这件事执政已替他们办了，虽然所通缉的只是十分之一。）但据我想来，这决不是普通的事件，实含有划时代的重大意义，值得我们的纪念的。正如"五四"是解放运动的起头一样，这"三一八"乃是迫压反动的开始。我并不是自诩先知，预备到市场挂牌卖卜，这三四年来我天天在怕将有"复古运动"之发生，现在他真来了，三月十八日是他上任的日期。对于这种事情不大喜欢的人应当记取这个日子，永远放在心上，像母鸡抱蛋一般，一心守候着它的孵化。但是，倘若你是主张屁股正该自家打的所谓爱国家，或是专门捧章士钊的所谓正人君子，那么你忘记了也不见怪。——这一句话其实也说得有点"蛇足"，难道我真是还会去怪他们么？十五年六月二十八日。

《六月二十八日》一文仍是只有约五百字篇幅的短文，但抨击当局，攻击"主流"的力度依旧，依旧是针锋相对，毫无退缩的。此文与《胡适之的朋友的报》皆未辑入周氏自选集，均属"集外文"。而周作人为《世界日报·副刊》的另外两篇供稿，则均辑入了《谈虎集》，即1926年7月10日，第1卷第10号所发表的《条陈四项》；1926年7月31日，第1卷第31号所发表的《诉苦》。

其中，《条陈四项》仍与"《语丝》是新式《晶报》"之论有关，只不过这次不是谈《语丝》的立场或宗旨，而是寄望刘半农主编的《世界日报·副刊》，也要办成与《语丝》《晶报》立场相近的，以"非主流"姿态对抗"主流"的报媒。

文中所提出的《条陈四项》很显然也是针对《现代评论》等所谓"主流"报刊的，并带有强烈的调侃与讥讽意味。条陈如下：其一，不可"宣传'赤化'"；其二，"不可捧章士钊、段祺瑞"；其三，"不可怕太阳晒屁股但也不可乱晒"，即"不可太有绅士气，也不可太有流氓气"；其四，"不可轻蔑恋爱"，即《副刊》上不可讨厌谈恋爱的诗歌小说论文而不登，只要他做的好"。这四项条陈，一方面固然是周作人对刘半农的寄望，另一方面又何尝不是他自己办刊的基本原则呢？

◎周作人的文风：也曾炽烈，终归冲淡

至于这四篇供稿，为何其中两篇辑入周氏自选集，而另外两篇又成了"集外文"，周作人自有解释。据统计，自1918年至1930年间，周作人的"集外文"约有四百余篇，这些散见于各大报刊的短悍杂文，大多辛辣逼人。周作人原拟在其中抽选半数，辑为《真谈虎集》，与还不那么辛辣、还算温和的《谈虎集》相呼应。可最后还是放弃了这一选辑成书的计划。周氏曾这样评价这些"集外文"：

绅士气……到底还是颇深，觉得这样做，未免太自轻贱，所以决意模仿孔仲尼笔削的故事，而曾经广告过的《真谈虎集》于是也成为有目无书了。

或许，《胡适之的朋友的报》与《六月二十八日》，这两篇为《世界日报·副刊》的供稿，即是当年拟辑入《真谈虎集》的文章，但终究还是因自嫌太过辛辣，未能付诸编印。

不难体会，"不可太有绅士气，也不可太有流氓气"，既是《条陈四项》中之一项，更是周作人办刊为文的一贯宗旨。《真谈虎集》正是或因"绅士气"，或因"流氓气"有过重之

周作人《谈虎集》上卷，北新书局，1928年1月初版

嫌，终未印行。包括《胡适之的朋友的报》与《六月二十八日》在内的大量"集外文"，就此成为近现代文学史上的佚文，也将1930年代之前中年周作人辛辣炽烈的文风，湮没在了新文学运动史的幕后。

另外，刘半农主编的《世界日报·副刊》或许也并没有支撑多久。就笔者所见原版旧报，刊期可能两个月时间都不到，至1926年8月，尚未见到旧报实物。倒是周作人自己主编的《语丝》一直坚持办刊，直到1930年初，超过了《现代评论》的办刊时间。而上海《晶报》则更是直到1940年5月才停刊，这份曾经为《神州日报》副刊，后于1919年独立刊行的"小报"，每期销量一度突破五万份，大受读者追捧，成为上海滩扬名二十年的"小报之王"。

在此，可以说明一下，《胡适之的朋友的报》一文中一处括号中加注之涵义。文中有云，"又有人在北京办一《语丝》（或应称作"日晶晶报"）"，将《语丝》称作"日晶晶报"，就源自《晶报》之"晶"的来历。原来，《晶报》

苦雨斋中周作人，原载《现代》杂志，1935年

创刊于1919年3月3日，又是三日一刊，故三日合而为一"晶"字。《语丝》为周刊，即七日一刊，故周作人拼凑了七个日字，戏称"日晶晶报"。一句戏言，可见周氏对《晶报》的基本情况还是比较了解的。

与《语丝》对峙论战的《现代评论》则是自1924年12月13日在北京创刊，1928年12月29日出至第9卷209期停刊。该刊由时为北大教授，后来弃文从政，曾任国民政府外交部长的王世杰（1891—1981）负责编辑，主要撰稿人多为留学英、美的教授学者，其中亦有周作人的友人胡适等。显然，此刊的创办者与支持者俱为知识精英，所处圈层亦为当时社会"主流"与"上流"。

所以，亦不难理解前述《胡适之的朋友的报》一文中，周作人为何会捎带着将胡适也拉了进来，称"胡适之先生的友运不知到底是好是坏"云云，实际上也有在论战中向胡适致意的成分在里边。这份致意或许只是为了表达友人私谊仍存、公义却要力争的立场，或许还要间接表达友人所处圈层与价值取向的不同，迟早还是会影响到私谊，或许就只是调侃一下新文化阵营里逐渐出现的观念歧异、各自为政罢了。

世人皆说周氏兄弟一炽烈一冲淡，大抵是说鲁迅的人格与文风是疾恶如仇、字字为战的；而周作人的格调与文风则是淡朴闲适、自得逸趣的。这样的说法恐怕只说对了一半，即《语丝》停刊之后（1930）的周氏兄弟文风，大致是一烈一淡的；而《语丝》停刊之前，周氏兄弟的文风则皆是以讽喻时事、针锋对敌的姿态，昂立于学界文坛与公共文化场域的。

仅以上述"《语丝》是新式《晶报》"之争为例，不难发现，周作人的论战之力与文风之烈非但不亚于其兄鲁迅，在某些方面的执着与坚决，恐怕还有过之而无不及。

谢冰心："新生活运动"前后

◎小引：冰心中年生涯之追寻

熟悉中国近现代文学史的读者大多知晓擅长为青少年读者写作的著名女作家冰心，早在20世纪二三十年代即创作出大量文学作品，崭露头角于国内文坛了。可是，时至1937年"七七"事变爆发前后，直到1949年前后，或因健康状况之故，或因家务繁忙之故，理应正值创作高峰期的中年冰心，流传下来的作品数量却不多，关于其生平事迹的记述也不多见——这十余年间的冰心其人其作及其言论，目前已经寻获并付诸探研者，都比较稀缺。

因历史文献存量不够丰富，偶有相关文献发现亦未能在公共文化领域内予以公开披露，这就难免予后世读者留下一种"真空"印象，难免令人感到这一时期的冰心个人文学创作与社会活动都不够活跃。即便《冰心全集》已出至三种版本①，集中内容也逐渐丰富，可对这一时期的冰心个人作品及相关言论的搜

---

① 《冰心全集》由海峡文艺出版社分别在1994、1999、2012年三次印行，续有增订。

冰心（坐者第三人）与燕大女子文学会同学合影

集，仍不算特别充分，时有遗珠之憾。

仅据笔者所见，冰心于20世纪三四十年代的数次访谈、讲演、出席会议的报道，以及明确署名撰发的佚文等相关文献，还有相当数量至今仍未收入《冰心全集》。笔者谨将其中两篇佚文全文披露，并略加注释与考述；且将抗战胜利之后冰心在南京所作"女性之美"的讲演及其历史背景，加以初步梳理与考索，希望能为进一步了解与探研冰心中年生涯，略有助益。

◎ 1935 年 10 月：冰心燕大专访里的一篇佚文

时为1935年11月1日，上海《妇女生活》第1卷第5期印行，此期杂志中刊发了记者子冈专访冰心的内容。

《婴儿日记》，1935 年印制

子冈即彭子冈，原名彭雪珍（1914—1988），江苏苏州人。少年时代即崭露写作才华，曾向《中学生》杂志投稿，受到《中学生》杂志主编叶圣陶的赏识，对其有所指导。1934年夏，考入北平中国大学英语专业，后经老师介绍，加入沈兹九主编的上海《妇女生活》杂志社，任助理编辑，就此跨入新闻界。

彭子冈采访冰心，话题涉及面之广、谈论内容之多、记录成稿篇幅之巨，都可称当时各报刊之最。当二人正在谈论"文坛观感"之际，因外来的访客暂时中断了谈话，"这时正有人送来两本《婴儿日记》，那上面有冰心的序，书内有一些简单而有趣的画，是仿照外国本子印的"。这一细节亦被彭氏细致地记录了下来。

应当说，于此次专访本身而言，这一中途穿插进来的生活细节，似无过多价值。可笔者据此细节，却访得冰心的一篇佚文。原来，此《婴儿日记》乃后来成为史迪威秘书的刘耀汉、胡琇莹夫妇合编，冰心为其撰有短序一篇：

这本《婴儿日记》，是刘耀汉先生和他的夫人胡琇莹合编的，为记载一个婴儿诞生起，一切有趣可喜的事情。如婴儿的重量，高度，游伴与玩具，喜悦与厌恶，第一次言语，第一次旅行等，都有单页可填，而且每单页上都有极生动可爱的婴儿的图画，以引起（记载按）阅者的兴趣。这在我们中国，还是创见的关于婴儿自己的书籍。

本来一个人的生命史，对于自己，对于父母亲朋，是有极亲切极重大的意义的，特别是婴儿时代的一切种种，当时如不详细记下，过后往往渺茫无考。这不但是个人和家庭回忆上的损失，也许是国家和世界史料上的损失！

在此我至诚的希望这本《婴儿日记》的早日的刊印，和广大的流行。

谢冰心，一九三五，九，七夜。

从冰心序文完成时间来看，此《婴儿日记》印制时间仅月余即告完成，即刻送至冰心宅邸。由此可以想见，编者应当是早前已将册内所有内容编排完毕，只待冰心序文撰成，即刻开印，方可有此月余即告完工的印制效率，也足见对冰心此序的重视。

此《婴儿日记》开本尺寸为大十二开，硬纸精装，"婴儿日记"四字中英文烫金精印于封面，予人以大方挺括之感。打开册子，前后环衬均为跨页五色彩印的《麒麟送子图》；内页则均为书写感极佳的重磅道林纸，计有百余页，且隔页即有彩色插图，印制颇为精致。当时每册售价为大洋两圆，价格自然不菲。

翻检1935年10月13日的北平《世界日报》，曾刊载有《婴儿日记》的广告：

为记录婴儿变改之刊物　用作礼品亦极华丽大方

婴儿之长成，变化迅速，几有日新月异之概，为父母者对于儿女此种现象，当必愉乐异常，尤其是事后谈及，尚觉津津有味，惟多感于无法记录为苦。今有刘耀汉君与夫人胡琇莹女士，最近合编一《婴儿日记》，系用以记载婴儿从诞生起一直到长大起来的生活记录，可以记载一切关于婴儿们的事记，并能用以贴照片。此种册子，在欧美各国流行异常，但在中国则不多见，刘君夫妇所编者，要算是创见之作。

本书共一百三十四面，用重磅模造纸，大本，硬皮。五色彩印，中英对照，有谢冰心女士序言，为一本极华丽，极大方，极有保存价值之书册，用作自己儿童记事固好，用作贵重礼品尤佳，朋友们结婚时，若是送一本《婴儿日记》，当更能增加不少喜欢与兴趣。

该书每册合洋二元，东城青年会，一元照像馆，及各大书院皆有代售。

不难设想，这样一册"华丽大方""用作贵重礼品尤佳"的《婴儿日记》，售价已几为当时北平保姆的月薪，普通人家应当不会购置。若非家境优裕、行事讲究又乐于收藏家庭记录者，恐怕绝难购买并保存至今。所以，附印于册中的这一篇冰心短序至今尚少为人知。

据查，《婴儿日记》编者刘耀汉（1908—？），江西于都人，毕业于1930年5月南京中央军校第八期。抗战时期曾任商震秘书，参与"中国缅印马军事考察团"相关工作，为中英军事同盟达成及中国远征军入缅作战做前期考察。后又曾被委以美军顾问团首席翻译、史迪威秘书等职。抗战胜利后，曾任上海港口司令部副司令，后调任国民政府国防部联勤总部第六补给区司令。

◎ 1941 年 2 月 20 日：冰心在重庆撰发《新生活运动》

时至1937年6月29日，访问苏俄，行经西伯利亚的冰心终于返回北平，为期一年的海外游学宣告结束。旋即"七七"事变爆发，冰心夫妇不得不携子女于抗战烽火中再次离开北平，经上海、香港辗转至大后方云南昆明。

为躲避日军轰炸，冰心在抵达昆明之后不久，又带着子女迁居于昆明郊外的呈贡县，并且一度在当地的师范学校任义务教师。其夫吴文藻则独自留在昆明城里，利用英国庚款为云南大学创办社会学系。

此时，因冰心与宋美龄是美国马萨诸塞州威尔斯利学院的校友，生活突然出现转机。宋美龄以校友名义，在当时的陪都重庆，向冰心表示希望其参与抗战期间的妇女界文化工作，并建议其举家迁至重庆，便于生活与工作联络。在接受蒋、宋夫妇召见之后不久，1940年11月，冰心夫妇二人与三个孩子及保姆，乘坐专机直飞重庆。

在冰心举家飞赴重庆时，教育部政务次长顾毓琇、国防最高委员会参事室参事浦薛凤，以吴文藻的清华留美同学身份到机场迎接。冰心一家临时居住在顾毓琇的"嘉庐"，吴文藻随后出任国防最高委员会参事室参事，冰心出任新生活运动促进总会妇女指导委员会（简称"妇指会"）的文化事业组组长。

"妇指会"是1934年蒋介石提倡新生活运动初期成立的推行妇女界新生活运动的专门机构，由宋美

谢冰心女士题签，《实报半月刊》第10期"妇女专号"封面，1936年

龄担任指导长。"七七"事变之后，全面抗战爆发，宋美龄于1938年5月邀请妇女界领袖及各界知名女性代表，在江西庐山举行谈话会，共商动员全国妇女参与救亡工作大计，会议决定以新生活运动促进总会妇女指导委员会为推动一切工作的总机构。指导长宋美龄之下设委员会和常务委员会，由国民党、救国会、基督教女青年会等各个方面的妇女界知名人士组成。

冰心约于1940年12月，举家飞赴重庆之后不久，即加入"妇指会"。两个月之后，即1941年2月7日，又与郭沫若、黄炎培等一百四十余人，出任所谓"文化运动委员会"委员。据抗战爆发之后社址由杭州迁至浙江丽水的《东南日报》于1941年2月8日的报道可知，这一委员会的宗旨乃是"以文化力量增加民族力量，以文化建设促进国家建设，达成抗战建国的神圣使命"。

在接连出任"妇指会"与"文运会"要职的情势之下，冰心迅即于1941年2月20日，在重庆为"新生活运动七周年纪念大会"，特意撰写了《新生活运动》一文。1941年2月22日，因抗战爆发社址由上海迁至重庆的《时事新报》于该报第五版的"新生活运动七周年纪念大会特刊"上刊发了冰心此文。在特刊版面中央位置，还印有宋美龄的题词"道德为生活之本"，颇见报社方面的精心策划与郑重其事。

应当说，此文或许并不表示冰心衷心支持蒋介石力倡的"新生活运动"，恐怕只是其人对宋美龄以校友名义予以诸多关照的回报之举。因为，就在五年之前，1935年10月，冰心接受上海《妇女生活》记者彭子冈专访时，就曾明确地讥讽过"新生活运动"：

这，都是非常可笑的，这些事据说该由教育部或内政部管理的，而现在，……到绥远去那次便有这个笑话：那边小镇上都有赶集的，但在新生活运动推行到了那里之后，有许多乡民竟不敢出来了，因为怕强迫扣钮子，他们本来便习惯敞胸或竟不用钮子的。

孰料五年之后，冰心竟一改"前言"，撰成"后语"，转而要来为"新生活运动"捧场了。那么，这"后语"如何搭得上"前言"，个中微妙，恐怕只能是当年局中人方能体味。至于其中究竟有何种"不足为外人道"的苦衷，又有何种原因竟致此文撰发八十余年之后也从来无人提及，仿佛此文从未存在过一般，始终未能被三种版本的《冰心全集》所收录：

新生活运动

冰　心

新生活是和旧习染相对而言的，因为觉悟到旧习染之摧损消耗我民族的元气，之不能使我国家自立图强于现代的世界，才毅然觉醒，而兴起这翻然更新，移风易俗的新生活运动。

新生活须知的每一条款，似乎都是"卑之无甚高论"，似乎都是我国人所早应知晓早能遵行的。而环顾左右，我们所看到的每每正与新生活的条件相反。此无他，一种美德到了极平常的时候，每每被人所忽视。如同整齐清洁，简单朴素，是极易做到不难遵行的，而结果连这最低的卫生条件都不能为中上阶级人家的所遵守，遑论其他。

礼义廉耻表现在衣食住行，意思就是说以你的人生哲学，以你的思想，精神，来充满你生活中的一切。衣服饮食房屋等等是看得见的思想。我们可以从

离平过港赴渝之谢冰心与吴文藻，原载《大美画报》第 9 期，1938 年

这一切来窥见一个人物的个性，一个民族的国民性。进到一个国境，看见道路广大清洁，森林青葱茂盛，人民温和有礼，你立刻知道这个国家是个文明的国家。进到一个家庭，看见院中花木扶疏有致，屋内陈设简单清雅，肴菜整齐洁净，主人热诚和气，小孩子活泼快乐，你知道这是一个美满的家庭。看到一个学生躯干挺直，眉宇清扬，衣履整洁，谈吐从容，你就知道这是一个有为不苟的青年。因为一个民族或家庭或个人都在他的衣食住行上表现出他的中心的一切。

昨天偶然同一位女作家朋友谈到文学作品，谈到"风格"，谈到文如其人，她以为文学家最重要的是人格的修养，因为人格中之种种，常常会在作品中无心流露，为要作品好，人格一定要修养得好。人格卑劣者，作品不会高超，人格隘小者，作品不会开展。所谓诚于中者而形于外，所谓言为心声，所谓，其人光明，其言磊落。我以为不但文学作家如此，一切艺术作家亦莫不然，如绘画，音乐，雕塑等等都要有自己高尚的人格，寄托在作品上面，这作品才有生气，才有精神，才有其独到的风格。

文艺界以外，还有许多人，如军事家，政治家以及一切人们都包括在内，也都是以他的衣服，房屋，工作来表现他的中心思想的。这中心思想，不是一朝一夕可以养成的，不是所谓之“放下屠刀立地成佛”的。乃是应当累年积月，训练戒惧，从大处着眼，从小处下手，自己造成了一种心理和生理的习惯，在精神和物质上都不能容忍那污秽，散乱，奢侈，虚伪，浮嚣，狂暴的一切。

抗战到了第四个年头，几千百万的将士在前线浴血捐躯，几千百万的沦陷区同胞在兽蹄下宛转呼号，几千百万的老弱妇孺流离失所，我们已经以最大的坚忍，最大的牺牲，来克服这最大的困难。如今在国际上我们已以这血红的坚忍的意志，赢得了各友邦的敬佩，在此我们不能不归颂于我们的贤明勇毅的领袖，与我们诚朴耐劳的民众。我们这些安处后方，忝居为智识（阶级）^①的人们，在这伟大的抗战里，我们到底为国家做了些什么？言念及之，能不愧汗……

我们不需要崇高的理论，我们不需要堂皇美丽的言词，我们只要认定一个切实健全的中心思想，不弃小节的用最大的能力表现在我们的衣食住行上，表现在我们的工作上，我们自己要力行，而且要使得我们周围的一切人们，也心诚悦服，努力奉行。不要小看了这一切的小过程小关键，一个人格，一个家庭，一个民族之所以完满伟大，就是这样零碎的自强不息的陶冶锻炼了起来。

---

① 原文似漏印“阶级”二字，以括号补入。

浅人无深语，我对于这不平凡的新生活运动，只能写出这些平凡的话语。

二，廿，三十年，重庆。

◎1947年6月：冰心在南京讲演"女性之美"

在重庆撰发《新生活运动》六年之后，抗战胜利业已近两年之后，时为1947年7月13日，在《华北日报》第6版"新家庭"栏目第7期中，刊发了一篇题为《中国女人是世界上最优秀的女人》的文章，向华北地区读者披露了冰心在南京出席参政会期间的一次评述各国女人的讲演。

此次讲演的基本内容乃是列举与评论各国"女性之美"，但被整理者归纳成"中国女人是世界上最优秀的女人"这样更适合国内女性读者口味的主题。不久，7月25日，此文又略有修改，转发于上海《东南日报》，只不过将标题更改为《冰心女士所谓的各国女人的优点》，这样的标题更接近于讲演本身的主题。8月2日，陕西西安《国风日报》又转载此文，改题为《各国女人的风格——冰心女士谈片》。12月15日，山西太原《阵中日报》也转载了此文，又改题为《冰心论各国女人》。

可见，从平沪两地报道肇始，冰心在南京的一次讲演，竟得以迅即传播到西北地区，可见其人其言论，当时还是有着相当影响力的。不过，若论诸篇报道的社会影响力度，恐怕还是以《华北日报》所刊发的那一篇为最。毕竟，以"中国女人"为主题，在国内报纸上刊发出来，还是会更为吸引国内读者一些；且第一时间就在冰心学习、工作与生活多年的北平发表了出来，自然又有着外地报刊无法比拟的区域性传播优势：

中国女人是世界上最优秀的女人

绪　仁

打开最近的南京报纸，看到冰心女士在一个学术讲座上主讲关于各国女人的问题，把她过去所到过的国家的女人的优点扼要列举，而结论认为中国女人是世界上最优秀的女人，因为中国女人是备了各国女人所有的优点。下面就是冰心女士的意见：

日本女人的优点是"柔"——当你对她说话的时候，她总是微微地笑着。

美国女人的优点是"俏"——她们所穿的衣服实在是俏。他们衣服上的颜色，很少不超过三种以上不同的颜色的。

法国女人的优点是"韵"——她们很雅，很轻，很能讲话，讲得很得体的话。这是与她们常常邀请诗人，文学家，哲人等一同举行"沙龙"有关系的。从她们的服装看即很雅致，法国女人的春装大都离不了青蓝黄诸色，很少鲜艳的颜色，她们也从不擦太浓的胭脂。

英国女人的优点是"稳"——和英国的绅士一样，英国女人也是很端庄严肃的，和她们接近，使人有过于稳重之感。

德国女人的优点是"素"——因为过去在纳粹统制之下，德国人民都养成了一种勤俭劳苦的风气，因此德国女人极朴素，她们不化妆，不艳装，所以一般看去是觉得很素的。

瑞士女人的优点是"健"——瑞士女人都是蓝眼睛，黄头发，因为牛奶，可可多，每个人都有足够的营养，从外貌看去，她们都十分健康的。

苏联女人的优点是"壮"——她们能够驾驶车子，担任"站长"的职务，从事各种劳苦工作，操劳与男子平等，她们高大肥壮，因此可以"壮"字来形容之。

中国女人——她们有着上列各种不同的优点，她们是世界上最优美的女人！

冰心女士是文学家，是一位对妇女心理有研究的学者，她的《关于女人》一书是中国文坛上的一部杰作。因此，她的意见大概不会错。中国女人确有着各种不同的优点，从一般看，温柔、朴素、庄重，是中国女人最普通的特色，而都市女人爱俏，乡村女人健壮，中下阶层的女人能够吃苦耐劳，都是事实，风韵文雅的女子自古以来就很多，现在当然也不少。这些都是中国女人的特色，其中有若干优美的性格是值得尊重保持的，如勤俭、耐劳、温柔、庄重等等。此外，中国女人也有若干缺点，例如对现实容易满足，因为易满足即不求进步，气量狭隘，猜疑心重，对政治缺乏兴趣等，但这都不是大毛病，有些属于教育的问题，不难改进，从大体上说，中国女人的确是世界上最优秀的女人！

冰心 1947 年日本东京留影，寄赠赵清阁

上述近千字的冰心讲演的报道，出自一位署名"绪仁"的整理者。文章开篇明言，整理内容源自"最近的南京报纸"；遗憾的是，笔者至今尚未寻获刊有此次讲演的南京旧报，故无法获见此次讲演的全部内容。也正因如此，只能将此次讲演的时间大致定为 1947 年 6 月。冰心讲演的全部内容应当也不仅限于此次报道中的五百

字，但目前仍以此《华北日报》的报道时间最早，篇幅最大。此次讲演的确切时间及全部内容的考察，只能留待将来寻访到更为完整的讲演报道或记录稿，方可实现。

仅就报道中摘录出来的内容而言，可知此次讲演的主题乃是评述各国"女性之美"，当时在南京妇女界中，应当是颇受欢迎的话题。这样的情形，在几个月之前的日本，也已"预演"。正如冰心对记者赵浩生所言，"到日本不久，她在日本报纸上曾发表过一篇《寄日本妇女》的信，文章刊出后，有一个农妇，从很远的地方跑到东京来看她，和她握手恳谈，激动到流泪"①，可见冰心在日本撰发评述日本女性的文章，同样也颇受关注。

赵浩生访谈中还提道，"她上楼去，拿了一叠日本的报纸刊物给我看，都是日本记者访问她的特写。《朝日周刊》还有一期介绍谢冰心先生的专号"，可以想见冰心在日本妇女界乃至新闻界受欢迎的程度。事实上，第三版《冰心全集》（2012年版）也是因日本学者的襄助，从当年的日本报刊上撷取了不少冰心佚文，有些文章也是从日文转译为中文之后，方才收入全集的。

◎小结：冰心在抗战期间及之后的"新生活"

遥忆七八十年前，从"七七"事变爆发之前，冰心在北平欣然为《婴儿日记》撰序，至抗战中期，又在"陪都"重庆为"新生活运动"献言，再到抗战胜利之后，又赴南京讲演"女性之美"，抗战期间的冰心虽辗转流徙于南北各地，却始终保持与发挥着个人独特及深远的社会影响力。

---

① 赵浩生专访冰心的报道，原载于1947年5月31日《东南日报》，此次专访的时间为1947年5月25日。本文所征引专访内容，均出自此次报道。

现代中国女作家小说专集《无题集》，冰心作品及介绍列于首位；赵清阁主编，上海晨光出版社，1947年10月初版

从这个意义上讲，冰心在抗战期间的"新生活"并不黯淡，也不消沉，终究还是与这个时代同步并行的。其个人影响力甚至超越了纯文学领域，走向了更为广阔与远大的公共文化场域。

抚今追昔，自"七七"事变爆发之后，冰心及其家人历经八年颠沛流离、辗转南迁的战时生活。随着国民党政府的全面溃败，终于迎来了新中国的新时代，也迎来了个人文学生涯及事业发展的新机遇。在这焕然一新的国度与时代中，作为海内外文坛久享盛誉的知名作家，冰心也就此开启了人生中的另一段新生活。在随后的半个世纪里，冰心为新中国的文学事业、妇女儿童工作的发展，为坚持和完善中国共产党领导的多党合作和政治协商制度，都作出了极为卓越的个人贡献。

谢冰莹："新花木兰"传奇记略

◎小引：一字之差：谢冰心与谢冰莹

中国现代文学史上有两位名字接近、生活年代相近的女作家，一位是谢冰心，另一位是谢冰莹。

谢冰心，即现代著名诗人、作家、翻译家、儿童文学家冰心，她是福建福州人，原名为谢婉莹，笔名为冰心。而另一位谢冰莹，无论是与"谢冰心"还是"谢婉莹"之名，都只有一字之差，不十分熟悉其人其事者，特别容易混淆。

◎"新花木兰"的两次专访

谢冰莹（1906—2000），原名谢鸣岗，字凤宝，出生于湖南省新化县，1921年开始发表文学作品，与谢婉莹（冰心）、苏雪林、冯沅君等五四时期崛起的女作家一道，跻身中国现代女作家行列。

与其他女作家相比，她的人生历程显得尤其特别，与中国现代军事的联系

谢冰莹军装肖像照，原载《一个女兵的自传》（普及本），上海良友图书印刷公司，1940年1月初版

最为紧密，她是中国现代军事意义上的第一位女兵，更是中国历史上第一位女兵作家，堪称能文能武的"新花木兰"。

谢冰莹首次从军，始于1926年冬考入武汉中央军事政治学校（黄埔军校武汉分校）。经过短期训练，便开往北伐前线参战。其《从军日记》就是在战地写成的，发表于《中央日报》副刊。

1927年军政学校女生队解散，先后入上海艺大、北平女师大学习。从北京女师大毕业后，谢冰莹用几部书的稿酬作学资，于1931年赴日本留学。但几经周折，竟在日本被捕入狱，不仅求学未果，还饱受酷刑摧残；后经柳亚子等友人营救，方才脱身回国。在"七七"事变爆发之后，她毅然投入抗战洪流，再一次从军，自行组织"战地妇女服务团"，自任团长开往前线。

为"新花木兰"先北伐又抗战的从军义举所感动，上海《立报》与北平《世界日报》对其各有一次专访，第一次是在1937年10月，第二次是

谢冰莹著《从军日记》，1929年在上海春潮书局初版，此为1931年上海光明书局第三版

在1946年8月。两次专访，一次选择在"七七"事变爆发之后不久，一次选择在抗战胜利之后不久，话题当然都离不开"新花木兰"的抗战生活，在开战与战后做这样的专访意味深长，也别具历史意义。

◎ "新花木兰"上海畅谈战地生活

先来看上海《立报》的专访内容，刊载于1937年10月4日当天报纸的第2版与第4版上。

这篇一千多字的专访报道还配发了一幅谢冰莹着军装执旗帜的照片，图文并茂地为读者勾勒了一幅"新花木兰"的人格肖像。报道开篇，记者即向读者介绍称，"曾经参加过北伐，最近率领湖南妇女战地服务团在前方工作的女作家谢冰莹，前天来沪了"，这样一位曾经的北伐女兵，如今又投身抗战，真真是令人惊叹又好奇。报道接着展开了访谈内容，谢冰莹的生平自述更令读者叹服。

原来，自从北伐后，她本来也是想着要解甲归田，回归平常生活的。为此，还曾进入女师大学习，不久即留学日本。1932年归国完婚，在厦门一所中学教书，生活本来很是平静美好。可是，1933年再赴日本，本来是打算进入早稻田深造的，谁知此行竟给她带来了牢狱之灾。因为日本当局的蛮横无理，"认为有国际共

1937年10月4日，上海《立报》报道《前线参加抗战的谢冰莹会见记》，并附照片及签名

谢冰莹著《一个女兵的自传》，1936 年在上海初版

产主义嫌疑"，竟遭逮捕入狱，后来还是柳亚子去电营救，才得释放回国。

虽然侥幸脱险，保全了性命，可因为在狱中受刑过重，身心备受摧残，脑部也发生了病变，健康状况不容乐观。归国后，谢冰莹坚持在广西南宁中学教书，还主编了《南宁妇女周刊》，终因病体不支，不得不回湖南休养。1936年，她在湖南休养期间，仍勉力完成了《湖南的风土》《一个女兵的自传》两部书稿的写作。因为写作的辛苦，再加上4月间母丧的刺激，她神经日渐衰弱，还患上了胃病、鼻炎、心脏病，这使她在暑假的时候，不得不到南岳肺痨病疗养院治疗了一个月。

直到治疗完毕，回到长沙，谢冰莹听到"卢沟桥事变"的消息，她思前想后，想到她这一身病痛完全是由日本人所赐，便下了牺牲一切赴前线抗敌的决心。就这样，一位曾经从军痛击军阀、祈望国家统一的北伐女兵，跟随着时代的步伐，又化身为奋起还击侵略、维护国家主权的抗战女兵。

对于当年的女性读者，谢冰莹接下来的讲述恐怕更能打动她们的内心。谢冰莹称，湖南妇女战地服务团的成立，是她本着"只有抗战才是中华民族解放的唯一出路，只有参加这样的抗战，中国妇女才能得到解放"这一信念而发动的。她说：

北伐后，妇女的活动被"到厨房去"的口号封锁过，以致妇运会曾一度消沉，但是今后的妇女要从家庭中打出一条血路来，这便要看妇女们是否能到前线去，和武装同志共同抗敌了。

至于湖南妇女战地服务团的具体组织与工作情形，谢冰莹也有极其生动细致的描述：

全团分五组，每组有组长一人，组员三人，每组的工作包括救护伤兵、民众宣传和侦缉汉奸。各组外，设正副团长各一人，会计、庶务一人，交际二人，宣传一人，宣传股内有歌咏和演剧组。

关于服务团中妇女的年龄，都很年轻：

她们在出发的时候，共有团员廿人，年龄大多数是十七岁到廿四岁，只有一两个人满卅岁。

团里有四项纪律，谁触犯一条，即被开除，非常严格。谢冰莹强调称：

全团纪律有四点：一要能牺牲家庭、爱人、丈夫儿女及一切。二要能切实工作，不唱高调，不抱其他企图。三绝对不能和军官谈恋爱。四要能与士兵共甘苦，同生死。

在这样严格的纪律之下，全体团员们的面貌也完全军事化了：

她们的服装一律穿灰色军衣，围皮带，裹绑腿，行军时佩水壶、急救包、干粮、军毯、饭碗、筷子、漱口杯等。她们的头发全是截短向两边分开的，脚上着黑胶底跑鞋，这样，在她们下决心以后，全都把水粉、胭脂、高跟鞋大批地赠给朋友了。

不仅仅是团队纪律严格，团员个人的生活态度也相当严肃。其中，最重要的一点，莫过于入团期间，绝对不能谈恋爱，"她们全体曾发誓：如果谁谈恋爱，就请回到后方去"。

至于在前线战事如此紧张的情况下，此行上海，究竟有什么目的与任务，谢冰莹也交代得非常清楚。她说此次来上海，"是军部派她来和各救亡团体接洽前线所需要的书报、慰劳品、救伤药品等"，"并且为该团团员制棉大衣，换洗衣服等"。

据记者了解，来上海第一天，谢冰莹除已见到过何香凝、郭沫若、柳亚子、沈钧儒、沈兹九等

"在施相公庙前线俘获之日兵'本达'，饮以糖水者为冰莹女士之夫黄震先生，蹲于左方者即冰莹女士。"原载上海《中华》杂志第59期，"中日战事专号"第3辑，1937年

人外，还参观了国际第一难民收容所，当

众报告了战场前线一天的恐怖生活。从她

的报告中，大家知道，前线的汉奸问题、

救护问题依然很严重。她希望后方能不断

地组织并训练有担架、侦缉、宣传技能的

男女同志上前线去。

"北伐时的女杰《从军日记》作者谢冰莹
女士，率领三湘女儿二十余人，组织妇女
战地服务团，参加淞沪前线战地工作。在
小河边洗衣者即谢女士。"原载上海《中华》
杂志第59期，"中日战事专号"第3辑，
1937年

谈到谢冰莹个人的战地生活，她总是

自称"老兵"。关于捉汉奸、审俘虏，在泥

潭里跋涉、草地里避敌机、炮灰中写《从

军日记》，无不觉得津津有味，兴致勃勃。

1937年10月3日下午五时，谢冰莹

离开上海，准备返回前线了。当她和记者握别时，只兴奋而简单地说了几声：

"战地见！"

次日，1937年10月4日的上海《立报》就这样把一个女兵的抗战生活，

通过记者专访报道的形式，大张旗鼓地展示了出来。这一份八十余年前旧报纸

的字里行间，无不流露着一位抗战女兵的乐观与自信，仅此一点，恐怕也足以

令当时那些听着唱片机、穿着高跟鞋，还在为社交绞尽脑汁的上海太太小姐们

惊愕不已。

◎插曲：谢冰莹致信《宇宙风》请求撤稿

1936年10月16日，《宇宙风》杂志（总第27期）在上海印行。翻开杂志，

首页即印有谢冰莹致杂志社的一通信札，随此手迹影印的，还有一帧谢氏玉照。

信应当是写给杂志主编陶亢如的，大意是她曾经给《宇宙风》的两篇投稿，将收入她即将出版的新书中，所以从版权方面考虑，请求杂志社方面不要再刊发出来了。为此，她也特别致歉称，"这是不得已的苦衷，千万请原谅"。有什么"不得已"呢？信中也说得很委婉：

《良友》已答应预支二百元版税，但还没有寄来。（过几天就有）为了治病，这次用去了不少的钱，我们近来已穷得"不亦'悲'乎"了。幸而我没有大病，每天虽然要头痛几次，只要不晕倒，我是可以拿笔的。

信中这样的陈述表明谢氏因体弱卧病，花销甚巨，单单靠写作已经入不敷出了。所以，在先前将稿件投至《宇宙风》时，由于没有得到杂志社方面是否刊用的及时回复，为尽快获得稿费，她只得另投至别的刊物。信末，还提到另一篇稿件《几个不守纪律的男女兵》也已发表，只好再次致歉。

仅以此信内容观之，谢氏写作方面之高产与高发表率，在当时的海上文

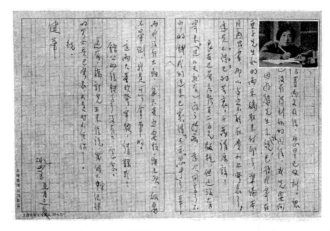

谢冰莹女士及手札

坛，尤其是女作家群体中，是少见的。须知，当时《宇宙风》品牌形象之佳，作者阵容之强大，足令一般作家趋之若鹜。然而谢氏致信，却要撤回稿件，足见其作品是不愁发表的。当然，同时也表现出了其为生活所迫，急于发表的情状。

《宇宙风》总第 27 期，1936 年 10 月 16 日

信的时间落款为"五月三日夜"，应当即是 1936 年 5 月 3 日。而这一通信札被影印刊发出来，已是同年 10 月 16 日，相隔五个月之久了。这也说明，《宇宙风》方面，对谢氏的来信还是相当重视的，也特意将其作为杂志常设栏目"作家及手札影象"第 3 期的内容，刊发了出来。

十年之后，抗战胜利，从前线凯旋的谢冰莹仍要拿起笔来，仍要靠稿费生活，且一如既往的"穷得不亦'悲'乎"，这恐怕也是她与世人都始料未及的。

◎ "新花木兰"北平忆述战地环境艰险

经过八年艰苦卓绝的全民族抗战，中国终于将侵略者彻底击败，在浴血奋战中终获胜利。那一次上海专访九年之后，"新花木兰"随军凯旋之际，北平《世界日报》的记者再次拿起小本，追随而来。

1946 年 8 月 11 日、12 日，北平《世界日报》在头版显要位置，连载题为《谢冰莹谈抗战生活》专访报道：

【特写】夏天的炎威，已成强弩之末，秋之神终于到来。八日立秋这天，古城的人们正在吃肉"贴秋膘"。阔别十五年的女作家谢冰莹，竟随着"秋"，同时来到故都。她不啻是给故都文学界，来"贴秋膘"了。

昨天晚上，在一个私人的聚会里，见到了谢女士。她穿着藏青色暗花绸长衫，短的头发并没有烫。简朴和谐的态度，使人感觉她是一位中年的贤妻良母型的作家。在这场聚会里，记者几乎占了她全部的时间。

她说这次来平，是第一次见着新闻界朋友。本来她想十二日往东北去，等到回平后再见面。没想到，还是让人知道了。记者问她：是谁泄漏的？她说：我猜想是王蓝。因为我只见到他一个人。

两次险症　居然好了

"服务战地之女作家谢冰莹及其书赠本报之题字。"原载《抗日画报》第15期，1937年

我们开始谈起来。她参加抗战工作的第一声，是组织妇女战地工作服务团，到京沪去工作。后来，在台儿庄战役时，那时的李总司令，就是现在北平行营的李主任，派她去作从军记者。她在台儿庄，曾经犯了旧病，慢性盲肠炎。因为那里没有手术设备，不能医治。医生说：只有看着你死。她直挺挺的躺在床上，动也不敢动。连喝牛乳，都要用管子送到嘴里。那时她心里难过万分。那知养了一个来月，竟全好了。后来，回到重庆割治，又发现

了肠梗的危险。可是，仍然告愈了。真是万幸！她曾迭在各战区里，服务伤兵招待所。据她说：那时，每个战区，每隔二十里，就有一个招待所。遇见伤兵到来，不但需要招待，还要送到次一个招待所，管接管送。招待所服务的人，都曾受过训练。据说：战时的伤兵招待所，狠作出些成绩。

不肯欢迎　受过非刑

提起她本人，她特别愤恨。因为在九一八的时期，她在日本读书，曾被日本驱逐回国一次。民国二十四年，她再到东京。又强迫她，去参加欢迎伪满"皇帝"溥仪，她不肯去，她说："我根本不承认有这样一个'满洲国'。东北是中国的地区，我是中国人民，为什么要去欢迎他？"结果被日本人捕去，羁押了三个星期。拷打、非刑，种种施虐，无法形容。她恨日本，是有悠久历史性的。在台儿庄时，一般朋友说：小心被日本人捉去。果然的话，就活不了。而她在日本时，惟一无可补偿的珍贵损失，就是她八年未曾间断的亲笔日记。被日本人搜去，至今没有下落了。

《世界日报》　投稿最早

她这次由汉口来平，是早晨六点半上飞机。她的三个孩子，有两个还在睡着，一个在床上坐着，孩子不知道她要离开些天。她说：假若知道，不定要怎样麻烦，不让她来。她说：她和《世界日报》发生关系很早，民国十九年二十年就投稿。这次到北平，看到的第一张报纸，恰巧就是《世界日报》，非常的感慨。

"这次到北平，故都的一切都依旧。和十五年前，几乎完全一样。只是，同胞已经受了敌人八年的蹂躏了。"她似乎很伤心。以前，她曾在女师学院读书。

谢冰莹著《在日本狱中》，1942年在上海初版

昨天，到母校原址去看了看，里面住着些兵士。她回首前尘，心里很难过。

抗战作品　如此等等

抗战期间，她的著作，按着次序排列是《从军日记》《在火线上》《军中随笔》《第五战区巡礼》《梅子姑娘》《冰莹抗战文选集》《姊妹》（短篇小说集）、《写给青年作家的信》（写作指导）、《在日本狱中》。胜利后的第一个著作是《生日》。此外，还有一部《一个女兵的自传》，那是她多年前的作品。她在《生日》以后，作《女兵十年》，和《一个女兵的自传》是姊妹篇。现在，她正起草《在烽火中》，是描写整个抗战期间的故事。现已写了八万字，预计要有二十万字。

一面作文　一面做活

谈到她继续写《在烽火中》，她慨叹着说："我那里有工夫，要编稿子，要写东西，还要在家里洗衣服、做饭，给小孩缝缝补补。不写东西，不能生活。……"记者起初，不大相信。她说："现在在汉口写稿子，每千字，多者不过四千元。这点点钱，要怎样写，才能生活？记者听了心里一阵辛酸，不知想要向她说句什么话。"

当记者请她多吃点西瓜的时候，她说：有胃病，不能多吃。她又笑着说：

文艺界救亡动态：女作家谢冰莹（左）与沈兹九（右）商讨救亡工作，
原载《抗日画报》第 13 期，1937 年

"也奇怪！有时有点一忙就能好了，在台儿庄时，白崇禧先生看见我，说道：
'你不是病了吗？怎么又上这儿来了？'"我说：我因为病，才来的。一忙累，
倒就好了。

搜集资料　拿去换钱

她又说：抗战期间，新文学确实进步了。尤其戏剧，更有长足的进步。她
说："譬如看我的小说，只是少数爱好文艺的人。若是演起戏来，老太婆、洋
车夫、老妈子，都可以看。至于电影，效力就更大了。"

她打听抗战期间，沦陷区作家的动态，好像很关心。她预备明天到东北
去，一个星期可以回来。到东北去的目的，和来北平一样，就是"搜集资料"。
瞒着她的孩子，出来"搜集资料"，好写东西，拿去换钱，好维持作家的生活。

报道首先提及了谢冰莹在台儿庄战役期间，两次身患"险症"而最终脱险的惊险历程。原来，因文笔出众又善于沟通，在台儿庄战役之际，李宗仁曾请其暂时出任随军记者。可就在此时，其因盲肠炎发作，不得不卧病在床了。当时战地没有手术设备，不能医治。就连战地医生也只是说，"只有看着你死"。

凭着一时的幸运，谢冰莹在台儿庄战地上，侥幸"自愈"了盲肠炎。可后来，回到重庆割治时，又发现了"肠梗阻"的危险。还是凭着幸运，仍然"自愈"了。她自己都感慨称："真是万幸！"

经历了盲肠炎与肠梗阻的两次奇迹般的"自愈"之后，谢冰莹一路艰险走来，终于迎来了抗战胜利。可新的问题也随之而来，战后复员的生活与家庭生计如何重新筹划，自己的写作生涯又如何规划等，一系列近期与远期的个人问题，接踵而至，并不比一位抗战女兵的战地生活轻松多少，甚至更为复杂与艰难。

◎ "新花木兰"北平感慨战后生活艰难

仅从北平《世界日报》的这篇专访报道来看，与九年前的上海《立报》专访报道两相比较，谢冰莹的生活环境与个人状况，确实在抗战前后有着巨大的"落差"。比之抗战伊始奔赴前线时的一腔豪情，此时凯旋的"新花木兰"却着实有些"英雄气短"了。因为解甲归田之后，她又面临"巧妇难为无米之炊"的战后困境了。

如果说在前线的抗战生活，主要内容就是与敌军和病魔的殊死较量，而抗战胜之后的家庭生活，主要内容则是为养家糊口的生计问题全力以赴。当然，从女战士、女作家到家庭妇女的角色转变，谢冰莹仍以一贯乐观自信的人生态度，去坦然面对，并竭尽全力。

报道中开篇即提到，"昨天晚上，在一个私人的聚会里，见到了谢女士。她穿着藏青色暗花绸长衫，短的头发并没有烫。简朴和谐的态度，使人感觉她是一位中年的贤妻良母型的作家。"显然，这样的为人妻、为人母的中年妇女形象，与九年前的那一位英姿飒爽的抗战女兵，已然判若两人了。

报道后半部分又提到，谢冰莹已育有三个子女，整个家庭的生活负担可想而知。

至于谈到谢冰莹一直擅长也很有成就的写作事业，她慨叹着说："我那里有工夫，要编稿子，要写东西，还要在家里洗衣服、做饭，给小孩缝缝补补。不写东西，不能生活。……"记者听到这样的话语，一开始不大相信。后来又听到谢冰莹为之解释说："现在在汉口写稿子，每千字，多者不过四千元。这点点钱，要怎样写，才能生活？"记者在报道中就为之明确表示，"听了心里一阵辛酸，不知想要向她说句什么话"。

试想，谢冰莹一面是三个孩子的母亲，要承担繁重的家务与养育之责；一面仍要笔耕不辍，既是自己的志趣所在，更是挣稿费贴补家用使然。这样的生活状况，当年采访她的《世界日报》记者也因之明言，"听了心里一阵辛酸，不知想要向她说句什么话"。那么，实际的情形究竟如此呢？

笔者以为，谢冰莹透露给记者当时的稿费标准——每千字最高四千元，对于半个多世纪之后的普通读者而言，恐怕感觉这一稿酬标准并不算太低。其实，人们对这一稿费标准及实际币值，以及当时的物价水准并无充分了解，所以难免对这个标准缺乏客观认识。

须知，"每千字最高四千元"这一稿费标准的结算货币单位，乃是抗战后

三益娓君多讲舍殷勤獨潮流座悲
往事　世年悵載久家山寮落誰揹
微力慰人羣

俞平伯

冰瑩女士惠顧荒齋屬將近作佩弦挽
詞錄出率爾應之三十七年九月一日
俞平伯於故都

輓 朱自清

"冰莹女士惠顾荒斋，嘱将近作佩弦词录出，率尔应之。" 1948 年 9 月 1 日俞平伯挽朱自清词手迹，原载《文潮月刊》第 5 卷第 6 期

已经大幅贬值的法币，的确是相当低的。至于低到什么程度，不妨就直接翻阅刊发此次专访的《世界日报》。该报当时每天都设有"经济天地"栏目，专门报道每天的市价变化，不但将法币兑换黄金、银圆、美钞等"硬通货"的汇率逐一公布，而且将当天生活必需品的法币市价一一列出。

据载，1945 年 8 月 11 日当天，一枚银圆可兑换法币 1100 元，美钞一元可兑换法币 2490 元；白面每斤 420 元，大米每斤 740 元。由此可见，4000 元法币在当时仅可兑换 3 枚银圆，可购白面 10 斤左右，大米则只能购买 5 斤左右。如此之低的稿费标准，要抚育三个孩子实在是相当困难的；难怪谢冰莹四处奔忙，从武汉飞赴北平，再转赴东北，为搜集沦陷区新文学资料，以备撰稿谋生。

看来，十四年抗战的艰苦卓绝与抗战胜利时的普天同庆，很快就被生计艰难的战后生活所替代，即使像"新花木兰"这样的杰出人物也不例外。1946年之后，国民党政府滥发货币导致的币值猛贬还在继续，到后来发行金圆券时更触发了全国经济崩盘，可谓钱不如纸，民不聊生。

◎ "新花木兰"一生作品频出

1949年之后，谢冰莹在中国台湾任教，后又迁至美国旧金山以度晚年。2000年1月5日，谢冰莹在异国他乡溘然长逝，享年九十三岁。一段"新花木兰"的传奇就此悄然落幕；但关于她的从军故事，关于她的抗战事迹，还将长久流传下去。

据不完全统计，谢冰莹一生出版的小说、散文、游记、书信等著作近四百部，两千多万字。仅抗战期间完成的作品就有《从军日记》《在火线上》《军中随笔》《第五战区巡礼》《梅子姑娘》《冰莹抗战文选集》《姊妹》（短篇小说集）、《写给青年作家的信》（写作指导）、《在日本狱中》等。

作为我国现代报告文学的开拓者，谢冰莹继1936年出版《一个女兵的自传》之后，又于1945年抗战胜利后写成此书续篇，并以《女兵十年》为书名出版；林语堂的两位女儿还将它译成英文，由林语堂亲自校订并作序，在美国的John Day公司出版，译名为 *Girl Rebel*。其余作品，有的也相继被译成英、日、法、德等十多种语言，在世界各国均有出版。

仅从以上作品来考察，其内容大部分来源于谢冰莹的战地生活，属于

谢冰莹著《女兵十年》，1946 年在重庆初版

1938 年 4 月,谢冰莹随军进入台儿庄。当年夏,其著《新从军日记》,由汉口天马书店出版,此为 1938 年初版本

报告文学的非虚构文学范畴。从北伐到抗战,作为一名经历了近二十年军旅生涯的女兵,谢冰莹笔下带有自传性质的、真实的战地生活与时代风貌,受到同时代读者及各界人士的关注。关于写作,关于文学,谢冰莹曾经说过:

> 每一个时代,有每一个时代的作品,每一个时代的作品取材和思想,也必定和其他时代不同。尽管写作要靠天分,后天的努力也是不可少的。我觉得年轻作家应该多读点书,当然,无论那一位作家都是应该多看书的。我希望年轻人不要盲目的反抗传统,艺术没有新旧之分,只有好坏之别,它不像科学是日新月异的。文学的路子很多,最好不要有老作家、新作家之分。

这样的话语本意乃是勉励当时的青年作家群体,可用来形容她自己的写作生涯,也恰如其分。谢冰莹正是在个人生活与时代洪流的双重磨砺之下,靠着自己的勤奋与努力,靠着自己对生活的实践与对时代的体察,方才在战地前沿,用一支女兵的笔,抒写出了自己的瑰丽人生。

谢冰莹的代表作《一个女兵的自传》及其续篇《女兵十年》,就是一部时代感极强的自传体小说。但作者并无意通过文学的美化与虚饰,来为自己树碑

立传。而是以敏锐的观察，细致的描述与生动的笔触，试图通过自己的亲身经历与所见所感，来勾勒出20世纪上半叶整个中国社会的民生状况与时代面貌。谢冰莹曾非常清楚明白地谈到这一作品的写作动机，她曾说：

> 《女兵自传》主要表现在那个时代的女性，如何从封建家庭里冲出来，走进五光十色的社会，吃过许多苦，受过多少刺激，始终不变色，不堕落，仍然在努力奋斗。

这样的写作动机实际上正是在回答五四运动以来，"新青年"们一直在热烈研讨与论争的一个问题，即所谓"易卜生主义"留给世人的疑问，一个挣脱家庭束缚的妇女"娜娜"，彻底脱离家庭之后该怎么办？即所谓"娜拉走后又如何"。包括胡适、鲁迅、陈独秀、刘半农等在内的新文化运动的风云人物，都曾参与过这一问题的研讨，可所有的研讨毕竟都还只是停留在纸面上的主义或思潮，并不是真真切切的生活实践。

殊不知，谢冰莹以一位青年女兵的身份，通过自己的生活实践，实打实地解答了众多同时代作家学者都无法真正解答的问题。毋需多言，《一个女兵的自传》就来源于谢冰莹的真实生活，作者出色地运用细节描写与心理刻画的手法，将一位追求思想解放与生活独立的女性，活生生地带到了读者面前。更

谢冰莹

《新从军日记》插图之一：湖南妇女战地服务团团员之一部，众女兵手执"杀到东京去""有敌无我、有我无敌"各色旗帜，列于左侧首位执团旗者即谢冰莹。此图又载于《抗敌画报》第 14 期，1937 年

为重要的是，《一个女兵的自传》并不是一部仅仅停留在个人生活空间中的女性私语类作品，而是紧密联系时代背景，投射整个时代风貌的，视野开阔，宏微兼具的不可多得的一流作品。

也因为如此，《一个女兵的自传》一经面世，便风靡一时，吸引了众多同时代青年读者，反响十分热烈。作者谢冰莹其人其事迹更是引起了社会各界的广泛关注。南社元老柳亚子早在1931年所作《新文坛杂咏》组诗中，就专门为谢冰莹作了一首诗：

> 谢家弱女胜奇男，一记从军胆气寒。
>
> 谁遣寰中棋局换，哀时庾信满江南。

1933年还曾为其填词《浪淘沙》一首：

绝技擅红妆，短笔长枪，文儒武侠一身当。青史人才都碌碌，伏蔡秦梁。　旧梦断湖湘，折翅难翔；中原依旧战争场！雌伏雄飞应有日，莫温漫悲凉。

在1937年"七七"事变爆发之后，谢冰莹接待了众多赴抗战前线访问的作家与学者，黄炎培、田汉等均赋诗相赠，表达了对这位"新花木兰"的由衷敬意。

2000年1月5日，新千年的钟声刚刚敲响，继谢冰心、萧乾、苏雪林等文坛名宿相继辞世后，蜚声文坛的"新花木兰"谢冰莹女士在美国旧金山溘然长逝，享年九十三岁。按照她生前"如果我不幸地死在美国，就要火化，然后把

《新从军日记》插图之二：湖南妇女战地服务团在战地：谢冰莹女士"团长"与李明健女士慰劳伤兵。此图又载于《抗敌画报》第14期，1937年

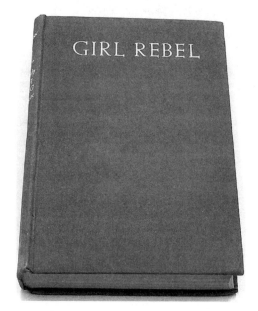

谢冰莹《女兵十年》英文版（*Girl Rebel*），美国纽约
1940 年初版

骨灰撒在金门大桥下，让太平洋的海水把我飘回去"的遗嘱，其骨灰被撒入海中，终于圆了一位女兵的还乡之梦。

最后，特别值得一提的是，谢冰莹的作品，由于文字优美流畅，风格平实亲切，还被选入海峡两岸的中小学生语文教材中。譬如，《爱晚亭》《卢沟桥的狮子》等作品曾被选为台湾中学国文教材，而《小桥

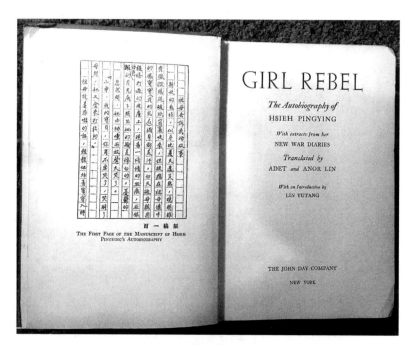

扉页及手稿影印件之一页

流水人家》一文被选入2013年人教版实验教科书《语文》课本。

附注：

《世界日报》是由成舍我（1898—1991）于1925年创办，1949年停刊。起初，成舍我以二百元大洋创办"世界报系"——1924、1925年《世界晚报》《世界日报》先后创办。当时，宣布自己的办报愿望"第一是要说自己想说的话；第二是要说社会大众想说的话"。

"世界报系"敢于对社会政治与时事持公正、公开的批评，此举让该报系在同时代传媒业中脱颖而出，在大众传播中迅即享有极高声誉。

谢冰莹对该报办报宗旨是了解并赞同的，也是较早向该报投稿的国内女作家之一；她提到的初次向该报投稿时间为1930年左右，正处于该报创办早期。

张爱玲：从《天才梦》到《北地胭脂》

◎ **《忆西风》里的记忆"失真"**

张爱玲（1920—1995）在十九岁时，写成的那一篇《天才梦》，末尾那一句"生命是一袭华美的袍，爬满了虱子"，着实令人惊艳，无怪乎后世读者对此津津乐道，始终心心念念。

《天才梦》是张爱玲在民国文坛上首度公开发表的处女作，此文刊载于由林语堂主编的《西风》杂志上，并获得了该杂志征文的三等奖。

《天才梦》一文虽极简短，于张爱玲而言，却别有一番深长意味。她生前发表的最后一篇文章《忆西风》，就对自己这篇初叩民国文坛之作追怀不已。《忆西风》是1994年12月3日在台湾《中国时报》的"人间"副刊上发表的，作为张爱玲第十七届时报文学奖（特别成就奖）的得奖感言，将自己十九岁的处女作及文学生涯初启时的种种情状相联系，有感而发，原本也顺理成章。

可这一千多字的文章全部是在谈论《天才梦》当年参加征文比赛，从初评第一名到后来变为没有名次的"特别奖"，很是为自己少年参赛受到的这番不公正待遇鸣不平。那么，事实果真如此吗？且看《忆西风》中提道：

张爱玲，1966 年摄

> 一九三九年冬——还是下年春天？——我刚到香港进大学，《西风》杂志悬赏征文，题目是《我的……》，限五百字。首奖大概是五百元，记不清楚了……我写了篇短文《我的天才梦》，寄到已经是孤岛的上海。没稿纸，用普通信笺，只好点数字数。受五百字的限制，改了又改，一遍遍数得头昏脑胀。务必要删成四百九十多个字，少了也不甘心。

这是张爱玲记忆中，当年参加《西风》杂志征文时的情形。不过，《西风》杂志在1939年的这次征文广告，是有案可查的，无论是征文字数限制，还是征文奖金数目乃至征文要求及奖项等，已过古稀之年的张爱玲确实都记错了。或许，当年她可能根本没仔细读过这则征文广告的具体条款，《天才梦》一文的字数也并非如其所说的"四百九十多个字"，而是共计一千三百余字。

据查，1939年9月印制发行的《西风》第37期杂志刊载有题为《西风月刊三周纪念，现金百元悬赏》的征文广告。广告中明确交代：

（一）题目："我的……"；（二）字数：五千字以内；（三）期限：自民国廿八年九月一日起至民国廿九年一月十五日；（四）凡《西风》读者均有应征

资格；（五）手续：来稿须用有格稿纸缮写清楚……（六）奖金：第一名现金
五十元，第二名现金三十元，第三名现金二十元或《西风》或《西风·副刊》
全年一份。其余录取文字概赠稿费；（七）揭晓：征文结果当在廿八年四月号
第四十四期《西风》月刊中公布，或由本社另行刊印文集。

　　显然，《西风》杂志征文的字数要求是五千字内，与张爱玲忆述的五百字
限制，整整有十倍的差距。而她撰写的征文《天才梦》字数也并没有限定在
五百字内，而是共计一千三百余字，也并不会出现她忆述中的"受五百字的限
制，改了又改，一遍遍数得头昏脑胀"的窘迫情状。然而，她还是坚持认为遭
遇了"不公正待遇"，《忆西风》一文中有这样的表述：

　　我收到杂志社通知说我得了首奖，就像买彩票中了头奖一样……不久
我又收到全部得奖名单。首奖题作《我的妻》，作者姓名我不记得了。我
排在末尾，仿佛名义是"特别奖"，也就等于西方所谓"有荣誉地提及
（honorable mention）"。我记不清楚是否有二十五元可拿，反正比五百字的稿
酬多。《我的妻》在下一期的《西风》发表，写夫妇俩认识的经过与婚后贫病
的挫折，背景在上海，长达三千余字。《西风》始终没提为什么不计字数，破
格录取。

　　其实，《西风》杂志破格录取的并不是别人"长达三千余字"的文章，恰
恰相反，张爱玲在自己看错了字数要求，实际上又写了一千三百余字的情况
下，还是被录取了。如果说破格录取，《天才梦》才是。

◎《天才梦》的获奖名次

《天才梦》必定深受《西风》杂志征文评委的激赏，所以才出现了初选为第一的状况。但可能后来评委再三斟酌，认为不能将其排为第一，理由可能来自两个方面，一是张爱玲的稿件是写在无格笺纸上的，这不符合征文广告中要求使用有格稿纸的规定；二是后来发现有完全符合征文规定，文笔水准又高的四五千字的长篇稿件，所以才出现了后来改排名次的"意外"。但即使出现了这样的"意外"，张爱玲却又再一次记错了，改排的名次并非如其所说"特别奖"，而是"名誉奖第三名"。

据查，1940年8月印制发行的《西风》第48期杂志，在封面显著位置以"纪念征文"黑体字提头，波浪线双边围列，正中印有"名誉奖　第二名　黄昏的传奇——南郭南山；第三名　天才梦——张爱玲"的字样。就是在这期杂志上，张爱玲的《天才梦》全文刊发出来，而且原题目《我的天才梦》也以副题的方式予以保留。

无论是奖项设置，还是刊发方式，可以看到，《西风》杂志社均予以十九岁的张爱玲充分的肯定与尊

1940年8月《西风》第48期杂志，封面刊出名誉奖第三名为张爱玲《天才梦》

重，除了她所忆述的"改排名次"细节上的疏乎之外，并无大的过错。至少，杂志社方面并不是以糊弄小孩子的心态，故意和她过不去。

至于为什么要在"第三名"前边加上"名誉奖"的说法，或许是因为张爱玲的稿件没有按要求书写于有格稿纸的缘故，抑或还有什么投稿细节上的要求没有符合，所以给出了一个看似模棱两可，实则爱惜提携的说法。事实上，就《西风》杂志公布的征文获奖名单来看，"名誉奖"是一个单列的奖项，独立于征文前十名获奖者之外。这个"西风三周年纪念征文得奖名单"除了公布在第44期杂志上之外，还统一公布在由杂志社汇辑的征文选集首页，名单如下：

第一名：断了的琴弦（我的亡妻）——水沫（江苏上海）——奖金伍拾元，《西风》月刊及《西风·副刊》全年各一份

第二名：误点的火车（我的倔强烈抗议）——梅子（云南昆明）——奖金叁拾元，《西风》月刊及《西风·副刊》全年各一份

第三名：会享福的人（我的嫂嫂）——若汗（江苏上海）——奖金贰拾元，《西风》月刊及《西风·副刊》全年各一份

第四名——第十名（名单从略）

以上除稿费外，《西风》月刊及《西风·副刊》全年各一份

名誉奖

第一名：困苦中的奋斗（我的苦学生活）——维特（四川江津）

第二名：黄昏的传奇（我的第一篇小说）——南郭南山（贵州遵义）

第三名：天才梦（我的天才梦）——张爱玲（香港）

以上除稿费外，《西风》月刊及《西风·副刊》全年各一份

　　从这份名单来看，与张爱玲同列"名誉奖"的还有两位作者。从"名誉奖"的获奖篇目来看，有可能三位获奖者均是学生，是否是专为学生或未成年人专设的这个奖项，尚不得而知。但有一点可以肯定，"名誉奖"获得者的待遇，与征文奖第四名至第十名是一样的，即是说没有奖金，只有稿费和全年杂志的奖励。如果按待遇相同的原则，依次顺排下来的话，张爱玲《天才梦》在此次征文中的名次，应为第十三名。

◎ "得奖这件事成了一只神经死了的蛀牙"

　　此外，张爱玲所说"征文结集出版就用我的题目《天才梦》"，这倒确有其事。上述这个名单就公布在这本名为《天才梦》的"西风社三周年纪念征文选集"中。《天才梦》一书选辑了名单中十三位作者的十三篇文章，以《断了的琴弦》一文打头，《天才梦》一文垫底。该书1940年10月在上海初版面市，1940年11月，《西风》杂志第51期刊登了这本书的广告：

　　本书为本社三周年纪念征文之得奖文集，由近七百篇之文章中精选者，内容包括……等十三篇佳作，篇篇精彩，各有特点，为西洋杂志文体实验之最大收获。全书一百五十余面，约八万字，定价每册七角……书已出版，欲购从速。

　　当年这本征文选集销路不错，也难怪张爱玲对此记忆颇深。《天才梦》于1940年10月上海初版，当年12月即再版；后来因抗战时期，《西风》杂志社

《西风》杂志三周年纪念征文选集《天才梦》，
1940年10月，上海初版

迁往后方，1943年12月又在桂林出了第三版；直到1948年9月，在上海又出到了第八版之多。至于为什么要以张爱玲的《天才梦》一文为书名，既是编辑们对这篇小文章的特别关爱所致，也是编辑们的策划眼光所在，后来这本征文选集的畅销也就说明了这一点。但这只是这类选集编印的通例，选取其中某一篇文章名作为书名，恐怕也还是这次征文组织者——《西风》杂志社编辑们的权利。张爱玲为此大为光火，也大可不必。

《忆西风》一文的末尾，张爱玲也平心静气地说：

五十多年后，有关人物大概只有我还在，由得我一个人自说自话，片面之词即使可信，也嫌小器，这些年了还记恨？当然，事过境迁早已淡忘了，不过十几岁的人感情最剧烈，得奖这件事成了一只神经死了的蛀牙。

或许，有的记忆真如蛀牙一般，本身价值与意义也不算太大，更何况还有忆述失真的可能，不提也罢。比如这一次，的确是张爱玲记错了。

◎《三月的风》里"春风得意"

《天才梦》得奖之后，当"得奖这件事成了一只神经死了的蛀牙"之后，张爱玲没有再为《西风》杂志供稿。处女作撰发之后三五年间，张爱玲在上海文坛已然崭露头角，在同时代青年女作家群体中可谓一枝独秀。

1944年4月10日，上海《杂志》月刊的4月号出版发行。杂志扉页上印着一幅素描画，画面上一位着连衣裙的摩登女子迎风而立，裙角随风飘扬，姿态舒展飘逸。翻开月刊目录页，得知这幅画作名为《三月的风》，作者张爱玲。

展读目录页，不难发现，在这本名为"杂志"的杂志上，一时名家云集，汇集了当时非左翼作家的半壁江山，可谓上海"孤岛"时期作家群体的顶级沙龙。一本巴掌大的小册子上，周作人、胡兰成、陶亢德、文载道、苏青等人的作品，悉数登场。

当然，这其中最耀眼的仍是张爱玲。她在这一期《杂志》上总共出场六次之多，涉及她的画作、谈话、议论文、小品文等。可以想象，1944年的上海之春，三月春风里，张爱玲可谓"春风得意"。

值得注意的是，这一期《杂志》刊载有"女作家聚谈会"的特别报道，是将该杂志社于当年3月16日下午举办的"女作家聚谈会"的谈话内容摘要出来。在有苏青、关露、汪丽玲、吴婴之、潘柳黛、蓝业珍以及《中国女性文学史》作者谭正璧等出席的这次聚谈会中，时年二十四岁的张爱玲发言虽不算多，却也可圈可点，颇见性情识见。

只是这些发言内容由于相对零散，未能辑入她生前死后的各类文集之中，不易读到。整整八十年后，这一期《杂志》随着时光散佚，颇不易寻，成了众多研究者、藏书家以及"张迷"眼中的凤毛麟角。如今，手头还珍藏着这一期《杂志》的读者，应当都细细读过。

◎女作家聚谈会上，二十四岁张爱玲畅所欲言

且看聚谈会中，话题谈至"第一个作品的来历"时，张爱玲说：

第一次的作品是一篇散文，是自己的一点惊险的经验的实录，登在一九三八年的英文《大美晚报》上。第一篇中文作品是《我的天才梦》，登在《西风》上。

在"女作家论女作家"议题刚开始时，张爱玲一开始没有发表意见，只是调侃说：

"我的毛病是思想太慢，等到听好想说，会已经散了。"后来又补充说："古代的女作家中最喜欢李清照，李清照的优点，早有定评，用不着我来分析介绍了。近代的最喜欢苏青，苏青之前，冰心的清婉往往流于做作了，丁玲的初期作品是好的，后来略有点力不从心。踏实地把握住生活情趣的，苏青是第一个。她的特点是'伟大的单纯'。经过她那俊洁的表现方法，最普通的话成为最动人的，因为人类的共同性，她比谁都懂得。"

在"对于外国女作家的意见"中，她又说：

外国女作家中我比较喜欢Stella Benson。

在文学作品的"取材范围问题"上，张爱玲指出：

的确女人的活动范围较受限制，这是无法可想的，幸而直接经验并不是创作题材的惟一泉源。

接着，她又补充道：

好的作品里应当有男性美与女性美的调和。女性的作品大都取材于家庭与恋爱，笔调比较嫩弱绮靡，多愁善感，那和个人的环境教育性格有关，不能一概而论。

在文学作品"怎样写"讨论中，张爱玲称：

也有听来的，也有臆造的，但大部分是张冠李戴，从这里取得故事的轮廓，那里取得脸型，另向别的地方取得对白。

当主持人问及是否熟读《红楼梦》并借鉴其创作手法时，她答道：

不错，我是熟读《红楼梦》，但是我同时也会熟读《老残游记》《醒世姻缘》《金瓶梅》《海上花列传》《歇浦潮》《二马》《离婚》《日出》。有时候套用

《红楼梦》的句法，借一点旧时代的气氛，但那也要看适用与否。

在被问及如何专职写作时，张爱玲坦言：

我一直就想以写小说为职业。从初识字的时候起，尝试过各种不同体裁的小说，如《今古传奇》体，演义体，笔记体，鸳蝴派，正统新文艺派等等……

在"读书和消遣"方面，她说：

读S. Maugham，A. Huxley的小说，近代的西洋戏剧，唐诗，小报，张恨水。从前喜欢看电影，现在只能看看橱窗。

在"批判流行作品"方面，张爱玲认为：

现在最时髦的"冲淡"的文章，因为一倡百和，从者太多，有时候虽难免有点滥调，但比洋八股到底是一大进步。

在研讨这一议题时，她突然又话锋一转，谈到了书籍插图问题，声称：

小说中的插图，我最喜欢窦宗淦先生的。普通一般的插图，力求其美的，便像广告图。力求其丑的，也并不一定就成为漫画。但是，能够吸引读者的注意力，也就达到一部分的目的了。

从上述这些张爱玲发言来看，当时年纪虽不大，但阅历之广，眼光之精，已初见锋芒。特别有意思的是，在"女作家论女作家"这一议题研讨中，张爱玲与苏青成为聚谈会中唯一相互"吹捧"的搭档。

苏青称"女作家的作品我从来不大看，只看张爱玲的文章"；张爱玲回应说"近代的最喜欢苏青"，两位才女惺惺相惜，毫无保留地公开表达了出来。当然，张爱玲的言论并非在场所有女作家都乐意接受，会议中间也时有不同意见，但这似乎并不足以影响二人的谈话兴致与发言个性。

更有意味的是，在该篇报道之后，紧接着又刊发了两篇文章，一篇是苏青的小说《蛾》，另一篇就是张爱玲的《论写作》。杂志社方面对二人的看重，也显而易见。

1944年春天的上海，"三月风"里的张爱玲，正春风得意，下笔如神。当年，《杂志》几乎每期都有她的作品与身影出现。而在这期"女作家聚谈会"之后的下一期，《杂志》5月号上，胡兰成的《评张爱玲》一文也翩然而至（同年8月，二人结婚）。

这一年，张爱玲写作生涯与人生情感渐入佳境。或许，那幅素描画《三月的风》，画中那纱裙随风拂荡的轻快女子，应当就是此刻心神畅快的张爱玲的自画像。

《杂志》月刊，1944年4月号

◎女作家聚谈会外，"花边"与"八卦"实在太多

1940年代的上海文坛，经济繁荣，写手众多，以专事写作为生的女文青们也逐渐形成了朋友圈。张爱玲和苏青属于上海女文青圈子里的佼佼者，她们交往密切，互相欣赏，据说经常一同逛街，一同看电影；甚至还互相换裤子穿，简直"好到穿一条裤子"，可以说是顶级闺蜜了。

张爱玲画作《三月的风》

1944年，张爱玲写作生涯与人生情感的"佳期"，正在一步一步接踵而至。在当时的张爱玲看来，这"佳期"似乎与闺蜜苏青有着莫大的关系——无论是写作还是爱情，苏青对张爱玲都可谓提携有加。当然，当时的张爱玲可能并不知道，胡兰成虽然是苏青介绍给她的，但他却曾是苏青的"前男友"。

张爱玲旧照之一，原刊于《流言》初版本

原来，出生于宁波书香门第的苏青，因结婚而辍学，又因离婚而卖文为生，因这段经历写成《结婚十年》一书，大受市民读者喜爱。这本书一共印了36版，创造了当时出版行业的一个奇迹，比张爱玲的《传奇》《流言》还要畅销。

1943年10月，苏青在上海爱多亚
路创设了天地出版社，发行《天地》
杂志，她集社长、主编、发行人于一
身，在上海文坛堪称教母级人物。她
主动向张爱玲约稿，希望张"叨在同
性"的份儿上给她的杂志赐稿。张爱
玲迅即给她寄了一篇小说《封锁》，
没想到这篇小说让曾经同样很欣赏苏
青的胡兰成大为赞叹，于是找到苏
青要张爱玲的地址，结果二人因此
相识。

《苏青与张爱玲》，北京沙漠书店出版

后来，胡兰成写成一篇《评张爱
玲》，一方面吹捧张爱玲的文笔，另一方面也算是含蓄的示爱；老文青与女文
青就此一发不可收拾，开始了后来"张粉"们都知道的那一场"倾城之恋"。

然而，张爱玲爱上的胡兰成，却曾是苏青的"前男友"，当时她本人并不
知情。不过，胡、苏二人的"地下情"，后来还是在苏青的小说中留下了蛛丝
马迹。更因为苏青一向写不来虚构的小说，她的文字大多写实，也就坐实了小
说中的人物与现实生活中的联系。

不难发现，在1949年秋天出版的《续结婚十年》中，苏青以一位名唤
"谈维明"的小说人物来影射胡兰成。她在小说中写道：

我终于遇到一个知道我的人，叫作谈维明。他的脸孔是瘦削的，脑袋生得

特别大，皮肤呈古铜色，头发蓬乱如枯草，是不修边幅的才子典型。然而他却有着惊人的聪明，加以博学多能，于社会、经济、文学、美术等无所不晓，这可使我震慑于他的智慧，心甘情愿地悦服了。他天天到我家来，坐谈到午夜，浓浓的茶叶、强烈的香烟味，使两人兴奋而忘倦。

　　而且，小说中的这位"谈维明"，在苏青笔下，还有着与胡兰成对应的社会身份。小说中称"谈维明""当过什么次长，也做过什么报馆的社长"，总体评价是：

　　他虽然长得不好看，又不肯修饰，然而却有一种令人崇拜的风度。他是一个好的宣传家，当时我被说得死心塌地地佩服他了，我说他是一个宣传家，那是五分钟以后才发觉的，唉，我竟不由自主地投入了他的怀抱。

　　联系上下文，不难发现，苏青"不由自主地投入怀抱"的这个男人，就是胡兰成。无独有偶，胡兰成在《今生今世》中也曾写道：

　　当初有一晚上，我去苏青家里，恰值爱玲也在。她喜欢在众人面前看着我，但是她又妒忌，会觉得她自己很委屈。

◎张爱玲晚年签赠本再为传奇"揭幕"

　　当这些女作家的"花边"与"八卦"渐渐化为如烟往事之后，这些上不了文学史台面的情史与逸闻，却已在市井坊间，普罗大众的阅读与传播史中，占据了重要的位置。

毋庸讳言，无论是张爱玲记错了，还是嫁错了，都不是她的错，反倒成了她的传奇。虽然，传奇也终有落幕之时，晚年流寓美国的张爱玲，却一次又一次地把行将落幕的传奇，重新"揭幕"，仍然为后世读者所瞩目。

笔者有幸获见一本张爱玲签赠本《北地胭脂》(*The Rouge of the North*)，颇可为其传奇人生的后半生做一个小注脚。

此书为英国伦敦Cassell出版社于1967年印行的初版本，书品上佳，就连精装本的外护封也保存完好，至为难得。此书护封封面上印着富于中国水墨画情致的"竹石图"，竹叶在风中瑟瑟舞动，颇有韵味。封底则是张爱玲于1944年拍摄的个人照片，照片中的她，时年二十四岁，正是上海滩"女作家聚谈"的年华，身着"那件唯一的清装行头"，"大袄下穿着薄呢旗袍"，别是一番风情。这张照片后来收入了《对照记》。

照片之下，是一段英文简介，首先

《北地胭脂》(*The Rouge of the North*)，英国伦敦 Cassell 出版社，1967 年初版本，此为外护封封面

Eileen Chang has based *The Rouge of the North* on a novella she wrote in Chinese entitled *The Golden Cangue* and she is uniquely qualified to write about the periods of Chinese life she describes in her novel. Her grandmother's father was the Chinese statesman, Li Hung-chang, while her grandfather, Chang P'ei-lung, was the chief political casualty of the Sino-French War of 1884. Eileen Chang herself was born in Shanghai and spent all her life there until she left for Hong Kong in 1952. Since 1955 she has lived in the U.S.A. and was until recently writer in residence at Miami University, Oxford, Ohio. She is now an Associate Scholar at the Radcliffe Institute for Independent Study, Cambridge, Mass., where she holds a fellowship to translate an Old Chinese novel, *Hai Shang Hua*.

外护封封底

介绍了张爱玲的家世背景，提及其外曾祖父李鸿章与祖父张佩纶，似乎有意强调此书作者乃清代重臣遗族的尊贵身份。细心的读者会联想到，祖籍河北丰润、生于上海的张爱玲，不正应了此书扉页上印着的那一句"南朝金粉，北地胭脂"吗？

陈世骧

关于张爱玲的生活近况，也略有介绍。包括她于1952年离开上海赴香港暂寓，以及1955年赴美在各大学术机构从事研究工作，乃至她当时正在着手翻译的一部中国古本小说《海上花列传》等，皆一一记述，不啻为一份专门面向英语圈读者的正式推介书。

张爱玲签赠陈世骧手迹

尤其可贵的是，此书还是张爱玲的签赠本，且受赠人为与其在伯克利加州大学（UC Berkeley）共事的师长陈世骧（1912—1971）。张爱玲在是书前环衬上写有：

世骧先生赐正

张爱玲　一九六九，五月

张爱玲签赠手迹，可谓惜墨如金，除了上款与落款之外，别无一字。熟悉张之生平者，都明晓《北地胭脂》一书在其英文写作生涯中的分量，张、陈二人短暂的一段交集也颇令人感慨。

◎《北地胭脂》出版一波三折

1952年，张爱玲离开上海重返香港，暂寓美国驻港新闻处，开始投入英文写作。她写成并出版的三部英文小说——《秧歌》《赤地之恋》《北地胭脂》，各有特点。《秧歌》是中文版先发表，连载于香港《今日世界》杂志上，结集于1954年7月，交由今日世界社出版；再于1955年，又由她本人译为英文，在美国出版（*The Rice-Sprout Song*）。《赤地之恋》也是先写成中文版，连载于香港《今日世界》杂志上，结集于1954年10月，交由天风出版社出版；然后仍由她本人译为英文，于1956年在香港出版（*The naked Earth*）。《北地胭脂》（*The Rouge of the North*）的出版，比之上述两种，则颇不顺利，可谓一波三折。

原来，继《秧歌》《赤地之恋》的中英文版皆顺利出版之后，张爱玲又把早前写成的中篇小说《金锁记》（发表于1943年上海《杂志》月刊及1944年《天地》杂志，后收入小说集《传奇》之中），扩展成英文长篇小说《粉泪》（*Pink Tears*），满怀信心地投至《秧歌》英文版的纽约出版者Charles Scribner's Sons，孰料却被退稿。不得已，张爱玲遂将《粉泪》改写成《北地胭脂》（*The Rouge of the North*），同样未能在美国出版。之后，张爱玲只得先行将《北地胭脂》转译为中文小说《怨女》，于1966年在香港《星岛日报》连载。直到1967年，《北地胭脂》交由英国伦敦Cassell出版社印行，终获出版。据考，这一部久经波折的《北地胭脂》也是张爱玲生前出版的最后一部英文小说。

《北地胭脂》出版之后，反响不及《秧歌》，张爱玲本人在公开场合也没有什么评述，晚年也没有提及，似乎在费尽周折出版之后，也就此了无牵挂，一了百了。然而，这部英文小说不但出版历程曲折，而且也正因其出版周期的漫长，在张爱玲的异国生涯中，扮演着极其重要的"见证者"角色。

事实上，当1955年11月，张爱玲搭乘"克利夫兰总统号"邮轮赴美之后，对将《金锁记》改编为《粉泪》出版的计划，还颇为乐观。1956年3月，张爱玲获得新罕布什尔州（New Hampshire）彼得堡（Peterborough）的麦克道威文艺营（MacDowell Colony）写作补助，在那里写成了《粉泪》。与此同时，时年六十五岁的德裔左翼作家赖雅（Ferdinand Reyher，1891—1967），与时年三十六岁的张爱玲相遇相识，这一年8月18日，二人相识不到半年即在纽约结婚。

张爱玲与赖雅

无论是英文写作，还是异国婚姻，一切都看似顺理成章，水到渠成。可《粉泪》的出版，却远没有预想中的顺利，即便再次改写为《北地胭脂》，仍然未获通过。随之而来的，还有伴侣赖雅身体状况的每况愈下，新婚两个月之后，即频发中风，昏迷濒死，直至瘫痪。身在异国的张爱玲，不仅要独自面对没有稳定收入的生存窘境，还要照顾病卧在床的赖雅，更须为之筹措资金用于长期治疗。艰辛困苦，可想而知。

◎ "北地胭脂"出典，颇费思量

即便如此，张爱玲在美国的写作生涯还得继续，且应尽快打开局面，以便纾解日益困窘的生活状况。直至1966年12月12日，张爱玲还在为《北地胭脂》的出版，费尽心思。这一天，她在致友人庄信正的信中提道："我曾到Library of Congress 中文部查'南朝金粉，北地胭脂'出典，主要想知道是否七世纪写的，虽然大家都知道这句子，仍旧查不出，想托你查查。"

据此可知，直到1966年12月，张爱玲仍在美国国会图书馆（Library of Congress）查阅文献，希望为《北地胭脂》的书名找到出典。她预设"北地胭脂"一语可能是在中国隋唐之际（7世纪）即有使用，可惜在号称全球最大的图书馆——美国国会图书馆，竟没有查到相关文献。

另据收信人庄信正后来的注解，他也没有查到"北地胭脂"的出典，为此还曾咨询过当时在美国任教的顾孟余（1888—1972），认为只是俗语拼凑而成，属"流行语"，中国古籍中没有前例。庄氏将查而无获的情况转告给了张爱玲。《北地胭脂》出版后，在书名页之前印着那一句"南朝金粉，北地胭脂"，被译作"The face powder of southern, The rouge of the northern lands"，下面注释为"Chinese expression for the beauties of the country, probably seventh century"（中国形容美女的话，大约始自7世纪）。

张爱玲在书中的注解，不得已使用了"probably（大约）"一词，仅此一词，当年也是颇费周章，认真考证了一番。当然，如今凭借便捷的互联网，可以容易地查证到"北地胭脂"的出典。

譬如，早在南朝梁陈间人徐陵《玉台新咏序》中即有"北地胭脂，偏开两黡”的赞语，南宋刘辰翁《夜飞鹊》中有“深深代籍，盼悠悠、北地胭脂”；明代唐寅《落花图咏》中有“双脸胭脂开北地，五更风雨葬西施”；清代龚自珍《己亥杂诗·忆京师芍药》中有“愿移北地胭脂社，来问南朝油壁车”。凡此种种，可见早在南朝（流衍至明清），“北地胭脂”一语即已出现，可以将其历史年提前至5世纪。

另据《五代诗话·稗史汇编》载：“北方有焉支山，上多红蓝草，北人取其花朵染绯，取其英鲜者作胭脂”，故后人常以“北地胭脂”代指北方的美女，不过这一“流行语”究竟始自何时，除了南朝徐陵《玉台新咏序》之外，诗文勃兴的隋唐时代，却难觅一例。仅就笔者所阅，唐诗中未见此语。

至于“南朝金粉”与“北地胭脂”联用，则年代更晚。据笔者所查，在1925年《环球画报》第6期之上，载有一副时人赠予某名妓的对联，联语曰“北地胭脂推雪素，南朝金粉压湘阑”。另有1943年《游艺画刊》第7卷第8期之上，载有一篇专访著名京剧女演员童芷苓的报道，题为《南朝金粉变成了北地胭脂》。不难揣摩，“南朝金粉”与“北地胭脂”联用的情形应当始于清末民初，主要是用来形容南来北往的各色女性，距今尚不足百年。

◎《北地胭脂》签赠本实乃敲门砖

收到庄信正的回信之后，张爱玲迅于1967年元旦复信：

收到信非常感谢。真想不到这两句的来历这样复杂。……连载《怨女》是没改过的，脱落字句又多，自己也看不下去，不久单行本出来了马上寄给你。

　　显然，张爱玲对译自《北地胭脂》的中文版《怨女》并不满意，即便已率先在杂志上发表了，她仍然更希望英文版早日出版。

张爱玲与赖雅

　　1967年4月，为谋生计，张爱玲带着奄奄一息的赖雅，离开迈阿密，9月抵达麻州剑桥市，在赖氏女子学院设立的研究所工作。10月8日，长年卧病的赖雅猝然逝世，张爱玲从此独居终老。在此期间，《怨女》单行本还未出版（次年方才出版），《北地胭脂》虽已在英国伦敦出版，但张爱玲似乎还没有收到消息，至少还没有拿到作者样书。所以，直至1967年12月21日，在张致庄的信中，仍在告知《怨女》单行本还没出版，"出来了一定寄来"。

　　1969年1月23日，张爱玲致信庄氏，称"先寄本《北地胭脂》给你，因为这本倒是一个标点也没经人改过，除了印错，不像《秧歌》，英文本我始终看着不顺眼"。显然，此时张爱玲终于拿到了自英国伦敦寄来的作者样书，开始分赠友好，并且间接地表达了《北地胭脂》是"原封不动"（未经编辑改订）印出，比《秧歌》要好。

　　1969年5月30日，张爱玲再次致信庄氏，"我这些时一直惦记着寄两本《北地胭脂》与《半生缘》（《怨女》迄未收到）给你送人……乘这次到邮局去，也寄书给陈先生，寄到办公处，不确定房间号码，还是请你转交"。显然，笔者如今获见的这一本《北地胭脂》张爱玲签赠本，正是此时寄至庄氏处，再由其转交给陈世骧的。

就在张爱玲签赠陈世骧《北地胭脂》，委托庄信正转交一个多月之后，1969年7月初，张爱玲进入伯克利加州大学中国研究中心工作，担任高级研究员，研究中国一些特别用语及《红楼梦》等，邀请者正是陈世骧。可想而知，张爱玲签赠陈世骧《北地胭脂》（及其他著作），亦属入职的敲门砖。

◎加州大学解聘之"最大打击"

陈世骧，字子龙，号石湘，祖籍河北滦县。早年入北京大学主修英国文学，1932年获文学学士。1936年起任北京大学和湖南大学讲师。1941年赴美深造，在纽约哥伦比亚大学专攻中西文学理论。1945年起，陈世骧长期执教于伯克利加州大学东方语文学系，先后任助理教授、副教授和教授，主讲中国古典文学和中西比较文学，并协助筹建该校比较文学系。

据庄信正忆述，张爱玲入职之初，与陈氏的交谊有过一段"蜜月期"，不止一次畅谈文学。然而张爱玲向来孤僻，不喜交际，对陈氏邀约的一些聚会颇感不适。由于二人性格迥异，"导致误会几乎是难免的"；加之张爱玲撰写论文"没有遵循一般学术论文的成规"，无论从交谊还是工作而言，这样的情形都埋下了隐患。

终于，因为对张爱玲的工作状况不甚满意，陈世骧于1971年4月"公事公办"，将之解聘。张爱玲于1971年5月7日致庄信正的信中，以及1971年7月10日致夏志清的信中，均提及因一篇专题论文使陈氏感到不满意，二人在言语上略有争执，遂遭解聘。

孰料，在解聘张爱玲一个月之后，1971年5月23日，陈世骧因心脏病猝发逝世。张爱玲悄然出席了陈氏的追悼会，据庄氏忆述称：

陈先生在加大执教二十六年，又长期兼任行政工作，因此死后举行了盛大的追悼会。那天上午我看到张爱玲前往参加，提前离开。其时在场者多得从屋里挤到屋外；她来去匆匆，我作为陈先生的晚辈与旧属，帮忙布置与招待，遂未来得及同她打招呼。但至今记得她的落寞的形容。①

事实上，因1971年4月被加州大学解聘，张爱玲不得不搬迁至洛杉矶，之后整整三年都没有固定收入，全靠旧作大量发表的稿酬而苟存。此次解聘，被夏志清称为"在美国奋斗十六年遭受的最大打击"②。而那几经周折方才艰难出版的《北地胭脂》，也曾将她"早年便立意以英文著述扬名"的念头几乎掐灭，庄信正认为此事对她"打击很大"。那么，这两件事接踵而来，可谓祸不单行。

---

① 以上引述张爱玲信文与庄氏注解，皆出自《张爱玲庄信正通信集》，新星出版社，2012年。
② 关于夏志清的观点，可详参《张爱玲给我的信件》，长江文艺出版社，2014年。

陆小曼：闪婚与闪离

◎小引：未有"冷静期"之前

2021年1月1日起《中华人民共和国民法典》实施，为贯彻《民法典》有关离婚冷静期制度的规定，民政部对婚姻登记程序进行调整，在离婚程序中增加冷静期。离婚冷静期后三十日内，双方未共同到婚姻登记机关申请离婚的，视为撤回离婚登记申请。

离婚冷静期来临，"冷静"之后，有多少婚姻可以挽救，或者说，有多少婚姻可以重来，一度成为社会关注的话题。

其实，闪婚与闪离，就是不太"冷静"的结婚与离婚，并不是当代青年男女的专利，也不是这个世纪才有的怪现状。20世纪二三十年代，闪婚与闪离现象早已在国内摩登男女中闪亮；其中最具戏剧性的一对莫过于陆小曼与王赓。

二人离婚不但没有冷静期可言，而且更是"未经法庭之公判，律师之保证"，以个人直接结束婚姻的方式，直截了当地各奔前程而去。当年要说闪离，

恐怕少有人能比他们"闪"得更快；要说闪婚，陆小曼与徐志摩的那一场声名
远扬的"再婚"，恐怕也少有人比他们"闪"得更快。

◎徐志摩殁后近一年，陆小曼初婚照片在北平披露

　　王赓（1895—1942），字受庆（绶卿），江苏无锡人，陆军少将。1911年
清华毕业后保送美国，先后曾在密西根大学、哥伦比亚大学、普林斯顿大学就
读，1915年获普林斯顿大学文学学士后转入西点军校，1918年西点毕业时为
全级一百三十七名学生中第十二名。王赓回国后曾任职北洋政府陆军部，并
以中国代表团武官身份随陆徵祥参加巴黎和会；后任交通部护路军副司令并晋
升少将。1923年任哈尔滨警察厅厅长。1928
年以后，先后出任孙传芳部五省联军总部参
谋长，敌前炮兵司令，铁甲车司令，国府淮
北盐务缉私局局长，财政部税警总团总团
长，第八十八师独立旅旅长等职。1932年因
"擅离职守"被判入狱两年零六个月。1935
年出狱后任职铁道部，后任兵工署昆明办事
处处长。1942年4月，作为政府军事代表团
成员赴美期间，因肾病复发，医治无效，在
埃及开罗逝世。

　　关于陆小曼与王赓的结婚时间，坊间有
1920年、1922年等多种说法，要将这一时
间精确到哪一年哪一月哪一日，几无可能。

王庚，西点军校毕业照，摄于1918年

王赓与陆小曼结婚时合影，原载北平《世界画报》

笔者近日翻检民国时期旧报刊，偶然发现一份刊有陆、王二人结婚照片的旧报，且有二人确切婚期：

右方所刊之王赓与陆小曼结婚时俪影，在现在我想对于读者，一定很感趣味。陆小曼是与王赓离婚后，才嫁的徐志摩。徐志摩逝世后，沪战发生，乃发生王赓擅离职守为敌所获，以致影响战事全局，王于最近已被判徒刑。陆氏前后所嫁二人，一武，一文。但皆知名于世，陆亦足以自豪矣，陆与王结婚于一九二一年十月二十二日。时陆年十八。兹则已三十矣，陆原为北平圣心女学学生，擅英法文云。

事实上，与这段图注配发的陆、王二人初婚照片，非常罕见，相信如今已见惯了陆小曼与徐志摩合影的读者，看到这张照片一定会感觉十分陌生与讶异。细看这张照片，但见王赓着陆军礼服，陆小曼着西洋婚纱，二人神态端庄，颇有相敬如宾、举案齐眉之态。

当然，如果以1927年以来频频出现于报端的陆、徐二人合影来比较，陆、王二人的这一张合影更符合旧式传统婚礼，显得中规中矩，严谨规范，但缺乏浪漫、亲密、文艺的情调。

值得一提的是，刊发这张照片的北平《世界画报》，刊发时间为1932年8

月21日——此时离陆、王二人结婚已过去了整整十年。之所以在此时刊发这张照片，恐怕一来徐志摩已于近一年前逝世（1931年11月19日因飞机失事罹难），二来王赓在"沪战"期间因擅离职守被判入狱。这一武一文的陆小曼两任夫君，当时都成了新闻人物，所以该报别出心裁地刊发了这张照片，以博读者瞩目。

徐志摩与陆小曼结婚时合影，摄于 1926 年

当然，无论这份近百年前的旧报当时所着眼的热点究竟如何，所刊发的这张照片及其图注却为后世留下了难得的史料，至少透露了两个重要历史信息，一是陆、王二人结婚时间为1921年10月22日（时年陆十八岁，王二十六岁）；二是王赓在"沪战"期间因"擅离职守"，竟被日军捕获，于1932年间曾因此被判入狱。

◎前夫王赓"擅离职守"获罪，坊间传为安慰丧偶之陆小曼

据查证，在1932年"一·二八"事变期间，时任88师独立旅旅长的王赓因误入日军宪兵区，于礼查饭店被捕，后经英美法多国领事交涉，日军将其释放。随后，国民政府却以"泄漏军机"为由将其逮捕，并被判入狱，史称"王赓事件"（Ken Wang Incident）。1932年8月2日，军事法庭对王赓泄密案进行宣判，法官宣读判词如下：

前八十八师独立旅长王赓，当沪战时，擅离职守，经礼查饭店时，被日军拘押，经交涉交十九路军总指挥部，转解军政部军法司看守，当由该司组织高等军法会审，先后会审数次及严密侦探，确无通敌嫌疑与证据；但事先未得长官答应，擅离戒严地点。依陆海空军刑法治罪，判决有期徒刑二年零六个月。

其实，王赓并未泄密，此事早在法庭宣判之前就已有所传言。如今有案可查者，有蔡元培"为王赓案致南京裁判人员函"一通。此函明确声称"王君平日谨厚温雅……此次身入险地，不能辞疏忽之咎；然疑其有意卖国，则殊非吾人所能想象"。显然，宣判结果亦是仅针对其"擅离职守"而定罪的，并无"泄密"罪责之判定。

因泄密一说查无实据，坊间又流行另一种带有揣测性质的说法，称王赓之所以擅离职守，无非是为了去看望并慰藉徐志摩的遗孀，也就是他的前妻陆小

王赓、赵元任等与罗素、勃拉克女士合影，约摄于 1921 年

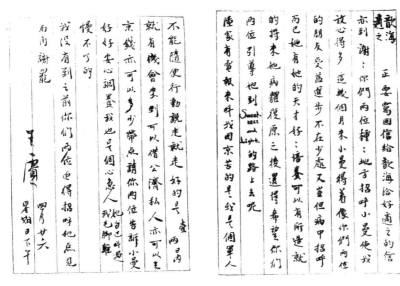

王赓致胡适、张歆海信札

曼。这种揣测虽同样无法确证，但似乎也合情合理，因为王赓与陆小曼的分手本属"和平分手"，作为军人的王赓，对陆小曼的情感虽不及诗人浪漫强烈，但却一直保持着一种含蓄的呵护。

这种隐藏但却真实存在的情感，可以通过尚未与陆离婚时王赓致张歆海（徐志摩前妻张幼仪之弟）、胡适的信中表露一二。当时，陆小曼因病在家中休养，在外地工作的王赓放心不下，与经常和陆有来往的张歆海、胡适通信，感谢这两位朋友关照其妻。信中这样写道：

歆海、适之：

正要写回信给歆海，恰好适之的信亦到。谢谢你们两位种种地方招呼小曼，使我放心得多。这几个月来，小曼得着像你们两位的朋友，受益进步不在少处，又岂但病中招呼而已。她有她的天才，好好培养可以有所造就的。将来她病体复原之后，还得希望你们两位引导她到 sweetness and light 的路上去呢。

陆家有电报来叫我回京，苦的是我是个军人，不能随便行动说走就走。好的是壹两日内就有机会来到，可以借公济私，人亦可以来京，钱亦可以多少带点。请你两位告诉小曼，好好安心调养，我也是个心急人（她自己叫过我毛脚鸡），慢不了的。

我没有到之前，你们两位更得招呼她点。见面再谢罢。

王　赓

四月廿六日，星期日下午

这封收录于《胡适遗稿及秘藏书信》①中的王赓信札，可能写于其 1923 年任哈尔滨警察厅厅长期间——这期间他因忙于公务，无暇经常返京照顾家庭，故委托友人胡适、张歆海等照顾陆小曼。

◎徐志摩与陆小曼闪婚，梁启超训斥证婚

谁也未曾想到，正是在这期间，胡、张二人的亲友徐志摩，走进了陆小曼的生活。原来，王、徐二人曾同为新月社成员；据传，1924 年夏，新月社组织演出昆曲《春香闹学》，王极力推荐妻子陆小曼与徐志摩同台演出。

两年前的 1922 年春，时年二十六岁的徐志摩虽再一次做了父亲，次子德生（彼得）生于德国柏林，可却在不到一个月的"冷静期"之后，还是由吴德生、金岳霖作证，在柏林与原配夫人张幼仪离婚。此时的徐志摩已为离婚之

---

① 此书由黄山书社于 1994 年初版。

后的"自由身"。虽然世人皆知徐的离婚，乃是为了追求另一位"林妹妹"（徽因），"我本一心向明月"的决然之心并未得到回应之后，眼前玉立台上的陆小曼瞬间再度点燃了诗人的爱火。

自此，徐、陆二人把整个人生也视作戏台，戏码不断累加，感情也随之不断升温。那不爱少将爱诗人的陆小曼，与这爱不成"林妹妹"就爱"小眉眉"（陆又名小眉）的徐志摩，很快双双坠入爱河，义无反顾地朝着"二婚"迈进。

一年之后，陆、王二人离婚。就这样，徐、陆二人先后挣脱了各自原有的婚姻束缚，以迅雷不及掩耳之势，重新开启了崭新的人生。

1926年10月3日，时年二十九岁的徐志摩，与时年二十三岁的陆小曼，在北京北海公园的画舫斋举行婚礼。原本，这郎才女貌、声名远播的一对儿，如此高调的再婚，理应高朋满座，嘉宾云集，可是，现场十分冷清，几乎可以用门可罗雀来形容。

辜鸿铭、徐志摩、张歆海等人与泰戈尔合影，原载《国立清华大学廿周年纪念刊》，1931年印行

据说，现场最有分量的来宾，乃是徐的老师梁启超，是来证婚的。梁氏当场所致证婚词，简直就是"审判词"，哪里有什么"白头偕老"的祝福，倒颇有的训斥之意：

徐志摩，你这个人性情浮躁，所以在学问方面没有成就。你这个人用情不专，以致离婚再娶。陆小曼，你和徐志摩都是过来人，我希望从今以后你能恪遵妇道，检讨自己的个性和行为，离婚再婚都是你们的性格的过失所造成的，希望你们不要一误再误，自误误人，不要以自私自利作为行事的准则，不要以荒唐和享乐作为人生追求的目的，不要再把婚姻当作是儿戏，以为高兴可以结，不高兴可以离，让父母汗颜，让朋友不齿，让社会看笑话！

梁启超的证婚词可谓一盆冷水向这对再婚夫妇当头泼去，至于现场怎么收场，真是很难想象。

◎王赓与陆小曼闪离，未经法庭之公判

无独有偶，在寻获北平《世界画报》上的陆小曼与前夫王赓相关文献之后，笔者又在上海《玲珑》杂志上再次寻获相关文献。这是一篇配有陆小曼侧面肖像的文章，名为《陆小曼小传》，文中亦提及其前夫王赓事迹点滴。

该文刊于《玲珑》杂志第2卷第50期"周年纪念号"之上，时为1932年3月：

诗人徐志摩之妻陆小曼，为北平交际界的明星，为财政部长陆建三之女，

母名曼华，原籍昆山，今乃改籍常州，初在东单三条法文学堂肄业，其芳名曰Rose。未毕业而辍学，有王赓者，字受庆，自美国陆军大学毕业归，建三喜其人品高尚，因以小曼字之。既婚，情爱尚笃，时闻小曼呼受庆为Friday，不知其意何指。受庆初供职于陆军部，以欠薪过多，不能维持生计，乃至哈尔滨，任警察总署署长，又不得志，乃返京，任路警总局副局长。月之所入，不足供小曼之交际费，小曼性

陆小曼小传

诗人徐志摩之妻陆小曼，为北平交际界的明星，为财政部长陆建三之女，母名曼华，原籍昆山，今乃改籍常州，初在东单三条法文学堂肄业，其芳名曰Rose未毕业而辍学，有王赓者，字受庆，自美国陆军大学毕业归，建三喜其人品高尚，因以小曼字之。既婚，情爱尚笃，时闻小曼呼受庆为Friday，不知其意。

◀影小曼小陆▶

玲　　2052

《陆小曼小传》，原载上海《玲珑》杂志第2卷第50期，1932年

豪侈，每晚必高朋满座，又常跳舞于北平六国饭店，人呼为陆小姐者，即小曼也。受应虽曾留学于美，颇不喜奢靡之习，故极力反对小曼之所为，初则规戒，继以争闹，卒至提出离婚案。未经法庭之公判，律师之保证，婚约竟以取消，是时之小曼，已移情于徐志摩，虽建三屡次劝阻，终属无济于事。小曼嫁徐后即相偕游法，有《巴黎鳞爪录》，即志摩小曼所作者，旋归国，寓上海，小曼时出入于交际场，益为时人所珍重，后与翁君过从颇密。今则徐"触山头"而死于飞机，王赓禁于军法，小曼空房孤灯。回忆前程，能无今昔之感欤。

徐志摩君及陆小曼女士，原载上海《图画时报》第384期，1927年

从刊载时间来看，上海《玲珑》杂志对陆小曼与前夫王赓的婚史披露，尚早于北平《世界画报》近半年之久。可以想见，上海媒体对坊间传闻、名人"八卦"的敏锐捕捉，是要领先于故都北平的大众媒体的。

《玲珑》是在1931年3月18日创刊于上海的一份女性杂志，1937年抗日战争全面爆发后停刊，总共发行了二百九十八期。作为一份时尚杂志，《玲珑》在版本设计上以文字为主，摄影照片和漫画占期刊内容的三分之一。它采用小如手掌的袖珍开本，图文版式新颖，外观娇小，便于携带。《玲珑》发行的目的是"增进妇女优美生活，提倡社会高尚娱乐"，致力于打造一批优雅、品位、有修养、有气质的魅力女人；在内容上，它涵盖妇女常识、法律知识、科学育儿、电影娱乐，还经常附带作者照片，是一本集启蒙性、娱乐性、知识性、观赏性等特征为一体的读物。当时，《玲珑》杂志在上海的流行程度，按照张爱玲的说法，"一九三零年间女学生们几乎人手一册《玲珑》杂志"。

《玲珑》是中国第一本全方位的女性杂志，无论是女明星、名媛、女作家，还是女作家的闺蜜们都被放在了杂志上，女编辑也将自己的照片放在杂志上，希望通过杂志与多年失去联系的同学互通音信。事实上，《玲珑》每期都开设"名媛小传"专栏，向全国各地约稿。在这篇《陆小曼小传》之后，还有编辑附言：

按本刊欢迎名媛之小传。按期刊载。下期为唐瑛小传，投稿者能附照片尤佳，并须根据事实。

据此可知，但凡进入公众视野的名媛都在该刊采写范围之内。陆小曼作为名播南北的名媛，其情史、婚史及家事，自然早已是《玲珑》杂志编辑的关注焦点。选择在《玲珑》杂志创办一周年的纪念刊上发表《陆小曼小传》，足见该杂志郑重其事。

除此之外，小传中还透露了一个重要历史信息，即陆、王二人离婚近乎闪离，乃是"未经法庭之公判，律师之保证"的离婚。

◎自己是 Rose，前夫是 Friday

值得注意的是，《玲珑》报道中，称陆小曼自己的英文名为 Rose，这自然很好理解，玫瑰虽香却多刺，这个美女不好惹。可陆又给前夫取昵称 Friday，即"星期五"的意思，确实令人费解，就连见多识广的《玲珑》编辑大人们，都搞不清楚这昵称何意。

陆小曼文艺生活颇为"国际范儿"，非常熟稔欧美文学作品。Friday 这个昵称极可能源自《鲁滨逊漂流记》，小说中鲁滨逊的仆人正是

陆小曼画像，徐悲鸿绘，原载《美术生活》杂志第 3 期，1934 年

有一个"星期五"的名号。因为鲁滨逊在荒岛上生活了二十多年后，在一个星期五解救了这个快被他的同伴们吃掉的野人，这个被救的野人后来就做了鲁滨逊的仆人，所以取名"星期五"（西方人在口语中也一度将动作笨拙、脑筋迟钝者戏称为 Friday ）。

　　如果陆小曼给前夫的昵称真是源自《鲁滨逊漂流记》的话，那么，这就意味着陆小曼自己是以爱的救世主自居，而王赓则是被她的爱所拯救，理应心甘情愿地臣服于她的石榴裙下，做其一世的仆人。或许，这样的昵称甚至还有调侃其夫呆头呆脑、情感迟钝之意。

徐志摩：与金岳霖互寻"不遇"

◎一封遗失在上海公园里的佚信

1927年6月初，上海法国公园的一个夏日清晨，一位名叫俞尚圆的男子正在公园里散步。漫步园中之际，忽而"在道旁拾得一封信"，这封某位路人遗失的信"是写在一张九宫格的大字纸上的"。他"打开一看"，这封信竟还是"寄给小曼女士与志摩先生的"。

俞氏看到"信里有很多有趣味的新闻"，想到自己"有一个朋友的朋友"，"他也是志摩的朋友的朋友"，总之似乎还算是与收信人在同一个朋友圈里的。又联想到正在上海《时事新报》主编"青光"副刊的梁实秋（1903—1987），也是徐志摩（1897—1931）的朋友，于是乎，就把这一封某位路人遗失的信寄给了梁氏。

1927年6月8日，上海《时事新报》的"青光"副刊，果然一如拾信人俞氏的期许，全文刊发了这封信。刊发时，冠以《是一封信》的题目：

徐志摩，上海光华大学任教期间存照

志摩小曼如见：前几天写了一封很长的英文信，并且还说了很多的笑话，后来要送到邮局去的时候，找不着了，一连找了几天，到现在还是没有找到，所以另外写封信给你。你们两位好否，许久没有接到你们的信，想念的很，何不特别抽出几句（点）钟，或者几分钟，把你们的近来的生活和我们谈谈。北京的生活无味，前此已经说过。三四月间，老朋友简直没有见过，这几天——不知为的是什么——见面的机会又多点，我对于北京的事不甚悉，可以稍许说几句。

奚若明日搬家，新房子在北京离菊农很近，街名尚不知道。新房子比史家胡同的房子小，费用也自然可以省好多。新近不知那里的狗跑到他家，一天到晚跟奚若太太，丢也丢不开，不知道这两天怎样。

叔华与通伯依然是新婚时一样，但从个人方面看来，与去年大不同。叔华比去年似乎活动得多，样子虽然仍是小姐样子，而举动早就有点太太的举动。通伯更是齐齐整整，发光可鉴，看起来虽然是美少年，而举动也有点老爷的举动。丁西林依然说俏皮话，杨金甫依然是希拉神，唐孽黄依然在梦中醒求真理。孟和仍旧高谈，孟和太太仍旧不高谈；叔永仍旧不好说话，叔永太太仍旧喜欢说话。熊佛西与从前一样的热心，熊太太与从前一样的冷静，博生在数月中仅见过一面。我遇着菊农的时候比遇着别人的时候多，他仍旧可以唱几句中国调，仍旧忙，仍旧为国家造就人才，新近又添了一位小菊农。

上礼拜六袁同礼结婚，大请其客。北京的政客与大老被他请出来了，颜惠庆作主婚人，汪伯棠作证婚人，艺专的教授帮他奏乐——盛哉！

今天我们分工，我写信给你们两位，丽琳写信给Fmmi，她不久就要来了。我们很想看你们，如果你们不能回到北京来，至少可以寄封信来，谈谈你们的生活。我们的生活自然是与从前没有多大的分别，中京畿道的饭菜依然是不能进口，但两个不管家事的人又怎么办呢？

龙荪、丽琳，五月二十七日

上述这一封写给徐志摩夫妇的佚信，长达七百余字，篇幅可观，内容丰富，诚如拾信人俞氏所言"信里有很多有趣味的新闻"。信中的这些"新闻"均为关涉北京学者生活近况的一些细节信息。

◎佚信里的北京学界趣闻

此信落款署名"龙荪、丽琳"，可知写此信者为著名学者、逻辑学家金岳霖（1895—1984，字龙荪）；"丽琳"则是当时正与其同居北京的美国女友丽琳（Lilian Taylor）。

据考，金氏在美国哥伦比亚大学（以下简称"哥大"）获得政治学博士学位之后，于1920年偕其美国女友丽琳游学英法各地；直至1925年二人归国，一度寓居北京。1926年3月，金氏入清华任教，至1927年5月27日写成这封信时，二人寓京已有约两年时

金岳霖

间，金氏任教也已一年有余。

信中提到即将搬家的"奚若"，即著名学者、政治学家张奚若（1889—1973），与金岳霖、徐志摩皆为哥大校友，留学期间已有较为频繁的交往。且张、金二人在哥大经常聚会，关系一度较为密切。张奚若于1919年获哥大法学硕士学位，1920年也曾游学英法各地。1925年初归国，历任教育部国际出版物交换局局长、高等教育处处长等职。

至于张奚若搬家之后，新房地址离得较近的"菊农"，即著名学者、教育学家瞿菊农（原名世英，1901—1976），乃是中共早期领导人之一瞿秋白的叔父。

早在1920年，那时的瞿菊农，还是未及二十岁的翩翩少年，就已与周作人、沈雁冰、郑振铎等人共同发起组建了文学研究会，令学界内外刮目相看。1921年6月，在《晨报》兼职记者的瞿氏，接到胡适致信，还特别报道过赵元任的新式婚礼，以此宣传现代婚姻礼仪的新风尚，一度在社会各界引发热议。时至1922年，瞿菊农又曾与徐志摩一道接待首次访华的泰戈尔，在清华校园内外，都是非常活跃的新青年。不久，又赴美留学深造。1926年，瞿菊农作为中国第一位哈佛大学哲学博士，学成归国，仍留清华任教。

概观金氏信中所言，在1927年前后的金氏朋友圈中，除了张奚若与瞿菊农有较为密切的接触之外，其余的学界友人可能均停留于泛泛之交的层面上。诸如新婚不久的凌叔华与陈通伯夫妇，以及陶孟和夫妇、任叔永夫妇、熊佛西夫妇、袁同礼夫妇等，这些已有家室、过着循规蹈矩的家庭生活的友人，有着怎样琐屑却微妙的变化；而丁西林、杨金甫、唐擘黄等个性鲜明、自由生活的青年学者，又有着怎样一如既往的生活状况，这一切在金氏笔下，都有现场写生般的记述。

另外，这一封金氏佚信究竟为何遗落在上海公园之中呢？这一疑问，于近百年后的读者，恐怕只能是未解之谜。

◎徐志摩寻人，致信求助梁实秋

金岳霖的那一封佚信刊发一个多月之后，时为1927年7月27日，还是上海《时事新报》的"青光"副刊，将徐志摩写给副刊主编梁实秋的一封信公开刊发出来：

梁实秋

徐志摩寻人　寻金岳霖与丽琳小姐

秋郎先生：请你替我在"青光"上登一个寻人的广告，人字须倒写。

我前天收到一封信，信面开我的地址一点也不错，但信里问我们的屋子究竟是在天堂上，还是在地狱里，因为他们怎么也找不到我们的住处。署名人就是上次在"青光"上露过面的金岳霖与丽琳；他们的办法真妙，既然写信给我，就该把他们住的地方通知，那我不就会去找他们，可是不，他们对于他们自己的行踪严守秘密，同时却约我们昨晚上到一个姓张的朋友家里去。他（我）们昨晚去了。那家的门号是四十九号A，他（我）们找到了一家四十九号没有A！这里面当然没有他们的朋友，不姓张，我们又转身跑，还是不知下落。昨天我在所有可能的朋友旅馆都去问了，还是白费。

我现在倒有些着急，故而急急要你登广告。因为你想这一对天字第一号打拉苏阿木林①，可以蠢到连一个地址都找不到，说不定在这三两天内碰着了什么意外，比如过马路时叫车给碰失了腿，夜晚间叫强盗给破了肚子，或是叫骗子给拐了去贩卖活口！谁知道！

话说回来，秋郎，看来哲学是学不得的。因为你想，老金虽则天生就不机灵，虽则他的耳朵长得异样的难看，甚至于招过某太太极不堪的批评；虽则他的眼睛有时候睁得不必要的大，虽则——他总还不是个白痴，何至于忽然间冥顽到这不可想像的糟糕？一定是哲学害了他，柏拉图、葛林、罗素，都有份！要是他果然因为学了哲学而从不灵变到极笨，果然因为笨极了而找不到一个写

1927 年 7 月 27 日，上海《时事新报》之"青光"副刊：徐志摩致梁实秋的"寻人"启事（局部）

---

① 打拉苏阿木林、打拉苏，上海话中是笨蛋、傻瓜之意。

得明明白白的地址，果然因为找不到而致流落，果然因为流落而至于发生意外，自杀或被杀？那不是坑人，咱们这追悼会也无从开起不是？

我想起了他们前年初到北京时的妙相。他们从京汉路进京，因为那时车子有时脱班至一二天之久，我实在是无法接客。结果他们一对打拉苏，一下车来举目无亲！那时天还冷，他们的打扮十分不古典的：老金他簇着一头乱发，扳着一张五天不洗的丑脸，穿着比俄国叫化更褴褛的洋装，蹩着一双脚；丽琳小姐更好了，头发比他的蓬得还高，脸子比他的更黑，穿着一件大得不可开交的古货杏黄花缎的老羊皮袍——那是老金的祖老太爷的，拖着一双破烂得像烂香蕉的皮鞋。他们倒会打算，因为行李多，不雇洋车，要了大车，把所有的皮箱、木箱、皮包、篮子、球板、打字机、一个十斤半沉的大梨子破书等等一大堆全给窝了上去，前面一只毛头打结吃不饱的破骡子一蹩一蹩的拉着，旁边走着一个反穿羊皮统，面目黧黑的车夫。他们俩，一个穿怪洋装的中国男人和一个穿怪中国衣的外国女人，也是一蹩一蹩的在大车背后跟着！虽则那时还在清早，但他们那怪相至少不能逃过北京城里官僚治下的势利狗子们的愤怒的注意。黄的、白的、黑的乃至于杂色的一群狗，哄起来结成一大队，跟在他们背后直嗥，意思说是叫化子我们也见过，却没见过你们那不中不西的破样子，我们为维持人道尊严与街道治安起见，不得不提高了嗓子对你们表示我们极端的鄙视与厌恶！在这群狗的背后，跟着一大群的野孩子，哲学家尽走，狗尽叫，孩子们尽拍手乐！

这行到也就不简单不是。就是这样他们俩招摇过市，从前门车站出发，经由骡马市大街到丞相胡同晨报馆旧址去找徐志摩去！晨报早搬了家，他们又折回头绕到顺治门外晨报社问明了我的寓处，再招摇进城，顺着城墙在烂泥堆里一跌一撞的走，还亏他们的，居然找着了我的地方！看来还是两年前聪明些。

这回可更不成样了，分明他们到了已经三天，谁的住处都没有找着，我太太也急了。她逼着我去找他们，从大华饭店起，一直到洋泾浜的花烟间，都得去找。因为上帝知道谁都不能推测哲学先生离奇的行踪！这我当然敬谢不敏，没办法的结果只得来请教你，借光"青光"的地位做做善事，替我们寻寻这一对荒谬绝伦的傻小子吧！他们自己能看到"青光"，当然是广东人说的"至好了"，否则我也是恳求仁人君子万一见到，或是听到这样一对怪东西，务请设法把他们扣住了，同时知照法界华龙路新月书店，拜托拜托！

上述徐志摩致梁实秋，并请公开刊发的这一封寻人启事性质的信件，篇幅至巨，竟达一千五百余字，无可争议地成为当天"青光"副刊上最为引人瞩目的文章。

◎徐志摩披露，金岳霖京沪两度寻人窘状

因为徐信中有"我前天收到一封信"云云，如果以徐氏致信时间为梁氏刊发此信前一天来推测，时为1927年7月24日左右，金岳霖及其女友丽琳应当已抵达上海，且按照正确的邮寄地址，正式致信徐氏——徐氏本人也称："信面开我的地址一点也不错"。

可以揣想，一个多月前从北京致信徐氏，却将信件遗失的金氏，此行应是专为访晤徐氏而来的。那曾满心热望"见字如面"却鬼使神差弄丢了的友缘，这一次应当在久别重聚中再续前缘。

但这一次的上海访友并不顺利。即便在明确知晓徐志摩的上海住址，邮寄

留学美国哥伦比亚大期间，金岳霖（左）、张奚若（中）与徐志摩（右）合影

地址也"一点也不错"的情况下，金氏还是找不到徐氏居所。也正因如此，才有了致信质询之举，徐氏自述称金氏在信中"问我们的屋子究竟是在天堂上，还是在地狱里""因为他们怎么也找不到我们的住处"。这样的情状自然颇令人费解。

更不可思议的是，金氏没有在信中给收信人留下自己的住址。这样一来，徐志摩再去寻访金岳霖的可能性也完全丧失。

尽管如此种种莫名其妙，徐氏仍耐着性子，按照金氏信中的约定，同时"到一个姓张的朋友家里去"。然而，接下来发生的事情，更令人啼笑皆非，因为金氏写错了友人张某的门牌号，导致如约而至的徐氏还是不能与之晤面。为此，徐氏当天又向"昨天我在所有可能的朋友旅馆都去问了"，"还是白费"。

至此，金、徐二人还是没能找到对方，再一次擦肩而过。

恐怕是在又好气、又好笑的心态之下，徐氏给梁实秋写了一封长信。一方面还抱着一点希望，将此信公开刊发，权作寻人启事；另一方面也发点牢骚，抱怨调侃几句，同时捎带出两年前金氏偕美国女友初至北京，投寻徐氏时的窘状。那金氏二人"前年初到北京时的妙相"，在徐氏笔下足足花了近七百字去描述，几乎占到了这封信件近半数的篇幅，足见印象之深、刻画之细。因金氏生性木讷迂疏，没有事前预备，此次在北京拜访徐氏，仍是几经周折，颇为狼狈。不过，好歹还是最终找到了徐氏的住址。

比较而言，此行二人来上海寻访徐氏，比之两年前更令人焦急与恼火。

话说这金氏着实不改"路盲"本色，京沪两度寻友皆是"人在窘途"，出尽了洋相。至于刊发之后，是否奏效，徐、金二人是否终于重逢，因没有更进一步的史料文献记载，尚不得而知。

◎余韵：梁实秋与泰勒女士曾为同事

值得注意的是，本文开头提到的那一封金岳霖遗失的信件，至今尚未载入《金岳霖全集》。而后边提到的这一封徐氏公开信，虽已收入《徐志摩全集》，但如果不与那一封金氏佚信一并解读，则失色不少。

此外，还需补充说明的是，自始至终，主编"青光"副刊的梁实秋除了转发金、徐二人的两封信件之外，没有作任何评述，或刊发时以主编身份予以简短按语之类。这样的情形似乎表明梁氏与金、徐二人虽有一定交谊，但并不算特别深切，也并没有掺和此事。刊发金、徐二人信件六年之后，梁氏与金氏的美国女友丽琳成为同事，且属上下级关系。这也是一段文坛轶事。

著名历史学家何炳棣所著《读史阅世六十年》①一书，载有其1933年秋入山东大学就学的忆述，其中提及：

……我在山大相当多的时间用在英文上，那时外语系主任是梁实秋先生。他决定将一年级新生（工学院的除外）先做一甄别笔试，然后分组上课。我考第二名，不免修，分到甲组，教授是泰勒女士（Miss Lilian Taylor）。最不可解的是她明明是美国人，但三番五次地警告我们决不可学一般美国人的发音……多年以后才知道她在20年代是美国故意反抗礼教的"女叛徒"之一，这就说明她在20年代卜居北平，和清华哲学系教授金岳霖同居生女而不婚。

据此可知，金氏的美国女友丽琳（Lilian Taylor）于1933年任教于山东大学，当时已改称泰勒女士（Miss Lilian Taylor）；而时任外语系主任的梁实秋为其上级领导。他们因何成为同事，这里边是否与金岳霖有关，这期间又是否有什么趣闻，因未见到相关史料，只能存而待考。

---

① 此书由中华书局于2012年初版。

周瘦鹃：“诗人之家”访问记

◎ “鸳鸯蝴蝶”与“罗曼蒂克”

周瘦鹃与徐志摩，虽非深交，却时有往还，这是尽人皆知的旧事。20世纪二三十年代，周氏在上海文化圈子里长袖善舞，左右逢源，任多家报刊主编、主笔，与徐志摩、陆小曼夫妇多有交往，这在其人所撰若干文章中皆有记录。而这些文章，在其主编的报刊上也多有发表，进一步扩大了这些事迹的公共传播力度。

譬如，1925年6月创刊的《上海画报》，起初由毕倚虹主编，从第70期（1926年1月）开始，周瘦鹃接任主编，直至第431期（1929年1月）。在此期间，周氏有多篇文章谈及与徐志摩的交往，皆在《上海画报》上发表。

周瘦鹃至迟在1927年间，已经与徐志摩相当熟悉，彼此经常互访，甚至还曾与友人一道，至徐府聚餐。周瘦鹃《曼华小志》一文（刊于1927年10月30日《上海画报》）曾记载了这样的一次徐府聚餐：

与小鹅、小蝶饭于志摩家，肴核俱自
制，腴美可口。久不见小曼女士矣，容姿似
少清癯，盖以体弱，常为二竖所侵也。女士
不善饭，独嗜米面，和以菌油，食之而甘。
愚与鹅蝶，亦各尽一小瓯。

周瘦鹃

此外，周氏还经常出席有徐志摩夫妇参
与的公益活动，诸如上海妇女慰劳会的演出
等。周氏所撰《红氍真赏录》（刊于1927年
12月24日《上海画报》）一文就描述了观看
徐氏夫妇出演《玉堂春》时的情形，称"陆
女士之苏三，宛转情多，令人心醉"，而徐
志摩则"台步如机械人"，令人发噱。

那么，周瘦鹃与徐志摩究竟何时订交，二人私交究竟亲密到什么程度，又
有无专文交代呢？如果有这样一篇专文存世，堪称"鸳鸯蝴蝶"与"罗曼蒂
克"两派代表性人物的文坛佳话。

◎"诗人之家"里的重逢

笔者经年搜求，终于在《上海画报》第256期（1927年7月27日）上，寻
获周瘦鹃所撰《诗人之家》一文。文中对周、徐二人的交往，有比较确切的
记述：

愚之识诗人徐志摩先生与其夫人陆小曼女士也，乃在去春江小鹣、刘海粟诸名画家欢迎日本画伯桥本关雪氏席上。席设于名倡韵籁之家，花枝照眼，逸兴遄飞，酒半酣，有歌呜呜而婆娑起舞者。当时情景，至今忆之，而徐家伉俪之和易可亲，犹耿耿不能忘焉。别后倏忽经年，牵于人事，迄未握晤。妇女慰劳会开幕之前一日，老友黄子梅生来，谓徐先生颇念君，明午邀君饭于其家。愚以久阔殷，闻讯欣然。翌午，遂往访之于环龙路花园别墅十一号，繁花入户，好风在闼，书卷纵横几席间，真诗人之家也。

徐夫人御碎花绛纱之衣，倚坐门次一安乐椅中。徐先生坐其侧，方与梅生磐谈，见愚入，起而相迓，和易之态，如春风之风人也。

徐先生呼夫人曰曼，夫人则呼徐先生曰大大，坐起每相共，若不忍须臾离者。连理之枝、比翼之鸟、同功之茧，盖仿佛似之矣。

徐志摩

徐先生出其诗集《志摩的诗》一帙见贻，亲题其端曰，"瘦鹃先生指正，徐志摩"。集以白连史纸聚珍版印，古雅绝伦，愚谢而受之。诗凡五十五首，俱清逸可诵，而悲天悯人之意，亦时复流露于行墨间。兹录其《月下雷峰影片》一首云："我送你一个雷峰塔影，满天稠密的黑云与白云；我送你一个雷峰塔顶，明月泻影在眠熟的波心。深深的黑夜，依依的塔影，团团的月彩，纤纤的波鳞！假如你我荡一支无遮的小艇，假如你我创一个完全的梦境！"愚于月下雷峰，固尝作一度之欣赏者，觉此诗颇能曲写其妙，而亦可为雷峰圮后之一纪念也。徐先生尝留学于英国之剑桥大学，又尝与英国大小说家哈苔氏、印度诗圣太谷尔氏相往还，于文学深有根柢，诗特其绪余而已。夫人工英法语言，亦能文章，新译《海市蜃楼》剧本，将由新月书店出版。自谓在女学生时代即喜读愚小说，颇欲一读愚所编之《紫罗兰》半月刊云。

室中一圆桌，为吾辈啜饭之所。桌低而椅略高，徐先生因以方凳侧置于地，而加以锦垫，坐之良适。菜六七簋，皆自制，清洁可口。饭以黄米煮，亦绝糯。饭之前，徐先生出樱桃酒相饷，盛以高脚品杯，三杯三色，一红、一碧、一紫。知愚之笃好紫罗兰也，因以紫杯进。酒至猩红如樱实，味之甚甘，尽两杯，无难色。徐夫人不能饮，亦不进饭，笑啖馒首二，继以粥一瓯。会吴我尊君来，因同饭焉。

饭罢，复出冰瓜相饷，凉沁心脾。徐先生出示故林宗孟（长民）书扇及遗墨多种，书法高雅，脱尽烟火气。又某女士画梅小手卷一，亦道逸可喜，卷末有梁任公题诗及当代诸名流书画小品，弥足珍贵。又古笺一合，凡数十种，古色古香；弸彪手眼间，摩挲一过，爱不忍释焉。

梅生偶言闻人某先生，惧内如陈季常，夫人有所面命，辄为发抖。徐先生曰，此不足异，吾固亦时时发抖者。语次，目夫人，夫人微笑。已而徐先生有友人某君来，徐先生欲作竹林游，拟与某君偕去，请之夫人，谓请假三小时足矣。夫人立白，不可，子敢往者，吾将使子发抖。徐先生笑应之，卒不往。

月之五夕，徐夫人将为妇女慰劳会一尽义务，登台串昆曲《思凡》，并与江子小鹣合演《汾河湾》。想仙韶法曲，偶落人间，必能令吾人一娱视听也。

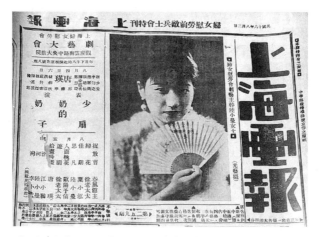

《上海画报》第 259 期，"妇女慰劳前敌兵士会特刊"，1927 年 8 月 3 日

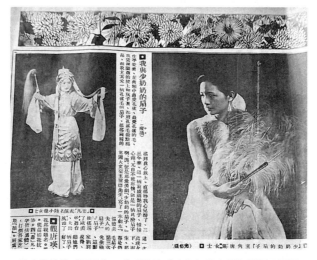

陆小曼饰演《思凡》，唐瑛饰演《少奶奶的扇子》剧照及剧评

闲谈至三时许，愚乃起谢主人主妇，与梅生偕出。此诗人之家，遂又留一深刻之印象于吾心坎中矣。

上述一千二百余字的短文，将周、徐二人初期交往的情形，交代得十分清楚。据此可知，二人初次会面于1926年春，第二次会面是"妇女慰劳会开幕"

当天中午，周应邀赴徐府一叙，还与徐共进午餐。

所谓"妇女慰劳会"，乃是1927年夏，时值北伐，由"亲蒋派"的何应钦夫人、白崇禧夫人、李宗仁夫人、郭泰祺夫人和上海地方审判厅厅长郑毓秀博士等发起的上海妇女"慰劳北伐前敌兵士会"。该会择定7月16日、17日、18公开募集捐款，在徐家汇南洋大学举行游艺会，此即该会所谓"开幕"活动。因此，周、徐二人的第二次会面应当就是1927年7月16日中午时分。

◎获赠《志摩的诗》初版本

周、徐二人的第二次会面，距离初晤已整整一年时间了。二人如故友重逢，相谈甚欢。值得一提的是，二人重会之际，徐还有一部诗集《志摩的诗》见赠，周称"集以白连史纸聚珍版印，古雅绝伦"。

须知，这一部被周赞为"古雅绝伦"的《志摩的诗》乃是徐于1925年8月委托上海中华书局代印的聚珍仿宋版线装本，是此书的初版本。因是自费印行，并不对外发售，所以此书既无版权页，亦无售价，当年只是徐用于分赠亲友之物，印量稀少。

近一个世纪之后，这部新文学运动中著名的线装本新诗集，已经颇难

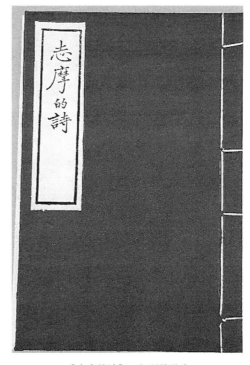

《志摩的诗》，初版线装本

觅得，新文学版本专家姜德明曾在《新文学版本》一书中提到此书，声称：

朱自清先生为找新诗版本，《志摩的诗》怎么也买不到，幸好从闻一多先生处借到一本。

可见，即便是在民国，此书已颇不易得。

这一部《志摩的诗》辑录徐氏诗作五十五首，首篇诗作为《这是一个懦弱的世界》，最末一首则是《康桥》。周瘦鹃颇为激赏的《月下雷峰塔影片》为书中的第二十六首诗。至1928年8月，此书由新月书店重印，则一改初版线装仿宋活字排印的款式，变为普通的平装小本，正式对外发售，印量也有所提升。重印本删去了初版本中所辑诗作十五首，又增辑了《恋爱到底是什么一回事》一首；那一首《月下雷峰塔影片》未被删除，排序稍有调整，排在了第十六首。

从这些情况来看，周与徐的美学趣味是有相近相通之处的，二人在文学创作上的体悟，恐怕的确有某种默契。

◎徐志摩致陆小曼的九十九封英文情书

应当说，周、徐二人的重会是相当欢洽的，彼此都留下了友好愉快的印象。在之后数月时间里，作为《上海画报》主编的周瘦鹃，多次与徐氏夫妇出席各种社交活动，并亲撰记录予以报道。周、徐二人，还与江小鹣、黄梅生等专门策划、编辑了一册《上海妇女慰劳会剧艺特刊》，徐充任编辑兼撰文，周也撰文还兼校对，在通力合作之下，特刊图文并茂，引起了社会各界的关注。

关于周、徐二人在上海的交往事迹，仅就笔者所见，目前能够找到的最后一篇文章，亦是周瘦鹃自撰之文，题为《樽畔一夕记》，刊发于《上海画报》第414期（1928年11月21日）。文章开篇即语：

由陆小曼整理出版的《志摩日记》，1947年3月初版，封面为徐志摩与陆小曼合影

> 徐志摩先生自海外归，友朋多为欣慰，畴昔之夕，陆费伯鸿、刘海粟二先生设宴为之洗尘，愚亦忝陪末座。是夕嘉宾无多，除主人陆、刘伉俪四人外，惟徐志摩先生、胡适之先生、顾荫亭夫人，与一陈先生伉俪而已。

周文所谓徐"自海外归"云云，乃是指徐于1928年秋，曾有赴印度、英国之旅。二人此次会面具体时间未详，或在1928年11月某日。周文随后又提到"入席之前，胡、徐、刘、陈四先生方作方城之戏，兴采弥烈，四圈即罢，相将入席"，又称"肴核为南园酒家所治，精洁可口，中有脍三蛇一器"云云，记述了不少用餐时宾客之间打趣应酬的细节。可见此次会面，席间友朋众多，且皆是为徐志摩洗尘接风而来，周、徐二人单独相处的时间并不多。

不过，周文末尾还是写到了一段二人单独对话的内容：

> 徐先生为愚略述此行历五阅月，经欧美诸大国，采风问俗，颇多见闻。在

周瘦鹃，晚年存照

英居一月，在德居一星期，而在法居四日夜，尤如身入众香之国，为之魂销魄荡焉。归途过印度，访诗哲太谷尔于蒲尔柏，握手话旧，欢若平生。印度多毒蛇猛兽，其在荒僻之区，在在可见。惟民气激越，大非昔比，皆见他日必有一飞冲天，一鸣惊人时也。愚问此行亦尝草一详细之游记否，君谓五阅月中尝致书九十九通与其夫人小曼女士，述行踪甚详，不啻一部游记也。愚曰：何不付之梨枣，必可纸贵一时。君谓九十九书均以英文为之，翻译不易，且间有闺房亲昵之言，未可示人也。

　　此次短暂的海外之旅，徐曾游历英、德、法、印各国，还曾有九十九封致陆小曼的英文信。这些细节，对于研究徐的生平及著述，都有一定参考价值。

　　此次会面约两个月之后，随着周瘦鹃于1929年1月从《上海画报》离任，因工作交集渐少，二人的交往也随之减少；至1930年冬，徐志摩赴北平任教，"诗人之家"已风光不再，二人交往遂趋于沉寂。

梅娘：从《青姑娘的梦》说起

◎童话丛书创作者与撰序者的玄机

梅娘本名孙嘉瑞（1920—2013），是中国现代文学史上东北地区重要作家，也是抗战期间沦陷区重要作家之一。梅娘出生于海参崴，在吉林省长春市长大。1936年出版《小姐集》，后赴日本求学。1940年代曾出版《第二代》和《鱼》《蚌》《蟹》之"水族三部曲"，在华北沦陷区文坛脱颖而出，为同时代女作家中佼佼者。晚年以散文创作为主，出版有《梅娘小说散文集》《梅娘近作及书简》等。

就目前已知的史料文献来考索，抗战期间，同时居住在沦陷后的北平，同在此间文坛活跃着的梅娘与周作人，确实没有过任何接触，二人没有过交往记录。可在抗战胜利

梅娘

后，整肃汉奸运动却使两人颇具戏剧性地发生了一次联系①。

原来，抗战胜利之后不久，周作人案在南京审判期间，一位名叫杨嵩岩的北京市民致函首都高等法院，并用快航挂号邮去《青姑娘的梦》童话书一本，以此证明周作人不仅奴化一般民众，更奴化童稚少年。

据考，《青姑娘的梦》乃时居北京的女作家梅娘所作，是新民印书馆推出的"创作童话丛书"第三种，1944年2月出版。周作人为该套丛书撰序者。在沦陷时期的北京文坛，周作人是名人，求其作序者很多，碍于情面，常常勉强应付。不过，为该套童话丛书作序，应当不全是出于应酬。因其人与儿童文学有着深厚的历史渊源。

早在1914年，周作人就提出了"以儿童为本位"的教育主张②，这个主张到五四时期才被社会广泛接受，这也说明周氏儿童观的超前性。除此，周作人还是中国儿童文学理论研究的开拓者，其人以早期形成的儿童本位观为源头，在新文化运动的实践中加以体验升华，有意识地将儿童文学提升到学科建设的高度，从而确立了儿童文学作为一门独立学科的文化价值和理论体系。在其影响之下，童话一度成为儿童文学研究中的显学。

在1937年"七七"事变之后，日军悍然侵占北平，周作人因"家累"不愿离平南下，文坛内外及社会各界对此皆表质疑，令其一度陷于社会舆论的压力之下，这一时期自然无暇旁顾，也鲜有论述儿童文学的文章发表。如此看来，在生活安定之后，周作人为"创作童话"丛书撰序，若说是其人追念过往

---

① 相关记述可详参：陈言《周作人与梅娘——抗战胜利后一个颇具戏剧性的插曲》，《博览群书》，2004年第12期。

② 周氏相关主张详参：《绍兴教育会月刊》，1914年第9号。

投身儿童文学研究的某种怀旧情绪表达，似乎也是可以理解的。

客观地说，《青姑娘的梦》只是一个童话故事，书中并没有任何奴化教育的言论，也不存在协力日本侵华战争的倾向，把这篇序言当作周作人曾为"文化汉奸"的证据，纯属诬妄。1946年11月13日，在审判周作人时，周氏的义务辩护人律师王龙已经把这个问题说得很清楚：

> 童话丛书之序言绝无汉奸论调，《青姑娘的梦》一书不过为续出丛书之一序言，并非为本书而作，自无责任而言。即就本书而论，亦不过为童话文学，既无政治作用，目为罪证似属诬妄。①

但就在王龙就此事为周作人辩护的前四天，即1946年11月9日，在南京首都高等法院的庭审中，周作人自己辩解道：

> 假如事先我知道是他写的，我绝不作序，因为他与日本人勾结，反对我的思想。②

这里的"他"，指的就是《青姑娘的梦》的作者梅娘。周作人急于与梅娘及其《青姑娘的梦》一书撇清关系。

这样的自我辩护仿佛其人为一套儿童读物撰写总序，是在被蒙蔽哄骗的情

---

① 王龙辩护词征引自《王龙为周作人补充辩护书》，原载南京档案馆编《审判汪伪汉奸笔录（下）》，凤凰出版社，2004年。
② 周氏辩护词征引自《杨嵩岩为提供周作人施行奴化教育证据致首都高等法院函》，原载《审判汪伪汉奸笔录（下）》。

况下完成的，以此表明自己对《青姑娘的梦》一书乃丛书之一种毫不知情，否则"绝不作序"的态度。由于这样的自我辩护用力"过猛"，四天之后律师王龙的辩护措辞，则与之有所龃龉。因为王龙明确辩称"即就本书而论，亦不过为童话文学，既无政治作用，目为罪证似属诬妄"，这样一来，《青姑娘的梦》一书的内容本身就没有任何问题（并无政治作用之嫌疑），又何来周氏自辩中所坚称的"假如事先我知道是他写的，我绝不作序"云云。

上述这个"公案"情节并不复杂，稍加辨析，可知梅娘与周作人确无任何交谊，二人本来也不应以此获罪——无论是梅娘为童话丛书创作，还是周作人为童话丛书写序，都无可厚非，都与所谓"文化汉奸"无涉。

◎ "创作童话丛书""少年丛书""少年文库"

由于至今未能寻得《青姑娘的梦》一书，周作人的序文究竟是怎么写的，这套丛书究竟还有哪几种，是不是每一种都附印有周序，这些疑问都无从探究。

不过，在1946年11月9日的《南京晚报》之上，有一篇题为《高院今晨四审，周作人文过饰非》的报道，却为这一悬案提供了另一条线索。报道中有一个章节，径题"法官掷下一本《青姑娘的梦》"，很是引人注目。这个章节的报道开篇即语：

时庭上复以北平市民杨嵩岩来函检举推行奴化教育之函，并附伪新民书局出版有周作序之"少年丛书"《青姑娘的梦》一册，由审判长掷下，命其自己看过所做的是什么梦？

应当说，这一段报道内容，与本文前边所概述的周作人庭审环节，大致无异，只不过更为生动一些。唯一值得注意的是，这里提到的《青姑娘的梦》一书，并不属于"创作童话丛书"之一种，所属丛书另有其名为"少年丛书"。那么，这两种说法，究竟哪一种更符合事实呢？

笔者经年搜求，虽亦未能得见《青姑娘的梦》一书，却有幸获见另一种同样是由梅娘编著的童话集《燕子报恩》，此书

"儿童新文库"丛书之《燕子报恩》

乃是新民印书馆于1941年出版的"儿童新文库"丛书第一集第一册，卷首亦

《燕子报恩》正文插图之一

《燕子报恩》扉页

有周作人所撰序文一篇。原文如下：

中国向来没有所谓儿童的书。一般社会家庭差不多都把小孩与成人同样看待，期望其少年老成，不赞成他们玩弄游戏，自然不会去费了心力供给这宗娱乐的材料。不过在这严格的主张一方面之外，也还有人情的一方面，大人们觉得小孩怪可爱可怜的，哭了不高兴的时候便想拿点东西哄哄他，不肯睡的时候拍着唱个歌儿听，有时候或者讲一两件故事，这样，玩具与儿歌童话就自然的发生了。自庚子以后，这个世界走进了所谓儿童之世纪，教育上兴起了一个大变动，其实这变动说是不很大也可以，因为这无非只是把上文所说的两方面统一了而已。盖自儿童学发达以后，父师知道儿童与成人比较不单是体质大小不同，便是精神也迥异，于是以前从感情上自然发生的为儿童的艺术与文学的出品，乃经过理性的认识，意识的正式成为儿童教育之一部分了。中国万事多是落后，在这里也不是例外。新兴的儿童文学艺术未见生长，旧有的却渐见消亡，各地方的儿歌童话未曾搜集，将日就减少，这是极可惋惜的事。现在张深切先生肯破费工夫，为儿童新编故事，材料文章图画都很用心、精美可喜，差堪弥补这个缺恨，唯希望能继续下去，将来成为很好的儿童文学文库，则有益于蒙养教育之前途至非浅鲜矣。

考虑到《青姑娘的梦》为1944年2月出版，距此《燕子报恩》1941年出版的时间，有大约三年的间隔，仅就出版周期的常规而言，恐怕无法将二者归纳为同一套童话类丛书之中。也即是说，《青姑娘的梦》应当不属于"儿童新文库"丛书之一种；上述这篇周作人序，虽然罕见，亦属佚文之列，可还不是印于《青姑娘的梦》一书之中的那篇周作人序。

无独有偶，笔者不久又有幸寓目两种同为新民印书局出版的童话类读物，一为《驴子和石头》，一为《聪明的南陔》，均为梅娘编著，且书前均有同一篇周作人所撰序文：

新民印书馆编刊童话集，属为写小序。余昔年喜谈童话，欣然答应，乃历时一月尚未写出。说忙或懒均未必，实是时时想写，而想说的话太多，装不下去。今只拣取一点言之，即是关于文字的。中国用汉字，这是世界唯一的事。他有字无音，故如不加有注音符号，给儿童读时，其通用性便有限制。文句很用心的写得简单，要认得这些汉字却必需相当的年龄与知识，因此故事的内容往往不能与读者的心理相适应。各式各样的童话，拼音文字可以都写出来，供大大小小的儿童适宜的选读，若是装在汉字里，便非先读得这字不能懂，结果是有好些天真烂漫的故事没法子写出来，要听的小孩读不得，能读时又已不是要听这故事的年龄了。用汉字为儿童写故事，最易遇到的困难就是这个。但是这困难未必便是不可克服的，只须写着时一面记着这困难，又或使内容与文字相称，也就无甚问题。

"少年文库"丛书之梅娘《聪明的南陔（上）》

"少年文库"丛书之梅娘《聪明的南陔（下）》

今新民印书馆新编童话，自必能满足小朋友们之要求，兹第贡其一得之愚，记此数行，聊当序文云尔。中华民国三十二年二月二十三日，周作人识于北京。

周作人此序落款时间为1943年2月23日。而《驴子和石头》版权页显示印刷时间为1943年10月10日，《聪明的南陔》版权页显示印刷时间为1944年4月10日；周作人此序撰写时间远远早于两书出版时间，实为丛书"总序"而非专书专序，性质已明。

两书封面装帧款式相同，于相同位置印有"少年文库"与"中国故事篇"字样，应为同一套丛书、同一个系列。可以揣测，这套丛书既然包含了"中国故事篇"系列，应该还包含了"外国故事篇"系列。总之，这套童话丛书可能印行周期较长，覆盖的中外童话故事也较多，分册相应的也较多。

那么，《青姑娘的梦》一书，据前述《南京晚报》报道，归属于"少年丛书"——那"少年丛书"是否就是这套"少年文库"？换句话说，在《驴子和石头》《聪明的南陔》两书之前附印的周序，因其"总序"的性质是非常明显的，是否就是《青姑娘的梦》一书前所附的周序呢？

仅就故事类型及出版时间来考察，似乎可以确定，《青姑娘的梦》应当就是这套丛书中的一种；因其故事中出现何仙姑、嫦娥等中国神话人物，也应属于"中国故事篇"系列。《青姑娘的梦》于1944年2月出版，这一出版时间在《驴子和石头》之后四个月左右，《聪明的南陔》之前两个月左右，时间间隔周期比较符合丛书出版的惯例，它们隶属于同一套丛书的可能性极大。

此外，笔者在查证过程中，发现早有研究者指出梅娘还曾编写《风神与花精》一书，卷首也附有周作人序①。经仔细比较，这篇周序与《驴子和石头》《聪明的南陔》两书之前附印的周序完全相同。因此，基本可以判定，《青姑娘的梦》与这三本书应属同一套童话丛书，且同属该丛书内的同一个系列"中国故事篇"。这也再一次印证了周作人在这四本书前的序言，应属同一套丛书的"总序"性质。

然而，这套丛书总共有多少种，印行时间究竟有多长，周作人对这套丛书的部分内容及其作者是否真的是一无所知？这一系列的疑问，要得到较为完备充分的解答，还需假以时日，留待更多的相关史料文献被发掘出来之后，才能得到解答。

◎ "少年文库"的品类与篇目总量

幸运的是，笔者随后再次有幸寓目六种北平沦陷时期新民印书局所印童话类读物，即《少女和猿猴》（1944年5月20日）、《水户黄门》（1944年6月20日）、《丰臣秀吉》（1943年3月20日）、《牛若丸》（1943年11月20日）、《孔融》（1943年8月10日）、《蔺相如》（1943年12月20日）。这六种当年的儿童

---

① 详参：杨铸《周作人的一篇佚文》，《中华读书报》，2002年1月16日。

"少年文库"丛书之镜宇《水户黄门》

读物，在正文之前无一例外印有周氏"小序"。

因这些书大多保存尚佳，首尾俱全，遂发现其书正文之末，版权页之前均附有该丛书总目一页，可知当时"少年文库"丛书已印行三十种，分为"中国故事篇""中国历史故事篇""日本历史故事篇"三辑，每辑十种。全目如下：

【中国故事篇】《白鸟》《风神与花神》《驴子和石头》《聪明的南陔（上）》《聪明的南陔（下）》《女兵士木兰》《英雄的末路》《少女和猿猴》《猎狐的故事》《兰陵女儿》，梅娘著，萧也则绘；

【中国历史故事篇】《楚霸王》《孔融》《赵匡胤》《韩信》《张良》《蔺相如》《虞舜》《关羽》《苏秦》《岳飞》，石羽著并绘；

【日本历史故事篇】《日本武尊》《佛光》《大江山》《牛若丸》《万寿桥》《曾我兄弟》《一休禅师》《画人雪舟》《丰臣秀吉》《水户黄门》，镜宇著，施远达绘。

由此总目可知，"少年文库"丛书中并没有包括《青姑娘的梦》一书，前述笔者的推测，都不能成立。简言之，《青姑娘的梦》一书既不属于"儿童新文库"丛书，亦不属于"少年文库"丛书；周作人为两套丛书分别撰写的两篇"总序"，虽均属佚文，虽均颇难得，但确实都与《青姑娘的梦》一书无关。《青姑娘的梦》一书及周作人为此书所撰序文（或为此书所属丛书所撰总序），目前仍不得而知，无从确考。

最后，仍旧无法回避的问题是，既然梅娘在"儿童新文库"丛书与"少年文库"丛书中均有不少作品，且"少年文库"丛书的"中国故事篇"十种（占整套丛书三分之一）均为梅娘所著，那么，为这两套丛书撰写了两篇"总序"的周作人，是否真的对梅娘其人其作品一无所知？

此外，值得注意的是，《孔融》一书末页所附"总目"较为特别，与别书所附"总目"有所不同。全目如下：

【中国历史故事篇】（十册）《楚霸王》《孔融》《赵匡胤》《关羽》《曹操》《祢衡》《李密》《林则徐》《陶渊明》《苏秦》，石羽著并绘

【中国故事篇】（十册）《白鸟》《风神与花神》《驴子和石头》《聂隐娘》《五岁朝天子》《千日酒》《人变鱼的故事》《弄蛇者》《兰陵女儿》《石狮子》，梅娘著，萧也则绘

此目"中国历史故事篇"中，自《关羽》至《苏秦》书名后均标有"即刊"字样，在"中国故事篇"中，自《聂隐娘》至《石狮子》书名后也均标有"即刊"字样，这就说明，"少年文库"丛书当时至少尚有十四种书还未印出。然而，后来印出者及后来所附"总目"与之都不相符，可能与新民印书馆调整了原先拟订的书目有关。不过，这一"总目"中的梅娘未刊书目达七种之多，或可为研究梅娘生平，探寻梅娘佚作提供又一线索。

戴望舒：杭州花边，香港民谣

◎《东南日报》上的婚讯与"作家动静"

1936年7月9日，上海《铁报》的一篇题为《风传人语》的"豆腐块"简讯上，在极不起眼的版面位置上，宣告了一条海上文坛的婚讯：

"现代派"诗人戴望舒，与穆时英之妹丽娟女士，定十二日假新亚大酒店礼堂举行结婚礼。

该报当天的另一版面上，常设栏目"文坛人事"的最后一条，则又宣称：

戴望舒将结婚，昨发出请柬云："径启者，望舒丽娟定于国历七月十二日下午五时在上海北四川路新亚大酒店礼堂结婚，因望舒新有失怙之悲，奉慈命如期结婚，实为从权，未敢僭礼，亲友处恕不恭具吉柬，敬此奉闻，届时伏盼光临，便颂台绥。"

上海《铁报》上的"文坛人事"栏目一向都是以花边新闻为主体的常设栏目，是海上文坛从不间断的"每日播报"，为招徕读者可谓不遗余力。诗人戴望舒（1905—1950）即将结婚的讯息，在这一花边新闻类型的常设栏目里一经披露，自然是广而周知。

戴望舒

这样一来，戴氏相当于通过报纸向亲友们发出了一份喜柬，要想知道喜柬中所言"望舒新有失怙之悲"，也可以通过报纸查知，这是指戴望舒的父亲于1936年6月逝世之事。当时，杭州《东南日报》曾于6月6日的"作家动静"栏目中，对此事有所披露：

戴望舒近因父丧返杭，其父修甫在中国银行服务达二十年，颇著劳绩。望舒昨向该行领取优恤金及保险金一万一千元。

值得一提的是，杭州《东南日报》的"作家动静"栏目也是一向以花边新闻招徕读者的常设栏目。更有意思的是，这一栏目的作者署名"闻不多"。试想，戴望舒之父在哪工作，何时亡故，死后又有多少抚恤金……这些"花边"统统知悉，其见闻可真不是一般的多。

十天之后，戴望舒回杭奔父丧的消息，才见诸北平《世界日报》副刊的"文坛消息"栏目中，内容一模一样，一字不改，显然是从"闻不多"先生那里抄来的。

◎藏头诗里的戴望舒

戴望舒是中国现代著名诗人，那一首曾入选中学语文课本中的《雨巷》，早年令其得了"雨巷诗人"的美誉，几乎家喻户晓。

"望舒"之名，出自《离骚》中所云"前望舒使先驱兮，后飞廉使奔属"；"望舒"，传说中为月驾车之神，也可借指月亮。似乎"戴望舒"之名及其诗作，如天上明月一般，优雅中泛着清冷，从容里又染着一点愁绪。

殊不知，与戴望舒同时代的友人中，对他的名字，还有另一番令人大跌眼镜、忍俊不禁的解释。原来，当年戴望舒与穆丽娟（1917—？）结婚，备有签名簿请到场嘉宾题字。有一友人在簿上题了一首藏头诗，还是现代自由体诗：

戴了橡皮圈，

1936 年 7 月 12 日，戴望舒、穆丽娟婚礼合影

望着穆丽娟，

舒舒服服像登仙！

穆丽娟小姐，原载上海《特写》杂志封面，1937年第 4 期

三句藏头诗，把戴望舒的新婚之喜，表达得令人捧腹。"橡皮圈"指救生圈，颇有"苦海无边，结婚是岸"之妙喻；一方面是恭喜才子抱得美人归，另一方面恐怕也是指戴望舒能从先前与施绛年退婚，后又经父丧之痛的"苦海"中抽拔出来，全赖穆小姐的救助之功（据传，戴、穆二人相识相恋，适值戴氏苦闷之际，是穆时英从中撮合的）。

这一首藏头诗仍是刊载于 1936 年 7 月 18 日《东南日报》的"作家动静"栏目之中的。不过，究竟是谁写的，"闻不多"先生没有"剧透"，自然也就无从知晓。

◎戴望舒"逼婚"施绛年

话说与穆时英之妹穆丽娟结婚之前，戴望舒原本追求的乃是施蛰存之妹施绛年（1910—1964），且已订有婚约。据说，那首尽人皆知的《雨巷》中的"丁香姑娘"，其原型正是施绛年。

可时至 1935 年 4 月间，从法国留学回来的戴望舒，却发现施绛年另有所爱，不久即登报解除了与她的婚约。

在二人婚约正式宣布解除之前，各种"佳期将近"的传闻，月月不绝于耳。戴望舒还在法国逗留期间，他向施妹妹"逼婚"的段子，就早已在国内文坛里的一些小圈子里流传了。始作俑者，乃1935年1月26日的《东南日报》，有一位署名"维娜"的作者，写了一篇《戴望舒轶事》，专门来"剧透"这一"逼婚"的段子：

听说他追求一位姓施的女郎（一说是施蛰存的妹妹），那女郎和他若即若离者二年有奇。戴无法可施，最后他想得一策，于是他函约她于戴氏私寓面谈。

届期彼妹如约而去，戴氏和她短谈十数语后，即跪倒于地，举起双手，右手持订婚戒指一枚，左手拿安眠药水一瓶。他如怨如慕如泣如诉地说：

"姑娘，如果你允许我的请求，请把手给我，否则这瓶药水便是结束我生

1932年10月，戴望舒乘"达特安"号邮船赴法国留学，此为友人送行时场景，辑自《现代》杂志第2卷第1期，1932年11月

命的毒剂，两者之间，任姑娘选择！”

彼姝面红耳赤，介于生死关头的不得已之下，忙将玉指伸出。戴乃满意而回。

哦！原来诗人竟是这样“逼婚”的！也难怪施绛年虽有一念之仁，为免生事端勉强戴了订婚戒指，之后难免细思极恐，不可能再将一生幸福托付了。待到诗人从法国翩然归来，那“逼”出来的婚约自然也就作不得数了——施妹妹当然有自由恋爱的权利，毕竟强扭的瓜不甜。

◎戴望舒的“舞瘾”

戴望舒早年在上海时，是舞厅常客，“嗜舞若狂”，非常喜欢跳交际舞。不过，诗人或作家往往有经济不济、稿费不够用的时候，兜里没钱又想上舞厅，着实是没有办法可想的。

可“舞瘾”犯了咋办呢？有一次，一朋友去访晤他时，发现他“于屋子里抱椅子作轻快之Fox-Trot（狐步舞），嘴里哼着音乐，一边照着着衣镜，状至发噱”。这事儿又被前述那位“维娜”写成了一条“小花边”，和“逼婚”的段子一起，凑成了那一篇《戴望舒轶事》，发表了出来。

据查证，早在1923年5月21日，戴作家以“戴梦鸥”的笔名，在《兰友》旬刊第13期“侦探小说号”上（戴望舒与好友施蛰存、杜衡等创办“兰社”的内部刊物），发表了目前所知的由其创作的唯一一篇侦探小说《跳舞场中》。这篇小说可以说就是他跳舞“跳”出来的，可以说就是他“舞瘾”的副产品。小说开篇这样写道：

林珂珮把伊那冰冷的纤手，和孟光上将紧紧地握着，颤声道："上将，请你一刻都不要离开我！你晓得这跳舞会中，虽是笙箫彻夜、歌舞繁华，然而在我却是危险四伏，恐怖之神，已临到我头上咧！"

算起来，这篇《跳舞场中》发表时，戴望舒才刚刚年满十八岁。小小年纪，跳舞跳出了小说处女作，还是一篇侦探小说，真是不服不行。

◎戴望舒离婚声明登《申报》

且说戴望舒先前"逼婚"施蛰存之妹未果，好歹还是与穆时英之妹修成了正果。1936年7月12日，戴、穆步入婚姻殿堂，结婚喜柬的内容都登上了《东南日报》，海上乃至国内文坛皆已注目。可时至1943年2月17日，上海《申报》上却登出了二人的离婚声明。这一段不到七年的婚姻宣告结束，还是没能逃出"七年之痒"的魔咒。

七年前的结婚喜柬，七年后的离婚声明，或许都出自戴诗人的手笔，《戴望舒全集》[①]却未收录：

戴望舒、穆丽娟离婚声明：兹经双方同意，已在港沪签订合法书面离婚契约，除各执一纸外，特此声明。

戴、穆二人离婚的原因，众说纷纭，莫衷一是。不过，可以肯定的是，抗

---

① 此书由中国青年出版社于1999年初版。

戴望舒、丁聪、张光宇等人在香港合影，原载《青青电影》第 5 卷第 19 期，1940 年

战期间，戴氏远赴香港，在香港从事的一些文坛活动，已经表明其政治立场与包括大舅子穆时英、多年好友杜衡在内的一些亲友，是截然不同的，并因之在私人关系上发生了决裂性的变化。这些剧烈的人际关系变化反过来也必然动摇戴、穆二人的婚姻。

据载，1940 年 6 月 28 日，穆时英下班乘人力车，经过上海三马路福建路 195 号附近时，突遭枪手狙击，右肩及右小腹各中一弹，因射中要害，失血过多，不治身亡，年仅二十八岁。据传，1940 年春，穆时英受汪伪头目丁默邨之邀，返归上海办报，因此被国民党当局视作"附逆"，遂被上海潜伏的锄奸组织暗杀。

可以说，这一事件也成为考验戴、穆二

穆时英

本刊特約撰述人像

（照像）

施蛰存　戴望舒　杜衡

施蛰存、戴望舒、杜衡（右起），原载《春光》创刊号，1934年3月1日

人婚姻关系的最后一关。当时，坊间传言种种，均称二人因对这一事件的态度截然不同，关系更为不睦。传言未必确切，可两年之后，戴、穆二人离婚既成事实，穆时英之死促成了二人婚姻关系的决裂，应当不算凭空臆测。

有意思的是，继《申报》刊登二人离婚声明之后不久，1943年4月23日，《东南日报》则刊发了一篇题为《戴望舒离婚了》的文章。文中除了转录《申报》声明原文之外，却又拉扯进了戴望舒将好友杜衡从"香港文协"开除，以及施蛰存为戴氏有所辩护的事件来。

不难发现，当年所有这些指向戴氏的"明枪暗箭"，无论有无真凭实据，无论是否捕风捉影，都与戴氏赴香港之后，因政治立场不同与诸多亲友决裂，而令外界对此产生颇多猜测有关。

◎《东南日报》上的戴望舒香港近况

戴望舒登报离婚三年后，时为1946年11月9日，抗战胜利后的上海、有过不少花边新闻的诗人故乡杭州，这两地的读者大众，都会在一份《东南日报》上，发现一篇作者署名"马凡陀"的文章。

这篇文章题为《戴望舒所作的民谣》，九天之后，1946年11月18日，香港《华商报》再次刊发"马凡陀"的署名文章，题为《香港的战时民谣》。此文即是《戴望舒所作的民谣》一文，只不过对题目及个别字词略作改动而已。《东南日报》所刊原文如下：

日前在《新民报》看到朱儒先生一篇关于香港忠魂塔的文章，说是香港被日寇侵入后，为了纪念他们的"胜利"，化了巨大的劳力与金钱（自然都是香港居民身上括来的），造一座非常神气的忠灵塔。当然那时被逼去建筑的工人是不甘愿的，于是人们口传着一首民谣，"巍巍乎，忠灵塔，今年造，明年拆"，朱儒先生说，现在香港当局真的在拆去此物了。并且他说，最近才知道这首民谣是名诗人戴望舒先生的杰作。

据香港朋友的证实，这首民谣的确是戴先生写的。而且当时他写的民谣不只这一首，共有十几首之多。因为它们单纯易懂，富于民谣的特色，立刻为香港民间所接受而流传了。环境使他不得不隐去作者的姓名，大家以为真是人民自己创造的真货，只有智（知）识份（分）子也许还知道是一位诗人的作品，至于晓得内情，晓得是戴望舒写的，则难得一二人而已。

朱儒先生引用这首民谣起句为"巍巍乎"，实际上原作是没有这么文诌诌的。只是"忠灵塔，忠灵塔，今年造，明年拆"。这是更近于民谣，丝毫没有"文人造作"的毛病了。

还写有日本的"神风飞机"的一首：

"神风，神风，只只腾空，落水送终。"

另外两首是：

"玉碎，玉碎，那里有死鬼，俘虏一队队，老婆给人睡。"

戴望舒诗集《望舒诗稿》，上海杂志公司，1937年1月初版

"大东亚，啊呀呀，空口说白话，句句假。"

人们一定会惊奇怎么一位以《雨巷》等抒情诗出名的前辈新诗人忽然写出这种朴实的作品来。实际上一点不足怪，因为任何认真地生活在这个时代中的人没有不受时代的波动的，何况一个敏感的诗人呢？戴先生曾被捕下狱，受尽苦楚。虽然生还，但身体大受影响，最近报载他的两本翻译诗集将要出版，一是西班牙抗战谣曲集，一是洛尔加集。爱好诗歌的人将得到两份结实的食粮。

上述六百余字的短文与其说是在评述戴望舒的创作近况，倒不如说更像是在展示戴氏抗战期间在香港的创作成果。细读此文，可以感受到行文语气中甚至还带有为之解释与辩白的成分。那么，这其中是否还有什么少为人知的隐情呢？

◎以民谣辟谣

原来，戴望舒在抗战期间毅然奔赴香港从事文化工作，曾被捕入狱，历尽艰险。然而，在抗战胜利之际，却莫名其妙地受到香港文坛一部分人士的检举，竟称其"投敌附逆"。

时为1946年春，《文艺生活》光复版2期及《文艺阵地》光复2号同时刊出了一份由何家槐、黄药眠、司马文森等人联合署名的《留港粤作家为检举戴望舒附敌，向中华全国文艺协会重庆总会建议书》。文中认为"戴望舒前在香港沦陷期间，与敌伪往来，已证据确凿"，并附有"证据"三件。这一检举事件出现后，戴望舒不得不于1946年4至5月回到上海，向"文协"澄清。

约莫半年之后，作者署名"马凡陀"的《戴望舒所作的民谣》《香港的战时民谣》两篇文章相继在上海（杭州）[①]、香港两地发表，无疑是对戴望舒本人最大的支持与肯定。可以说，两文一出，谣言自破，清者自清。那么，这位助力戴氏的"马凡陀"与文中提到的"朱儒"，究系何人，竟有如此手笔，可以千里驰援"雨巷诗人"呢？

马凡陀，即袁水拍（1916—1982），原名袁光楣，笔名马凡陀，本也是一位现代诗人。他是江苏吴县人（今属江苏苏州），早年肄业于沪江大学，1937年在香港参加文艺界抗敌协会，任候补理事、会刊编辑。抗战胜利后转赴上海从事新闻工作，先后担任《新民报·晚刊》《大公报》编辑，发表过三百多首政治讽刺诗，揭露当局腐败，反映民众疾苦。其代表作有诗集《马凡陀的山歌》《沸腾的岁月》《歌颂与诅咒》等十余种，译著则有《马克思主义与诗歌》《巴黎的陷落》等数种。

"朱儒"则是著名剧作家夏衍（1900—1995）的笔名。当时，夏衍以此

---

① 抗战胜利后，《东南日报》总社在上海，分社在杭州。

笔名主笔的专栏《桅灯录》，正在《新民报·晚刊》刊出，专栏中常常以五百字左右的短小文章针砭时弊，笔锋犀利。夏衍本人可以说是"老香港"，曾于1938年与1941年两次赴港从事抗战救亡工作，又于1946年9月再度由上海到香港，在周恩来领导下，在南京、香港等地进行文化交流与联络工作，直到1949年5月才返北京。

值得一提的是，夏衍曾于1946年底，还特地亲访香港萧红墓地，为世人留下了一篇《访萧红墓》。这篇文章曾刊发于1946年12月26日的广州《前锋报》上，署名"朱如"（与朱儒同音）。因为普通读者并不知道夏衍还有"朱如"这样一个笔名，所以并不十分引人瞩目。

当时，在众多追思萧红的纪念文章中，除了戴望舒的《萧红墓畔口占》被视作诗中佳作之外，丁玲的《风雨中忆萧红》则被视作文中佳篇。这些诗文皆出自与萧红有过密切交往的友人之手，无论独特的历史细节，还是真切的个人情感，自然有着感人至深的效果。比较而言，这篇《访萧红墓》并不具备上述纪念文章的优势，却从旁观者的角度，更为客观、更为直接地描述了萧红墓地的真实景况。

可能出于工作保密需要，夏衍于1946年12月在邻近香港的广州《前锋报》上发表《访萧红墓》时，也曾化名朱如；而在上海《新民晚报》上发表时，则仍以"夏衍"名义发表，给读者以其人尚在上海的印象。

如此看来，夏衍的香港之行，既曾探望戴望舒，还曾访谒萧红墓，可谓生者逝者，皆有关照。应当说，夏衍此行首先发声，披露戴望舒在香港创作民谣事迹，功莫大焉；袁水拍一文两发，证实了这一事迹，又补充了更多细节，也居功至伟。当年，正是夏衍与袁水拍在上海、杭州、香港三地的遥相呼应，进一步坐实了戴望舒在香港为抗战救亡工作确有贡献的事实。

七十余年后的今天，往昔硝烟散尽，世事沧桑皆在香江水中，付与浪花淘尽。戴望舒、夏衍、袁水拍等人相继逝世，香港也早已回归祖国。曾经的种种疑虑与争论，随之烟消云散，皆可相逢一笑。不过，戴望舒在香港创作民谣的这一段事迹，理应被后世铭记；这些如今已难得一见的民谣作品（袁文中披露的四首以及别的尚未搜集到的民谣）也应载入其文集，继续流传下去，成为世人永久品味的历史与文学。

赵萝蕤：西南岁月里的诗与思

◎流寓西南期间的读书与写作

    著名学者、翻译家、作家赵萝蕤（1912—1998）的学术成就，早已蜚声海内外，除了早年翻译的英国著名作家，1948年诺贝尔文学奖获得者艾略特（Thomas Stearns Eliot，1888—1965）的代表作《荒原》，以及晚年翻译的

赵萝蕤练习钢琴时存照

美国著名诗人惠特曼（Walt Whitman，1819—1892）的代表作《草叶集》，还曾撰写过数量可观的散文随笔、文学评论、杂文诗歌等作品。这些作品有的早年见诸报刊，如今已成为"历史文献"，有的则属于未曾发表的私人手稿。

陈梦家与赵萝蕤的订婚照

　　二十余年前，1996年11月，由北京大学出版社推出的赵氏作品集《我的读书生涯》，开启了赵氏作品的搜集、整理与发布的先例。此后的2009年11月，南京师范大学出版社又推出名为《读书生活散札》的赵氏作品集，规模进一步增扩，令后世读者基本可以管窥赵氏的主要学术成就与文学生活。

　　了解赵氏生平的读者大多知道，"七七"事变爆发之后，赵氏即随夫君陈梦家迁徙至西南后方（陈氏曾在西南联大任教，赵氏则主要操持家务，间或在云大附中兼任教职），直至1944年二人同赴美国讲学与留学（陈氏在哈佛大学教授古文字学，赵氏则入芝加哥大学英语系留学）。在这段一度流寓西南，伴随抗战烽火始终的艰苦岁月里，恰恰也是赵氏个人在公共文化领域撰发文稿较多的时期。诚如赵氏晚年在《我的读书生涯》一文中所忆述的那样：

　　从"七七"事变以后我一直是失业的。当时西南联大继续清华大学的老规矩，夫妇不同校；丈夫在联大就职，妻子就不能在同一学校任课。而且那时物价腾贵，金圆券不值钱，教书还不及当个保姆收入多，因此在联大的八年里我基本是操持家务。我是老脑筋；妻子理应为丈夫作出牺牲。但我终究是个读书人。我在烧菜锅时，腿上放着一本狄更斯。

显然，此时的赵氏，既是贤内助，更是读书人。寥寥几句忆述，已然勾勒出流寓西南时期的赵氏的"文学肖像"，那是一位在艰辛操持家务，在厨房与书桌之间，仍然关注着世界文学，依然坚守着一己文学世界的知识女性肖像。

据考，这一时期的赵氏，曾在当时已将社址由上海迁至重庆的《时事新报》之上，撰发过不少文稿，这些文稿基本发表在该报每周一期的"学灯"副刊之上。其中，1942年6月22日"学灯"副刊版面头条的《夜之赞》有这样的话语：

陈梦家、赵萝蕤夫妇在寓所中合影，摄于1949年

看看时针还不过七点，四肢觉得像解散了似的懒，正中间还闷闷的知道有胃溃疡。我很感谢今天并没有痛。夜了，这样静，我要睡了。但似乎这千金的一刻还不愿就倒头睡去。那一夜有这么静，只有我一个人，独霸着一盏灯？……生活苦忙，拜佛的工夫也早没有，就是一根笔，滴下闲暇的产物，写几个爬虫般的字也没有了。慌慌忙忙的连捉跳蚤的工夫也减去，只在痛痒的地方，狠狠的一搔，

搓一下。但是究竟滴下来了。笔与爬虫蠕蠕的爬在纸上，爬出点思想来，思想又爬出点真理来。

遥思整整八十年前，赵氏夫妇二人共赴国难，流寓西南一隅，蜗居于偏乡陋室之中，却仍不免于寂寥的入夜时分，将蛰伏于内心深处的那个文学世界，以及自己对世界文学的某个观点伏案书写一番。这样令人动容的画面仿佛定格在这篇《夜之赞》中，实在是身处时代洪流中的读书人最为真切的独白与写照。

◎抗战期间由沪迁渝的"学灯"副刊

《时事新报》是清末民初由著名出版家张元济、高梦旦等在上海筹组创办的。该报初期以编译中外报章，介绍西方学术文化为主要内容。后因在反对袁世凯复辟过程中立场坚决，言论激烈，造成空前强大的社会舆论，该报随之成为在上海颇有社会影响力的主流公共媒体。从1917年开始，著名学者、政治学家张东荪主笔《时事新报》，直至1924年春辞职，前后达八年之久。

张氏主笔期间，正值新文化、新文学运动交相迭起之际，著名的"学灯"副刊应运而生。该副刊与《民国日报》的"觉悟"副刊及《晨报·副刊》，并称"新文化运动的三大副刊"，也是中国报纸开辟学术性副刊之始。

1918年3月4日，"学灯"创刊，每周一期；同年5月起，每周两次，12月起，每周三次；至1919年1月起，又改为日刊，星期日休刊；12月起逐日发行。该刊初期以评论学校教育和青年修养为主，宗旨是"促进教育，灌输文化"，"屏门户之见"，"为社会学子立说之地"。1919年五四运动前后，该刊开始发表新文学作品，设"社会问题""妇女问题""劳动问题"等专栏。

显然，随着从周刊到日刊的迅猛发展，"学灯"副刊的社会影响力与日俱增。自创刊至1928年4月4日改为"学灯·教育界消息"止，先后任"学灯"副刊编辑的有张东荪、匡僧、俞颂华、郭虞裳、宗白华、李石岑、郑振铎、柯一岑、潘光旦、钱沧硕等人，俱为活跃于学界内外，在社会各界均有相当影响力的一时才俊。

1925年11月，《时事新报》的"教育界"栏目并入"学灯"副刊，开始恢复刊载有关教育的评论与新闻，不再刊登文艺作品。至1929年5月，又进一步改为"教育界"，"学灯"副刊也随之完成历史使命，暂时停刊。

1932年10月，"学灯"副刊以周刊方式复刊，因之又名"星期学灯"，主要内容为书报评介、世界文艺思潮介绍、读书随笔、国内文化消息等。在这一再次转型时期，"学灯"副刊的主要撰稿人，也与新文化运动期间不同。为该刊供稿的作者，先后有傅雷、曹聚仁、孙俍工、张资平、曾今可、胡怀琛、赵景深、刘大杰、林希隽、侍桁等人，更偏向于学术译介与专业研究的学者。不久，"星期学灯"又于1934年6月，更名为"时事新报·学灯"，有意重塑这一副刊品牌。不过，该刊至1935年9月，再度宣告停刊。

时至1937年2月，"星期学灯"复刊主要刊载有关政治、历史、哲学的论述，主要撰稿人有叶青、李季、郑学稼等人。半年之后，因"七七"事变爆发，以及随之而来的淞沪抗战，该刊旋即于1937年8月停刊。

1937年12月26日，《时事新报》第10767号印行，这一期头版头条刊发了题为《告别读者诸君》的公告，正式宣告因日寇悍然侵占上海，该报不得不终止在上海的一切业务。约在1938年4月末，《时事新报》在重庆正式复刊，同年6月"学灯"副刊也随之再度复刊，并明确标示以"渝版第一期"字样。此后整整八年，该报及"学灯"副刊均在重庆印行。直至抗战胜利之后的1946年4月，社址复由重庆迁回上海，直至1947年2月终刊。

通过上述这段《时事新报》的"学灯"副刊简历可知，赵萝蕤与家人迁徙至云南昆明暂寓的时期，正是该报及"学灯"副刊迁址四川重庆复刊的时期。而赵氏撰发文稿的时期，正是周刊性质的"学灯"再度复刊时期。此时的"学灯"主编乃是著名学者、美学教育家宗白华（1897—1986），正是在其热情邀约之下，令赵氏从应约撰稿到自由投稿，开启了流寓西南期间与"学灯"的文学因缘。

◎ 1940—1942 年："学灯"上的特约撰稿与生活感言

时为1940年3月，昆明平政街的寓所中，在操持繁杂的家务之余，赵萝蕤终于抽出时间，应宗白华之约，写成了一篇《艾略特与〈荒原〉》。两个月之后，即同年5月14日，"学灯"副刊"渝版第八五期"的版面上，整版只刊发了一篇稿件，正是此文。文末还附有宗氏热情洋溢的介绍与简评：

近代人生不仅是复杂，繁富，而且是深邃，抽象。几千年来的哲学，三百年来的科学，使一个现代诗人不只是凭情感体验人生，还要运用瞑想来思索人生。哲理的诗人，玄想的诗人，也是文化成熟时期底产物。但丁的神曲综述了中古的思想，歌德老年的诗也多么富有哲理。法国诗人梵乐希也以智慧底节奏，音乐与色彩的数学，来建筑沉思瞑想中的世界。（见梁宗岱译《水仙辞》，这美丽的译作，中华出版）英国近代著名诗人艾略特更代表着这时代的理智倾

《新诗》杂志第 4 期，1937 年 1 月 10 日

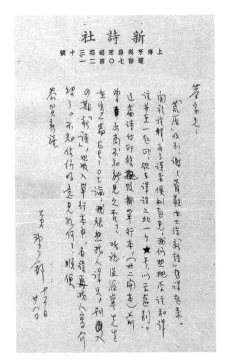

戴望舒致陈梦家信札，1936 年 12 月 28 日。信中提及《新诗》杂志社已收到赵萝蕤《荒原》译稿，将尽快安排刊发等事宜

向；他的诗是一位思想家的，学问家的苦心经营的创构。虽不见得是诗的正则，却表现了近代精神的一面。

前读赵萝蕤女士所译他的名作《荒原》（上海新诗社出版）深感兴味，特约赵女士写来这篇文章，使读到译本的更能明了这深奥诗篇的内容，没有读过的也可以"饮一勺水，知大海味"。

据上述宗白华所言，可知赵萝蕤此次首度亮相"学灯"之作，乃是应其"特约"而撰。显然，宗氏之前早已对赵译《荒原》有所研读，且颇为赞赏，为的是"使读到译本的更能明了这深奥诗篇的内容"，"没有读过的也可以'饮一勺水，知大海味'"。

值得一提的是，半个世纪之后，赵氏此文辑入其晚年自选集《我的读书生涯》一书，位列全书首篇，足见其重视程度。然而，宗白华为之附撰的这一篇"编辑后语"，却不知何故，未能辑入曾两次结集的《宗白华全集》①之中。

继《艾略特与〈荒原〉》一文发表两年之后，时至1942年6月22日，"学灯"副刊又在头条位置刊发了赵氏所撰《夜之赞》一文。对于并不经常为"学灯"供稿的赵氏而言，这是第二次供稿。

此文为赵萝蕤流寓西南的生活感言，并无学术性质，却仍旧刊发于版面头条，这自然与主编宗白华的格外重视有关。对于抗战期间知识女性的生活状况，尤其是如赵氏这样才华出

《荒原》，艾略特著，赵萝蕤译，新诗社，1937年6月初版

众的知识女性，因抗战爆发流寓西南，宗氏一直有所关注。当接到这篇投稿之后，宗氏更是有感而发，遂在"编辑后语"中发表了这样的感言：

厨房里的琐屑："炼油锅，炒菜，端菜，摆筷，吃。然后洗碗，洗抹布，擦桌，盖火种，冲开水。"这是几千年来人类底秀美的那一半，每个白天神圣的工作；抗战逼着许多逃出了厨房的又回到厨房。

但是夜里呢？赵萝蕤女士说："如果没有夜，没有明星嵌在天上，便是没有思想，也没有工夫想，更与禽兽无异了。"但是，我想——设使夜容许我

---

① 《宗白华全集》，安徽教育出版社，1994年第1版，2008年第2版。

想——人类"土做的"那一半，他们每天的琐屑是：参政，经商，打仗，修路筑桥，制造飞机，他们也曾注意到夜和夜的天上嵌着有星星吗？

赵女士，我为你祝福了！

人类底文明和尊严起始于"仰观天象"。你看，亿万光年外的亿万星光照耀着守护着你那白天劳作的小厨房了！

（赵女士前曾为"学灯"评述《艾略特的荒原》，那篇英国现代诗中的名著。她也是那篇哲理长诗底译者）

◎ 1943—1944 年："学灯"上的赵萝蕤论文、诗文与译文

在《夜之赞》刊发一年多之后，时为1943年10月4日，赵萝蕤的稿件第三次刊发在"学灯"之上。这一次所刊发的乃是篇幅可观的、带有宏观理论性质的学术论文，题为《一些可能的文学理论》。因无法一次性刊载完毕，又于10月18日续刊了一部分，却仍未刊完。

为此，宗白华特意在极其有限的版面间隙，加入了极为简短的"编辑按语"：

赵萝蕤女士译过艾略特的《荒原》，曾替本刊写过一篇分析这名著的文章，她的新鲜有劲的散文也在"学灯"发表

赵萝蕤在美国留学期间存照

过两篇。最近编者请她发表一些对现代文学的观念。她先寄这一篇稿子来。虽然这篇已经表现着她的思想的路线和风格的特色，但我们仍热望着她的续篇早日寄来。

在现代西洋文学里因女性的创作者和批评家的活泼参加，使文坛增加了许多新境界、新感觉力和特异的风格。我们对中国文坛也期待着这个。

显然，这两次间续刊出的赵氏论文，仍是宗氏"特约"而来的稿件。换句话说，虽然在边陲陋室中写下过《夜之赞》，家务闲暇之际也确实乐于读书写作的赵氏，却并不十分乐于公开发表这些纯属个人心得性质的文学经验。或者说，其人的文学生活是沉浸其中且乐在其中的，并非喜好外在的表现，更没有任何参与公共交流与研讨的热情。否则，以其文学修养与笔力，不太可能时隔年余，方才再度撰发文稿。

果不其然，又是近一年的时间过去，赵氏仍没有后续文稿发表。时至1944年9月17日，在"学灯"副刊的"渝版第二七〇期"之上，再次出现赵氏文稿。这一次，一次性刊发了两组赵氏文稿，一组为短诗合辑，题为《小诗群》；一组为短文合辑，题为《杂文集零之二》。

此次刊发的赵氏诗文，与前边提到的赵氏作品集《读书生活散札》，有部分收录，只有一些字词上的细节差异。为便于读者了解赵氏此际生活境况及个人心态，谨从《小诗群》里转摘起首的十四行小诗一首：

（一）

我只有一首诗要做，

几次拿笔又顿下来。

我只有一首诗要做，

其他都可以弃之不顾。

但我知道做之无益，

做得拙劣。

因我有一个唯一的最机灵的

意思说不出来。

说出了，说得不好，或不机灵

人家也听不出。

所以，我不做了，

许许多多别的；

全是那唯一的一首的形容词，

辅词，和许许多多十分集腋的短诗。

从这首小诗来看，流寓西南业已七年，日夜繁忙于家务，终日操持于陋室之中的赵萝蕤，仍然怀揣着诗情文心，仍然对文学理想有所寄托。只不过，这样的情怀与寄托，不足与外人道，也无法与外人道，只好偶尔在小诗短文中隐约流露，聊作自我慰藉罢了。

《小诗群》共辑录六首无题小诗，可视作赵氏在流寓西南期间的某种抒怀遣兴与自我慰藉之作。而《杂文集零之二》里，则辑录了三篇有着明确标题的短文，分别为《狂雨》《夏虫》与《诺斯替教徒》。如果说前两篇仍是借景抒情之作，那么末篇则与其乐于从事译介外国文学与文化工作，并从中有所感触的生活状况，多少有些关联。在此次刊发的短文辑正文之末，有赵氏附注称：

《杂文零集之一》见去年桂林《大公报·文艺》。

由此可知，虽然这一时期赵氏撰发文稿的数量并不多，为西南后方报刊供稿的兴趣也并不浓厚，但还是有一部分应约之作，在那些因抗战迁址于桂林、重庆等地的大报副刊之上，陆续发表出来。

继《小诗群》在"学灯"副刊版面头条闪现近三个月之后，时至1944年12月11日，赵氏又一译文力作，刊发了出来。这一次是翻译了英国诗人勃莱克所创作的重要组诗《地狱与天堂之婚》，这一赵氏译本或为国内首译。

这里提到的"勃莱克"，即今译威廉·布莱克（William Blake，1757—1827）的英国诗人，因其诗作的思想性与预言性，受到西方文学评论界高度关

陈梦家、赵萝蕤和弟弟赵景德在芝加哥大学的合影，1947 年

注，被誉为18世纪末19世纪初英国最独特的浪漫主义诗人之一。法国著名作家纪德所作《关于陀思妥耶夫斯基的七次讲座》，曾屡次提及布莱克之名；在爱尔兰著名作家乔伊斯的后现代文学名著《尤利西斯》里，也曾征引布莱克诗句。不过，在20世纪40年代中期，抗战虽临近尾声，时局依然艰险的中国西南内地，知道并了解布莱克的读者，恐怕也并不多见。

赵氏率先向西南内地读者，译介布莱克中后期的代表作——组诗《地狱与天堂之婚》，表现了其个人极富前瞻性的文学视野，同时也映照出她的学识和特立独行的个性。毕竟，在当时的国内文学界，除了极富民族主义色彩的抗战文学，极具反抗精神的抗战文化的宣扬之外，其余的文学流派及作品均属旁逸支流，外国文学作品的译介，尤其是现代浪漫主义诗歌作品的译介，更是一度落寞黯淡，乏人问津。

虽然这样的译介工作势必从一开始就要接受乏人问津、无人喝彩的黯淡景况，赵氏仍在厨余餐后的案前灯影之下，孜孜以求、津津有味地为时人，也为后人送呈了精彩迭出、隽永深沉的译本。遗憾的是，这一至为难得的译本，至今仍未收入赵氏作品集中，刊发距今已整整八十年的译本，似乎已为世人遗忘。